BIOGRAPHISCHE TEXTE
ZUR KULTUR- UND ZEITGESCHICHTE
Band 6

Christian Fleck

DER FALL BRANDWEINER
Universität im Kalten Krieg

Herausgegeben vom Verein Kritische Sozialwissenschaft
und Politische Bildung

Druck gefördert durch das Bundesministerium für Unterricht, Kunst und Sport sowie das Bundesministerium für Wissenschaft und Forschung.

CIP-Kurztitelaufnahme der Deutschen Bibliothek

Fleck, Christian:
Der Fall Brandweiner: Univ. im Kalten
Krieg / Christian Fleck.
- Wien: Verlag für Gesellschaftskritik, 1987
(Biographische Texte zur Kultur- und
Zeitgeschichte; Bd. 6)
ISBN 3-900351-81-3
NE: GT

ISBN 3-900351-81-3

Umschlagentwurf: Andrea Zeitlhuber

Druck: rema print, Neulerchenfelder Straße 35, A-1160 Wien

DER FALL BRANDWEINER

UNIVERSITÄT IM KALTEN KRIEG

CHRISTIAN FLECK

Verlag für Gesellschaftskritik

INHALTSVERZEICHNIS

HINWEIS ZUR ZITIERWEISE

Zeitungen werden direkt im Text zitiert. Siehe das Verzeichnis der Siglen am Ende des Textes.

Über die gute Gesinnung dagegen kann man immer wieder ein Buch schreiben, und das ist durchaus nicht bloß eine gelehrte Angelegenheit, denn es bedeutet eine Methode, bei der man mit den wichtigsten Lebensfragen niemals ins klare kommt.

Robert Musil

Die Besonnenheit, die es verbietet, in einem Satz zu weit sich vorzuwagen, ist meist nur Agent der gesellschaftlichen Kontrolle und damit der Verdummung.

Theodor W. Adorno

Die Soziologen wären besser beraten, wenn sie beschrieben, auf welche Weise sich ihre wollenden Subjekte durch einen offenen Prozeß hindurchbewegen anstatt Mechanismen zu unterstellen, die sie aus einer außermenschlichen Welt abgeleitet haben.

David Matza

Everybody enjoys a good story.

Wolf Lepenies

Vorwort

In Österreich blickte man jüngst noch mit sichtlichem Wohlgefallen auf die Vergangenheit zurück. Runde Jahreszahlen taten das ihre, um die Geschichte der Zweiten Republik als Erfolgsstory schreiben zu lassen. Wirtschaftliches Wachstum, politische Stabilität und eine internationale Position, die Neid hervorrufen könnte, lauteten die Orientierungspunkte. Hinzu kam, daß offenbar vergangene Jahrzehnte mit schöner Regelmäßigkeit in Form von Nostalgiewellen zu Zeiten wiedererstehen, wenn Alte sich noch erinnern können und Jüngere ob der Vertrautheit des Gegenwärtigen im Davorliegenden nach Reizen suchen. Die fünfziger Jahre waren wie geschaffen für ein derartiges Geschichtsbewußtsein - es ging aufwärts mit uns damals und die Freiheit bekamen wir auch, ein Jahrzehnt, in dem keine Probleme entstanden, sondern Schwierigkeiten überwunden wurden. Je mehr die Gegenwart kompliziert, krisenhaft und konfliktträchtig erschien, desto lieber erinnerte man in deutlichen Tönen, aber unklarem zeitlichen Bezug die früheren Zeiten, wo dies und jenes noch nicht möglich gewesen wäre, wo die politischen Differenzen versöhnlicher ausgetragen wurden, das Leben beschaulicher und das Ambiente überschaubarer waren, Optimismus habe es damals noch gegeben... Ausstellung verklärten und Sendungen heroisierten die fünfziger Jahre, an denen höchstens die Roller und der Rock'n' Roll wild waren.

Es ist nicht Absicht dieses Buches, sich mit diesem Bild in seiner Gesamtheit auseinanderzusetzen, dazu ist es als Fallstudie auch nicht geeignet. Die zeitliche Verortung - und das folgende handelt vor allem von den fünfziger Jahren - ist dennoch nicht zufällig. Als historische Untersuchung beschäftigt sie sich vor allem mit dem Phänomen der damaligen politischen Kultur und will zeigen, daß manches, was im öffentlichen Diskurs dieser Jahre ausgesprochen wurde, in den dabei verwendeten Metaphern und Floskeln Gedankengänge erkennen ließ, die im davorliegenden Jahrzehnt gestaltet worden waren.

In der Regel wird die Mitte des laufenden Jahrhunderts konzeptionell als die Aufeinanderfolge von Demokratie-Diktatur-bessere Demokratie, von Frieden-Krieg-Frieden, von Besetzung und Befreiung, Verführung und Erlösung verstanden. Solche verständlichen und notwendigen Periodisierungen führen allerdings recht häufig zu einer arbeitsteiligen Behandlung des vorweg begrifflich Getrennten und im veröffentlichten Resultat zur Zerreißung des Zusammengehörigen. Prototypisch ist das am Kalten Krieg zeigbar. Versteht man darunter nicht eine Systemeigenschaft beliebiger Konfliktparteien, sondern, grob gesagt, die Phase zwischen dem Ende des Zweiten Weltkrieges und der Entspannungspolitik, und verzichtet man darauf, diesen Begriff für zwischenstaatliche Konflikte zu reservieren, dann fällt die Zeit des Kalten Krieges für Österreich mit den Jahren zusammen, die man in einer (innen-)politikzentrierten Perspektive als die der Großen Koalition bezeichnet. Weil dem internationalen Kalten Krieg innerstaatliche und gesellschaftliche Figurationen verwandt waren, drängt sich eine Analyse, die den Zusammenhang von internationalem Ost-West-Konflikt, innerösterreichischen Entsprechungen und der gleichzeitig erfolgenden Profilierung der Zweiten Republik gegenüber den davorliegenden Regimen berücksichtigt, geradezu auf. Arbeiten, die diese Problemstellung aufgenommen hätten, gibt es für Österreich nicht. Auch die vorliegende weiß sich der skizzierten Perspektive mehr verpflichtet, als daß sie sie hier einlösen könnte.

Das Problem der Kontinuität über die Grenzen des Zusammenbruchs des Dritten Reiches hinweg wird hier nicht bloß als Weiterleben von ausdrücklich oder verborgen der davorliegenden Zeit entstammenden Diskurselementen behandelt; insofern diese Arbeit biographisch ausgerichtet ist, thematisiert sie das Aufeinandertreffen von Lebensläufen mit den politisch-sozialen Brüchen in der Mitte des Zwanzigsten Jahrhunderts. Die Akteure, die im folgenden im Mittelpunkt stehen, wurden noch in der Monarchie geboren; sie erlebten als Kinder oder Jugendliche deren Ende, das kurze Zwischenspiel der demokratischen Republik und die Epoche der Faschismen fiel mit den frühen Erwachsenenjahren zusammen, als reife Erwachsene fanden sie sich in einer Demokratie wieder, die lange Jahre mit der Ausbildung ihres Selbstbildes beschäftigt war, ehe sie in einer von außen repektierten und im Inneren beruhigten Republik in den Ruhestand traten.

Die Perspektive des Durchlebens findet ihre Ergänzung in der Berücksichtigung des Umstandes, daß die wechselnden politischen Systeme sich gegeneinander profilierten, dabei jedoch genötigt waren sicherzustellen, daß die Zeitgenossen, die nicht grenzenlos anpassungsfähig waren, wollten sie ihren Lebenslauf als biographische Identität begreifen, dem normativen Wechsel folgen konnten. Ob das, was der einzelne erlebt hatte, mit öffentlicher Billigung als Teil seiner Geschichte, der er sich rühmen durfte oder schämen sollte - um nur die Extreme zu nennen -, ausgegeben werden konnte, benennt das Problem auf mikrosozialem Niveau.

Auf Systemebene findet diese Konstellation eine Entsprechung in dem Umstand, daß die Ablösung der aufeinander folgenden Staatsformen nicht von einer völligen Auswechslung des Staatsapparates, sondern von partiellen Kontinuitäten im rechtlichen, institutionellen und kulturellen Bereich begleitet waren. Welche Traditionslinien fortgeführt und welche ausgegrenzt wurden, ist die Frage auf der Makroebene.

Zugleich ist diese Studie, wie schon der Titel signalisiert, die Analyse eines Konfliktes. Getreu einer alten Maxime, daß im Abweichenden am besten erkennbar wird, was als das Normale einer Zeit gilt, konzentriert sich die Darstellung auf die öffentliche Auseinandersetzung mit dem heftig umstrittenen Heinrich Brandweiner. Das soziale, normative und bürokratische Umfeld wird nur soweit in die Betrachtungen einbezogen, als es zum Vergleich oder Verständnis nötig erscheint. Eine Fallstudie kann aber nur geschrieben werden, wenn dem Autor manche Zufälligkeit zur Hilfe kommt. Daher muß sie sich vor allem durch das, was sie enthält, rechtfertigen.

Möglicherweise kann man ähnliche Studien auch über Akteure, die als Politiker oder Kulturschaffende hervortraten, schreiben. Daß hier der Fall eines Universitätsprofessors aufgegriffen wird, hat zwei Gründe. Einmal zeichnet sich das Subsystem Wissenschaft dadurch aus, daß es als Institution im betrachteten Zeitraum nur geringen Wandel erfuhr, sich also für die Verschränkung der oben genannten Perspektiven fast aufdrängt. Österreichs Universitäten erlebten im Zeitraum von 1918 bis 1968 (eine Zeitspanne, kurz genug, daß einzelne sie in dieser Institution vom Studenten bis zum Emeritus durchlaufen konnten!) zwar manche Eruption, institutionell konnte ihnen das jedoch wenig anhaben, sie verkrafteten die Vertreibung eines relevanten Teils ihrer Lehrerschaft in den dreißiger Jahren ebenso wie die zeitweilige Entfernung von Nationalsozialisten in den Jahren nach 1945. Andererseits beansprucht die Universität, von den Wirren der Tagespolitik nicht erfaßt zu werden. Ihr normatives Selbstverständnis der Weltabgewandtheit, mindestens was die Scharmützel des politischen Alltags betrifft, prädestiniert sie, daraufhin analysiert zu werden, wie die politische und soziale Umwelt in die Einsamkeit und Freiheit des akademischen Lebens hineinwirkt. Soviel zu den Absichten des Autors. Ob sie realisiert wurden, mögen andere beurteilen.

Josef Dobretsberger (links) und Heinrich Brandweiner während des Treffens des Weltfriedensrates in Wien im November 1951
Quelle: Volksstimme, 4.11.1951

1. Unter Friedensfreunden

Über Initiative eines sogenannten "Landesfriedensrates Steiermark" wurde für den 5. und 6. November 1950 der "Erste Steirische Friedenskongreß" in die Grazer Industriehalle einberufen. Damit sollte - wie sich die Veranstalter ausdrückten - "ein Höhepunkt der Friedensbewegung in der Steiermark, der zugleich die letzte Mobilisierung für den Zweiten Weltfriedenskongreß" bildete, gesetzt werden. (ÖFZ Oktober 50) In Wien war schon Anfang Juni 1950 ein "Erster Österreichischer Friedenskongreß" abgehalten worden. Die seit einem halben Jahr international koordiniert inszenierte Friedensbewegung sollte damit auch in der Steiermark öffentliche Beachtung finden. Im April 1949 war der "Erste Weltfriedenskongreß" abgehalten worden, Pablo Picasso hatte dafür seine seitdem berühmte Friedenstaube entworfen, zahllose Prominente, Wissenschaftler und Künstler unterschrieben in den folgenden Monaten den "Stockholmer Appell", der zum Verbot von Atomwaffen aufrief. In Österreich wurde im Laufe des Jahres 1950 dieser Appell von fast einer Million Menschen unterschrieben.[1] In vielen Orten wurden "Friedensräte" gebildet, und ab September 1950 veröffentlichte der "Österreichische Friedensrat" eine eigene, monatlich erscheinende "Österreichische Friedenszeitung", die der propagandistischen Unterstützung der Friedensbewegung dienen sollte.

Zu den steirischen "Friedensfreunden", wie sich die Aktivisten nannten, zählten Sportler, Künstler, Lehrer, Geistliche, Betriebsräte und Universitätsprofessoren. Unter letzteren war auch jener Mann zu finden, der wohl der Prominenteste aus dem Kreis der Friedensaktivisten war: Josef Dobretsberger, Vorstand des Instituts für Wirtschaftstheorie an der Universität Graz, war ein bekannter Nationalökonom und jemand, dem politisches Engagement nicht fremd war[2]. 1903 in Linz geboren, studierte er an der Universität Wien, wo er 1926 zum Doktor der Staatswissenschaften promoviert wurde. Anschließend war er bis 1929 Assistent bei den Professoren Hans Kelsen und Adolf Menzel. 1929 habilitierte er sich für Volkswirtschaftstheorie und Volkswirtschaftspolitik und wechselte als wissenschaftlicher Berater zur niederösterreichischen Landwirtschaftskammer und zum Reichsbauernbund, ehe er 1931 als außerordentlicher Professor für politische Ökonomie an die Universität Graz berufen wurde, wo er drei Jahre später als Einunddreißigjähriger zum Ordinarius aufstieg. Dieses wohl auch für damalige Verhältnisse rasche Avancement des jungen Ökonomen war zu einem Teil auf seine Verankerung im christich-sozialen Lager zurückzuführen; die Veröffentlichungen der späten zwanziger und frühen dreißiger Jahre wiesen ihn aber auch als hoffnungsvollen jungen Wissenschaftler aus: Eine große Breite der behandelten Themen, die neben Abhandlungen über "Grenznutzentheorie und Erkenntniskritik" und den "Rechtsbegriff der Phänomenologie" auch Lexikaartikel zu "Historischen und sozialen Gesetzen" (in Vierkandts Handwörterbuch der Soziologie) und zu Rätesystem, Sozialisierung und Sowjetrußland im Staatslexikon umfaßten, belegt das ebenso wie seine Arbeiten zu im engeren Sinn nationalökonomischen Fragen (Monopoltheorie, Gewerbepolitik, Geldwesen). Im Ständestaat Dollfuß' übernahm er politische Funktionen, als Generalrat der Österreichischen Nationalbank noch durchaus in der Rolle des Politikberaters, sodann als Leitungsmitglied der Ostmärkischen Sturmscharen und Rektor der Grazer Universität in exponierterer Position, ehe er 1935 als Vertreter des linken Flügels der Vaterländischen Front im zweiten Kabinett Kurt Schuschniggs das Amt des Ministers für soziale Verwaltung übernahm, von welchem er nach nur 18 Monaten aus Protest gegen die Gewerkschaftspolitik und das Verhalten gegenüber dem nationalsozialistischen Nachbarland zurücktrat[3]. Wohl auch wegen seiner prononciert antinazistischen Haltung wurde er nach dem Anschluß als amtierender Rektor der Grazer Universität verhaftet, ehe ihm die Emigration gestattet wurde, die ihn über Jugoslawien in die Schweiz führte. Bald darauf nahm er eine Einladung an die Universität Istanbul an, wo er bis 1941 eine Professur für Nationalökonomie inne hatte. Anschließend lehrte er in Kairo. Während der Emigration arbeitete Dobretsberger in österreichischen Emigrantenorganisationen mit, war Leiter der österreichischen Abteilung des britischen Political Intelligence Departments in Kairo und als Mitglied eines dann doch nicht realisierten österreichischen Vertretungskomitees beim Foreign Office im Gespräch. Das Kriegsende erlebte er in Ägypten.

Dobretsberger, der wegen seiner Ministertätigkeit bei den ehemaligen Christlichsozialen und wegen seiner antinazistischen Haltung bei den anderen politischen Parteien Ansehen genoß, behauptete später, daß ihm politisch Nahestehende eine rasche Rückkehr hintertrieben hätten und er dadurch um ein einflußreiches politisches Amt in der Zweiten Republik gebracht worden wäre.[4] Wie immer es darum stehen mag, fest steht, daß Dobretsberger im konservativen Lager ein potenter Anwärter auf eine Führungsposition gewesen wäre. Das Bündnis von politisch Verfolgten mit den sich zu Inneren Emigranten stilisierenden ehemaligen Vaterländischen scheint an ihm kein großes Interesse besessen zu haben.

Er kehrte erst im August 1946 nach Österreich zurück und zu diesem Zeitpunkt waren die wichtigen politischen Ämter vergeben, sodaß Dobretsberger zwar seine Professur wieder erhielt und 1946/47 das Rektorat übernahm, politisch allerdings im Abseits stand. Ein Jahr nach seiner Rückkehr veröffentlichte er eine politische Streitschrift, "Katholische Soziallehre am Scheideweg", doch auch diese auf breites Interesse stoßende Publikation änderte an seiner politischen Erfolglosigkeit nichts. Einen neuen Anlauf unternahm er 1948, als er sich wegen des Währungsschutzgesetzes mit den Koalitionsparteien überwarf, aus der ÖVP austrat und die Obmannschaft in der bis dahin unbedeutenden "Demokratischen Union" übernahm. Eine Kandidatur dieser Kleinpartei bei den Nationalratswahlen 1949 führte nicht zu dem von vielen erwarteten Erfolg.

Sein jetziges Engagement für die Friedensbewegung lag durchaus auf der politischen Linie, die er nach dem Krieg verfocht: stärkere wirtschaftliche Ausrichtung auf den traditionellen altösterreichischen Markt im Südosten Europas, Distanz zu den Vereinnahmungsversuchen Österreichs durch die Westalliierten, allen voran die USA, und innenpolitisch eine deutlich antifaschistische Position.

Neben Dobretsberger waren die beiden anderen Universitätsprofessoren unter den steirischen "Friedensfreunden" einer breiteren Öffentlichkeit bis dahin unbekannt: Heinrich Brandweiner war außerodentlicher Professor für Kirchen- und Völkerrecht und Paul Widowitz war an der Grazer Kinderklinik tätig[5]. Außer diesen dreien sprachen während des steirischen Friedenskongresses der damalige Nationalratsabgeordnete der KPÖ, Ernst Fischer, ein katholischer Pfarrer und ein Lehrer.

In den folgenden Tagen waren die Spalten der Tageszeitungen mit Artikeln über diesen "politischen Skandal" (WP 8.11.50) voll: *Die Kleine Zeitung*, die sich damals als "ältestes alpenländisches Tagblatt" dem Publikum offerierte, schrieb von einer Tagung der "Kryptokommunisten" und sah eine "Fünfte Kolonne, deren Aufgabe es ist, den Verteidigungswillen der abendländischen Welt zu zersetzen" am Werk: "Die Männer des Friedensrates sind - teils bewußt, teils durch eine sonderbare Einfältigkeit - Steigbügelhalter der roten Diktatur." (KLZ 5. und 8.11.50) Das von der ÖVP herausgegebene *Steirerblatt* übte sich in Ironie. In einem "Brief" berichtet ein "Kryptoschek" unter anderem: "Lieber Peperl, neben mir saß einer, der war ganz begeistert. Er hat nämlich in seinem Leben noch keinen Professor so nahe gesehen, als wie bei diesem Kongreß. Der Herr Professor Dobretsberger... hat den Kongreß eröffnet. Schön hat er gesprochen. Wie ein Musiker, wo er doch in Wirklichkeit ein Volkswirtschaftler ist. Er hat vom Weltkonzert der Friedenssymphonie geredet, in dem auch die Steiermark mitspielen tut." (STBL 7.11.50)

In einem zeitgeschichtlichen Vergleich erging sich der Kommentator der sozialistischen *Neuen Zeit*. Unter der Überschrift "Rintelen II" wurde mit Dobretsberger abgerechnet. Nach dessen Rückkehr aus der Emigration hätte man von ihm eine Bereicherung des "an Persönlichkeiten so arm gewordenen Österreich" erwarten dürfen und müsse nun feststellen, daß man enttäuscht worden sei. Dobretsberger und die anderen Professoren wären in einer "Bettgemeinschaft der Stalinisten gelandet". (NZ 8.11.50)

Merkwürdigerweise fand die Überschrift im Artikel selbst keine Erklärung. Um die Anspielung verstehen zu können, muß man die politischen Ereignisse der Herbstmonate 1950 in Erinnerung rufen: Um die Nachkriegsinflation einzudämmen, wurden seit 1947 Lohn-Preis-Abkommen zwischen Unternehmern und Gewerkschaften abgeschlossen. Dennoch kam es regelmäßig zu Preiserhöhungen, die vor allem von der Gewerkschaftsführung, wenn auch zähneknirschend, hingenommen wurden[6]. Spontane Streiks[7] in einzelnen Betrieben, die von der KPÖ unterstützt wurden, ließen die ablehnende Haltung vieler Belegschaften gegenüber dem Stillhalten der Gewerkschaftsführung deutlich werden. Nach Abschluß des 4. Lohn-Preis-Abkommens brach am 25. September wiederum ein spontaner Streik aus. Die Streikbewegung nahm - was nicht unwichtig ist - von den ehemaligen Hermann-Göring-Werken in Linz, der heutigen VOEST, ihren Ausgang, wo "freiheitliche" Gewerkschafter, unter ihnen viele ehemalige Nationalsozialisten, stark vertreten waren[8]. Nach einer anfänglichen Ausweitung des Streiks auf praktisch alle Industriegebiete Österreichs bröckelte er einige Tage später ab und wurde - auf Betreiben der KPÖ - ausgesetzt. Eine gesamtösterreichische Betriebsrätekonferenz sollte am folgenden Wochenende das weitere Vorgehen beraten. Nach Wiederaufnahme des Streiks war die Beteiligung deutlich schwächer. In der Öffentlichkeit wurde, besonders in dieser letzten Phase des Streiks, die Behauptung kolportiert, es handle sich bei der ganzen Auseinandersetzung um einen kommunistischen Putschversuch. Schlägereien, vorrangig zwischen Mitgliedern einer "Ordnertruppe" der Bau- und Holzarbeitergewerkschaft und kommunistischen Aktivisten, verstärkten diesen Eindruck. Auch wenn heute hinlänglich klar sein dürfte, daß es sich nicht um einen Putschversuch handelte - dieses Urteil teilen ehemalige Kontrahenten[9] -, war die damalige öffentliche Meinung dennoch davon überzeugt, einen Putschversuch vereitelt zu haben.

Die Erinnerung an die Ereignisse rund um den Oktoberstreik ist für das Verständnis des Artikels der *Neuen Zeit* von Wichtigkeit, weil während der Streiktage das Gerücht verbreitet wurde, Dobretsberger habe sich am Semmering bereit gehalten, um provisorischer Regierungschef einer KPÖ-dominierten Übergangsregierung zu werden[10]. Dobretsberger, Obmann der "Demokratischen Union" (die bei den Wahlen zum Nationalrat 1949 12059 Stimmen, das sind 0,28 Prozent erhielt[11]), habe also eine ähnliche Haltung eingenommen, wie der ehemalige Landeshauptmann der Steiermark, Universitätsprofessor Anton Rintelen beim

Naziputsch 1934. Nur sechs Wochen später trat der vermeintliche Putschisten-Kanzler bei einer der Kommunistennähe verdächtigten Organisation auf - für die sozialistische *Neue Zeit* Grund genug, ihn mit dem tatsächlichen Putschisten Rintelen auf eine Stufe zu stellen.

Neben der anhaltenden Pressepolemik entwickelten sich im November - nach dem steirischen Friedenskongreß - Aktivitäten anderer Art. Bereits drei Tage nach dem Kongreß meldete sich der Hauptausschuß der Österreichischen Hochschülerschaft der Universität Graz und gab einen Beschluß dieses Gremiums bekannt, der sich gegen die Aktivitäten der Professoren Brandweiner und Dobretsberger richtete. Darin hieß es unter anderem: "Es widerspricht der allgemeinen Auffassung, daß sich Professoren als Handlanger einer unserer Staatsform fremden Ideologie betätigen... Die ÖHS findet es unangebracht, ja gefährlich die so verantwortungsreiche Aufgabe eines Pädagogen in den Händen solcher Männer zu wissen. Es ist untragbar, jungen Juristen unserer Universität, die einmal das Rückgrat des Staates bilden sollen, zuzumuten, ihr Fachwissen aus Volkswirtschaft und Nationalökonomie bei einem Lehrer zu holen, dessen Eintreten für kryptokommunistische Propagandathesen hinlänglich bekannt ist... In einer Zeit, in der sich unser ganzes Volk gegen die Beseitigung seiner materiellen und geistigen Werte wehrt, in der sich Arbeiter und Bauernschaft in bewundernswerter Weise dem Eindringen des kommunistischen Gedankenguts widersetzten, wäre es für den Akademikerstand unverantwortlich, daß aus seinen Reihen einige Einzelgänger sich den Todfeinden unserer Freiheit verschreiben."[12] Abschließend "ersucht" die ÖHS das Unterrichtsministerium und das Professorenkollegium der Universität, "geeignete Maßnahmen zu treffen".

Diese Protestnote der Studentenvertretung fand in der Tagespresse freundliche Aufnahme.[13] Aufmerksam machen sollte man auf ein Wort, das in den folgenden Jahren immer wieder auftauchen wird: "untragbar". Ohne Ideologiekritik auf "Wortklauberei" zu reduzieren, sei daran erinnert, daß der Begriff "untragbar" in der NS-Zeit traurige Berühmtheit erlangt hat.[14] Aber nicht bloß diese Kontinuität des Sprachschatzes öffentlicher Auseinandersetzung fällt an dem Beschluß der Hochschülerschaft auf; bedenklicher stimmt, daß eine - der Sache nach - politische Konfrontation mit dem Ruf nach Einschreiten der Obrigkeit ihren Anfang nahm. Wobei - und es fällt schwer, hierin nicht eine subkutan wirkende Kontinuität jener Mentalität zu sehen, die im Nationalsozialismus eskaliert war - weniger der Appell an die Staatsmacht Verwunderung hervorzurufen geeignet ist, als das gänzliche Fehlen einer sachlich und rechtlich erheblichen Verletzung von Pflichten durch die am Friedenskongreß auftretenden Professoren.

Auch wenn es in der damaligen Auseinandersetzung offenkundig nebensächlich war, was die angegriffenen Professoren während des Friedenskongresses sprachen - bezeichnenderweise wird in keinem Zeitungsartikel auf den Inhalt der Reden von Dobretsberger und Brandweiner Bezug genommen -, sollte man bei der Rekonstruktion darauf nicht verzichten. Während die Rede Brandweiners unter der Überschrift "Die Weltfriedensbewegung und das Völkerrecht" in der *Wahrheit* veröffentlicht wurde, sind die Ausführungen Dobretsbergers nicht erhalten geblieben. Von beiden Professoren existieren allerdings aus dieser Zeit andere Zeitungsartikel. Unter der Überschrift "Jeder Katholik muß für den Frieden eintreten" erschien auf der Titelseite der ersten Nummer der *Österreichischen Friedenszeitung* ein Leitartikel von Dobretsberger. Ausgehend vom christlichen Gebot "Du sollst nicht töten", plädierte Dobretsberger für einen bedingungslosen Pazifismus, ohne diesen Begriff selbst zu verwenden. Die in der christlichen Tradition wurzelnde "Ächtung des Krieges" - sei angesichts der furchtbaren Wirkung der Atombombe noch wichtiger geworden: "Denn zu diesem Bekenntnis verpflichtet mich tiefinnerst meine religiöse Weltanschauung." (ÖFZ September 50) Dieses Bekenntnis auszusprechen, dürfe man sich nicht durch eine "Weltpropaganda" beirren lassen, welche dahin gehe, nicht zu fragen, welche Waffen zum Einsatz kommen, sondern wer die Angreifer seien: "Der Begriff 'Angreifer' ist stets umstritten, aber der Begriff 'Atombombe' ist seit Hiroshima jedem klar." Zwei Monate später äußerte sich Dobretsberger auch als Ökonom zur Friedensfrage: "Für einen Professor der Nationalökonomie ist das Bekenntnis zum Frieden eine Selbstverständlichkeit. Wenn man bedenkt, auf welch niedriges Lebensniveau die Kosten der zwei Weltkriege uns herabgedrückt haben, gibt es nur eine Stellungnahme: Nie wieder Krieg. Wo immer sich eine Gelegenheit bietet, diese Überzeugung anderen mitzuteilen, muß man sie ergreifen." (ÖFZ November 50)

In analoger Weise ging der Völkerrechtler Brandweiner vor, um sein Engagement für die Friedensbewegung zu begründen. Zugleich versucht er, den Eindruck hervorzurufen, es sei sein wissenschaftliches Urteilsvermögen, das ihm dieses Engagement zum Gebot mache. In einem Artikel über "Die völkerrechtliche Bedeutung der Stockholmer Resolution" (ÖFZ Oktober 50) sieht er in der Unterzeichnung dieses Appells zur Ächtung der Atombombe durch "hunderte Millionen Menschen" einen Dienst am Frieden, aber auch einen Versuch, "eine der brennendsten praktischen Fragen des Völkerrechts zu lösen". Erstmals in der Geschichte habe der einzelne die Initiative ergriffen und sei in Fragen der auswärtigen Angelegenheiten "selbständig handelnd auf den Plan" getreten: "Es ist dabei kein Zufall, daß dies geschieht, kurze Zeit nachdem der einzelne grundsätzlich ... persönlich strafrechtlich haftbar

gemacht worden ist für Verletzungen des Völkerrechts, welche er verschuldet hat, mögen sie ihm anbefohlen worden sein oder nicht."
Nach diesem Verweis auf die alliierte Rechtsprechung bei den Nürnberger Kriegsverbrecherprozessen unternimmt Brandweiner den Versuch einer völkerrechtlichen Einordnung des Stockholmer Appells. Er sieht in diesem "nichts anderes als die Forderung nach einem völkerrechtlichen Vertrag". Daß diese Forderung erst fünf Jahre nach dem Ersteinsatz der Atomwaffe erhoben werde, liege - wiederum nach Brandweiner - daran, daß die "Charta der Vereinten Nationen" bislang die "Annahme der Einmütigkeit der Großmächte" genährt habe. Diese Prämisse sei durch die Gründung des Nordatlantikpaktes zerstört worden, was der "Menschheit zum Bewußtsein gebracht (habe), in welch ungeheurer Gefahr sie schwebt, wenn sie endgültig in zwei einander feindlich gegenüberstehende Hälften zerfiele". Seine Meinung über den Atlantikpakt versuchte Brandweiner durch Berufung auf eine Autorität abzusichern. Der Atlantikpakt sei völkerrechtswidrig, da er gegen die Charta der Vereinten Nationen verstoße: "Man darf dies ruhig aussprechen, denn es ist die Wahrheit. Kein Geringerer als der große Rechtsgelehrte Hans Kelsen, der Schöpfer unserer österreichischen Bundesverfassung, heute Professor in Amerika, hat den Mut gehabt, dies drüben öffentlich zu erklären".[15] Gestärkt durch solche "Verbündete" schließt Brandweiner mit einem apodiktischen (Rechts-)Spruch: "Das Bekenntnis zu ihr (i.e. der Stockholmer Erklärung) ist ein Bekenntnis zum Recht, ihre Ablehnung eine Parteinahme für die Gewalt." Andernorts deklarierte Brandweiner sein Eintreten für die Weltfriedensbewegung zur "Standespflicht", da der Stockholmer Appell ein "Bekenntnis zum Frieden und damit zum Völkerrecht" sei, das "abzulegen" er sich nicht nur vor der "studierenden Jugend, sondern vor dem Weltforum" verpflichtet sehe. (ÖFZ November 1950)

Abgesehen von den etwas pathetischen Ausdrucksweisen, deren sich Brandweiner und Dobretsberger bedienten, sind die Stellungnahmen wohl nur schwerlich als Ausdruck einer "unserer Staatsform fremden Ideologie" (PRE 9.11.50) zu bewerten. Problematisch mag manchem der Umstand erscheinen, daß beide ihre privaten, politischen Auffassungen als Resultat ihrer wissenschaftlichen Einsichten auszugeben geneigt waren. Allerdings war weder diese Frage der Wissenschaftsethik noch die Frage einer unvollständigen Problemsicht der Punkt, an dem die Kritik der Gegner einsetzte: Allein der Umstand, etwas (möglicherweise sachlich sogar Richtiges) im Kreise von Personen gesagt zu haben, die als Staatsfeinde betrachtet wurden, genügte, um eine Kampagne gegen Krypto-Kommunisten zu initiieren.

Friedensbewegung im Kalten Krieg

Der postwendende Ruf nach Herstellung der Ordnung durch die Obrigkeit erscheint mithin als das eigentlich überraschende Phänomen. Dieses zu erklären, erfordert die Berücksichtigung der politischen Zeitumstände: Neben dem schon erwähnten Oktoberstreik, der als kommunistischer Putschversuch wahrgenommen wurde, ist der Kalte Krieg in Erinnerung zu rufen.

Das frühere Bündnis der drei Westalliierten, USA, Großbritannien und Frankreich, mit der Sowjetunion gegen Hitler-Deutschland überlebte das Kriegsende nur kurze Zeit. Bereits 1946 forderten Churchill und Truman eine Eindämmungspolitik gegen den sowjetischen Expansionismus. Die Truman-Doktrin von März 1947, worin materielle Hilfe für in ihrer Freiheit bedrohte Staaten Europas in Aussicht gestellt wurde, fand wenige Monate später einen institutionellen Ausdruck im Marshall-Plan, der neben dem Wiederaufbau Europas der ideologischen Einbindung der unterstützten Staaten in die westliche Welt dienen sollte. Eine Einbeziehung osteuropäischer Länder in diesen Plan scheiterte an der Weigerung der Sowjetunion und der dortigen kommunistischen Parteien. Ihnen gelang es darüberhinaus, die nichtkommunistischen Parteien aus den Regierungen der osteuropäischen Länder zu drängen. Diesen östlichen Staatstreichen entsprach im Westen die - von den USA tatkräftig unterstützte - Eliminierung kommunistischer Regierungsmitglieder. Die Konfrontation zwischen Ost und West, die bis hart an den Rand kriegerischer Auseinandersetzungen getrieben wurde - daher der Name Kalter Krieg - erreichte nach der Berlin-Blockade und der definitiven Zweiteilung Deutschlands durch die Gründung der Separatstaaten BRD und DDR einen Höhepunkt, als es den chinesischen Kommunisten 1949 gelang, ihre Bürgerkriegskontrahenten vom Festland nach Taiwan zu vertreiben und in der Folge die Volksrepublik China gegründet wurde.[16]

Diese weltpolitische Konstellation fand ihre Spiegelung in der österreichischen Innenpolitik. Nachdem es im Anschluß an die Nationalratswahlen vom November 1945 rasch gelungen war, das innenpolitische Kräftegleichgewicht zwischen den großen Parteien ÖVP und SPÖ zu stabilisieren, richteten beide Parteien Angriffe gegen die - bis 1947 noch mit einem Minister in der Regierung vertretene - KPÖ und die sowjetische Besatzungsmacht.[17]

Die Nähe zu Vorstellungen der KPÖ mag den Intentionen Dobretsbergers nicht entsprochen haben, entsprach allerdings sowohl der Beurteilung durch die Zeitgenossen, wie man auch festhalten wird müssen, daß sie neben schon genannten Punkten mindestens in einem weiteren gegeben waren: Die Demokratische Union forderte bereits 1949 eine Neutralitätspolitik, die weitergehend war als die - damalige und spätere - Haltung der beiden Großparteien[18]. Im Wahlprogramm 1949 der D.U. hieß es dazu: "Die D.U. fordert eine strikte Neutralität Österreichs..., sie fordert absolut loyales Verhalten allen Großmächten gegenüber und die Heraushaltung Österreichs von der Einbeziehung in irgendein machtpolitisches System."[19]

Sah sich Dobretsberger bereits in der Wahlplattform 1949 genötigt, sich gegen den Vorwurf des Kryptokommunismus zur Wehr zu setzen, wurde diese Parole des Kalten Krieges in den kommenden Querelen zur stehenden Redewendung. Dobretsberger selbst scheint - klammert man einmal die erwähnten politischen Übereinstimmungen aus - ein weniger zwanghaftes Abgrenzungsbedürfnis gegenüber Kommunisten gehabt zu haben. Das mag auch mit seinen Kontakten zu österreichischen Kommunisten in der türkischen Emigration zusammengehangen haben.[20] Sein Engagement, erst in der Friedensbewegung, 1953 dann auch in einem Wahlbündnis zwischen KPÖ, Linkssozialisten und Demokratischer Union - genannt "Volksopposition" - kann daher nicht als überraschend betrachtet werden. Dies umso weniger, als es der KPÖ damals - trotz Stalinismus und Kaltem Krieg - durchaus gelang, Intellektuelle für sich zu gewinnen. Die Zahl jener, die in den vierziger und fünfziger Jahren sich zumindest in einem Nahverhältnis zur KPÖ befanden, in späteren Jahren daran nicht sehr gern erinnert werden wollten, war beträchtlich.[21] Insofern hatte der ÖVP-Nationalratsabgeordnete Eduard Ludwig nicht unrecht, wenn er seinem Parlamentskollegen Ernst Fischer entgegenhielt: "Herr Dobretsberger ist ihr geistiger Genosse, er hilft ihnen in der Geistigkeit Österreichs Brückenköpfe zu bauen."[22] Bei Hintanstellung der sachlichen Berechtigung, sich um die Erhaltung des Friedens zu bemühen, könnte man die damalige Friedensbewegung sicherlich als einen solchen "Brückenkopf" bezeichnen - vorausgesetzt man hätte eine Neigung zu militärischer Ausdrucksweise.

Im vorliegenden Zusammenhang interessiert aber weniger die Rekonstruktion des Kalküls der KPÖ, in Kreisen der Intellektuellen Verbündete zu finden, als vielmehr der Umstand im Mittelpunkt des Interesses steht, einen Konflikt rund um politisch aktive Universitätsangehörige nachzuzeichnen. Denn diese Auseinandersetzung hatte mit dem Presseecho auf den Steirischen Friedenskongreß erst ihren Anfang genommen.

Nach den ersten polemischen Berichten nahmen Journalisten in den folgenden Tagen eine Presseaussendung von Dobretsberger und Brandweiner zum Anlaß für weitere Kommentare. Die beiden Professoren hatten gegen den Beschluß der Hochschülerschaft Stellung genommen und darin eine Überschreitung der gesetzlichen Befugnisse dieser

Körperschaft gesehen: "Er ist ein Rückfall in jene Zeit, in der politisch nicht genehme Professoren durch Demonstrationen und nachfolgendes Einschreiten der Behörden von ihren Lehrkanzeln entfernt wurden." (WHT 9.11.50) "Böswillige Verleumdungen" und ein "beispielloser Gewissensterror" würden die Professoren nicht dazu bringen können, ihre "Überzeugung zu ändern".

Die *Kleine Zeitung* gab den Professoren recht, die Friedensbewegung sei nicht "rein kommunistisch": "nämlich deshalb, weil sich einige Menschen dazu hergaben der hundertprozentigen Moskauer Firma ihren Namen als Kompagnon anzubieten". Ebenso richtig sei es, daß "weder der eine noch der andere Herr Kommunist, ja nicht einmal Kryptokommunist" genannt werden könne: "Weil sie aber, aus einem anderen Lager kommend, im Lager der Zerstörung stehen, sind sie umso gefährlicher, ist ihre Rolle umso zwielichtiger." Auch mit Bezug auf die von den beiden Professoren kritisierte gehässige Berichterstattung wird analog argumentiert: Gehässig berichtet wurde, "weil diese antikommunistische Presse den Kommunismus aus tiefstem Herzensgrunde haßt... Jenen Kommunismus, der außerhalb der Grenzen der Sowjetunion als Schwamm das Gebälk des Abendlandes zerfrißt". Nach soviel rhetorischer Zustimmung mußte am Ende eine deutlichere Sprache gesprochen werden. Der Kommentator "Pitt" greift zu einem Vergleich: "Es ist vielleicht formell nicht ganz richtig, sie mit einem Haifisch zu vergleichen, aber sie gehören zu jenen Leuten, die, mit uns allen im gleichen Boot, an den schwachen Bodenbrettern schnitzeln, um Schiff und Ladung auf den Grund des Roten Ozeans zu schicken. Zu den Haifischen. Denen ein Dobretsberger genauso gut schmecken wird wie ein braver Antikommunist. Diese Sorte von Fischen hat bisher auf Rückversicherer keine Rücksicht genommen. Hai bleibt Hai....". (KLZ 10.11.50)

Mit etwas weniger Aufwand, aber demselben Ziel verpflichtet, argumentierte die sozialistische *Neue Zeit*. Unter der Überschrift "Unnötige Aufregung" stellt der Schreiber fest, daß "Dr. Dobretsberger kein Haar gekrümmt worden" (NZ 10.11.50) sei. Von "Gesinnungsterror" zu sprechen sei "doch etwas unsachlich". Und dann folgen einige Fragen an Dobretsberger und Brandweiner: Warum hätten sie bislang zum Gesinnungsterror in Osteuropa geschwiegen, warum schwiegen sie zur Aggressionspolitik der Sowjetunion seit den Zeiten des Hitler-Stalin-Paktes, warum schwiegen sie über die Arbeitszwangslager in den volksdemokratischen Ländern? "Mit den Trägern einer solchen Politik, einer solchen Ideologie, eines solchen Wollens gemeinsame Wege, wenn auch nur jene einer sogenannten 'Friedensbewegung' zu gehen, heißt zwischen Gut und Böse entschieden zu haben. Eine Stellung zwischen dem gibt es nicht."

Das *Steirerblatt* der ÖVP begnügt sich, einen Beschluß der "Jungen Front" mitzuteilen, wonach deren Landesleitung es schärfstens verurteile, "daß vom Staate besoldete Universitätsprofessoren an einer von einer staatsfeindlichen Partei in Szene gesetzten Kundgebung mit dem Gewicht ihres akademischen Grades aktiv teilgenommen haben." (STBL 15.11.50) Während die mehrfach zum "Einschreiten" aufgeforderten Repräsentanten der Grazer Universität schwiegen, meldete sich am 12. November in der *Neuen Wiener Tageszeitung* ein anonym bleibender "Hochschulassistent" mit einem Leitartikel zu Wort. Unter der Überschrift "Akademische Würden" rechnet der Verfasser mit Dobretsberger ab. Der "Fall Prof. Dr. Dobretsberger" sei zwar keine "politische Angelegenheit von Gewicht ... wohl aber beginnt die Rolle, die hier ein österreichischer Hochschullehrer spielt, das Ansehen unserer Universität schwer zu schädigen." Es sei jedermanns Recht, sich politisch zu betätigen, "allerdings wird man sich von einem akademischen Würdenträger erwarten, daß er sich streng an die Regeln der Ritterlichkeit hält, die jedermann auferlegt sind, der in die politische Arena tritt. Nicht bloß Adel, auch akademische Titel verpflichten." Dobretsbergers Verhalten als Obmann der "Demokratischen Union" sei "zum öffentlichen Ärgernis", zu einem "Mißtrauensvotum" geworden. Selbst seine Schüler könnten dazu nicht mehr schweigen. "Schon der Abstieg vom Minister im Kabinett Schuschnigg zum Leitartikler der 'Volksstimme' kann nicht ohne bedauernswertes Kopfschütteln verfolgt werden." Ein "überspitzter Geltungsdrang" scheine bei Dobretsberger "den Blick für jedes Maß der Dinge getrübt zu haben... hier ist die Ebene auf der sich ein Akademiker bewegen kann, gründlich verlassen und die politische Auseinandersetzung in moralische Niederungen verlagert, in die Menschen von Geschmack und Bildung kaum folgen können." Die hohen Werte, die der anonyme Verfasser eben noch beschwor, hindern ihn nicht, dem "unwillkürlichen Drang" nachzugeben und die in solchen Auseinandersetzungen damals geradezu obligate Frage aufzuwerfen: "Woher hat Prof. Dr. Dobretsberger das Geld?" Auch um eine Antwort ist der Anonymus nicht verlegen: "Die Spatzen pfeifen es von den Dächern... wessen Brot... die 'kominformierten' Friedensapostel essen". Der Hinweis auf die vermuteten Finanzierungsquellen genügt dem Verfasser nicht: "Eine solche politische Betätigung ist mit dem akademischen Lehramt unvereinbar... derlei kann auf einer Hochschule von Rang und Ansehen höchstens als Lehrstoff im Psychologischen Institut erörtert werden." Der Verfasser endet, indem er die gerade gedrechselte Metapher fahren läßt: "Der Fall Dobretsberger hat nichts mit demokratischer oder akademischer Freiheit zu tun. Er ist zu einer Angelegenheit der akademischen Würde geworden. Danach muß er auch behandelt und gelöst werden." (NWT 12.11.50)

Die Durchführung des Steirischen Friedenskongresses war - wie eingangs erwähnt - als vorbereitende Veranstaltung für den Zweiten Weltfriedenskongreß geplant gewesen. Dieser sollte am 13. November in Sheffield, Großbritannien, eröffnet werden. Zu den Mitgliedern der Österreichischen Delegation zählten Ernst Fischer, Josef Dobretsberger und Heinrich Brandweiner. Da die britische Regierung zahlreichen Delegierten Einreisevisa verweigerte, und sich auch anderweitig bemühte, den propagandistischen Wert des Kongresses zu minimieren, beschlossen die Organisatoren kurzfristig nach Warschau auszuweichen, wo am 16. November 1950 die feierliche Eröffnung stattfand. Unter den Teilnehmern befanden sich prominente Politiker und Intellektuelle: Frédéric Joliot-Curie, Pietro Nenni, Yves Farge, John Desmond Bernal, Pablo Neruda, Thomas Mann, Anna Seghers, Arnold Zweig, Leopold Infeld, Pablo Picasso - um einige zu nennen.

Die während des Kongresses gehaltenen Reden befaßten sich mehrheitlich mit dem Krieg, der seit nicht ganz einem halben Jahr in Korea tobte.[23] Brandweiner, der als Leiter der österreichischen Delegation sprach, stellte in seiner Rede eine Verbindung zwischen Korea und Österreich her. Auch Österreich sei fünf Jahre nach Kriegsende immer noch in Besatzungszonen zerrissen, der versprochene Vertrag, der ihm die Unabhängigkeit wiedergeben sollte, sei bislang nicht zustande gekommen. Da diese Situation für das Land ungemein gefährlich sei, müsse Österreich eine Politik der "striktesten Neutralität" steuern. Dem widersprächen die Erklärungen des österreichischen Außenministers, der an die Adresse der USA das Verlangen gerichtet habe, gegebenenfalls mit Streitkräften der Vereinten Nationen in Österreich zu intervenieren. Eine solche Aktion würde "unser Land in eine unabsehbare Katastrophe stürzen und die Katastrophe Koreas auf europäischen Boden wiederholen." Gerade wenn, wie kürzlich in Österreich, "rein wirtschaftliche Kämpfe zum Vorwand" genommen würden, eine "ausländische Intervention herbeizuführen", müsse man "vor diesem Weltforum mit allem Ernst darauf hinweisen, daß Österreich zu einer Gefahr für den Weltfrieden zu werden drohe".[24] Zum Abschluß des Kongresses wurden Brandweiner, Dobretsberger und Fischer in den Weltfriedensrat gewählt.

"Krawalle" an der Grazer Universität

Am 27. November sollte Brandweiner seine Vorlesungstätigkeit an der Grazer Universität wieder aufnehmen. Ungefähr 250 Studenten, mehrheitlich Angehörige der "Union der Österreichischen Akademiker", begrüßten Brandweiner mit Sprechchören und Pfeifkonzerten: "Friedenstaube", "Rückversicherer", "Schwein", "Verderber der Jugend", "Hochverräter", "Gesinnungslump" lauteten einige der Parolen, die anderntags von der Presse berichtet wurden. Brandweiner verließ nach einigen vergeblichen Versuchen, mit der Vorlesung zu beginnen, und nachdem er erklärt hatte, sich "auf der Lehrkanzel nicht mit Politik befassen" zu wollen, den Hörsaal. Tags darauf konstatierte die Presse mit Zufriedenheit, daß die Vorlesung des "kryptokommunistischen Professors erfolgreich" verhindert wurde. Von "tumultartigen Szenen" berichtete das *Steirerblatt*, "wie sie die Universität schon lange nicht erlebt haben dürfte;"[25] Verständnis für "die ungeheure Erregung der Grazer Studentenschaft" empfand die *Kleine Zeitung*, die begründend ausführte: "In erster Linie wurde betont, daß ein Mensch, der sich dafür hergibt, offiziell auf dem kommunistisch inspirierten Weltfriedenskongreß das Wort zu ergreifen, damit die Sicherheit des Staates untergräbt und somit das Recht verwirkt hat, österreichischen Studenten weiterhin Lehrer und Vorbild zu sein." (KLZ 28.11.50)
Kritisch zu beiden Seiten äußerte sich die sozialistische *Neue Zeit*, die hinter den Demonstranten katholische Organisationen vermutete: "Durch Lausbübereien einen Druck in Richtung auf die Einschränkung der demokratischen Freiheit ausüben zu wollen, lehnen wir mit ebensolcher Schärfe ab, solange Prof. Brandweiner seine politischen Anschauungen seiner Lehrtätigkeit wie bisher fernhält. Dies ist unser Standpunkt, nicht weil man andernfalls dem kommunistischen Totalitarismus billige Argumente lieferte, sondern wegen des Grundsatzes der demokratischen Freiheit." (NZ 28.11.50) Eine "Faschistendemonstration" sah die kommunistische *Wahrheit* am Werk: "Leute, welche dem Universitätsleben fernstehen" bildeten den "zusammengewürfelten Haufen", der von einem Mitarbeiter des Blattes der "Stepan-Reaktion 'Kleine Zeitung'"[26] angeführt worden sei, während "zahlreiche andere Exzendenten zu den Kreisen der faschistischen 'Jungen Front' der ÖVP gehörten". Die Hörer Brandweiners hätten gegen die Ausschreitungen entschieden protestiert und ihre Sympathie für Brandweiners "Auftreten für den Weltfrieden" durch zahlreiche Anmeldungen zu seinen Lehrveranstaltungen unter Beweis gestellt. (WHT 28.11.50)

Auch am darauffolgenden Tag wurde die Vorlesung Brandweiners verhindert. Über 500 Studenten, berichtete das *Steirerblatt*[27], hätten sich vor dem Hörsaal versammelt. Über Anordnung des Rektors wurden nur jene eingelassen, die ihr Studienbuch vorweisen konnten. Da es kaum jemand bei sich hatte, saßen nur wenige Studenten im Hörsaal, als die "von innen verbarrikadierte Tür", begleitet von einem "ohrenbetäubenden Pfeifkonzert", aufgebrochen wurde. Brandweiner soll den Raum fluchtartig verlassen haben.

Schon am Vortag hatten die protestierenden Studenten in Telegrammen an den Unterrichtsminister, den Bundespräsidenten und den steirischen Landeshauptmann angekündigt, "nicht eher ruhen" zu wollen, bis Professor Brandweiner vom "akademischen Boden entfernt sei". (KLZ 28.11.50)

Das "go in" - wie man derartige Proteste nicht ganz zwei Jahrzehnte später bezeichnen sollte - schlug in den Spalten der Tageszeitungen hohe Wellen. Während sich *Steirerblatt* und *Kleine Zeitung* mit den Demonstranten solidarisierten, distanzierte sich die *Neue Zeit* von den Ausschreitungen. Der *Wahrheit* waren die Vorfälle ein willkommener Anlaß, um vor den "faschistischen Stoßtrupps"[28] zu warnen. Die voneinander abweichenden Kommentare wurden aber auch zum Anlaß weitergehender politischer Polemik genommen: Sah das *Steirerblatt* (STBL 29.11.50) die Berichterstattung der *Neuen Zeit* "in der Tendenz völlig mit jener der Wahrheit" ident, polemisierte dort ein Dr.G.N.[29] gegen den "Hurra-Antikommunismus des dummen Kerls", der nicht in der Lage sei, gegen Brandweiner "sachlich fundiert" zu argumentieren, wohingegen "jeder politisch gebildete Arbeiter einen Strom von Argumenten auf der Zunge gehabt hätte, Argumente, die auch ein Universitätsprofessor nicht hätte widerlegen können."[30] Derselbe Kommentator fügt seiner Kritik an jenen, die "nur johlen können", historische Erinnerungen an: "Die Geschichte der Universität Graz ist leider nicht gerade arm an Blamagen, die ihr die Unwissenheit ihrer 'Akademiker' zufügte."

Jenseits dieser Polemik, die in den folgenden Tagen eine Fortsetzung finden sollte, kann man aus den Kommentaren prinzipielle Standpunkte herauslesen. Die bürgerlichen Blätter und die Funktionäre der Hochschülerschaft, deren Vorsitzender damals Richard Piaty war, vertraten die Auffassung, daß Brandweiner zwar nicht gegen Bestimmungen des Strafgesetzes verstoßen habe, da aber von "jedem aufrechten Menschen eigene Gesetze der Anständigkeit, Offenheit und Fairneß"[31] zu beachten seien, müsse Brandweiner von der Universität entfernt werden. Schließlich handle es sich bei ihm um einen "gefährlichen Gegner", um ein "schleichendes Gift"[32] und - so darf man angesichts dieser Metapher wohl folgern - gegen Gifte hilft keine Rechtsordnung.

Etwas nuancierter urteilte der "Bund der unabhängigen Studenten", dessen damaliger Vorsitzender Alexander Götz in einer "Zuschrift" zwar meinte, daß die Resolution der Demonstranten den "Gefühlen fast aller Studenten Rechnung" trage, man aber, da kein strafrechtlich relevanter Tatbestand gegeben sei, Brandweiner nur "moralisch und ethisch das Recht..., weiterhin Lehrer der akademischen Jugend" zu sein, bestreiten könne. (STBL 29.11.50) Deutlicher in diese Richtung äußerte sich die *Neue Zeit*, für die feststand, "daß die Gesinnung in der Demokratie frei zu sein hat, die Tat aber zu bestrafen (sei), nicht weil sie kommunistisch, sondern weil sie verbrecherisch ist". (NZ 29.11.50) Erst wenn Brandweiner versuchen sollte, in seinen Lehrveranstaltungen im Sinne seiner politischen Aktivitäten zu agitieren, müsse gegen ihn eingeschritten werden.

Wenig überraschend ist es zu hören, daß die kommunistische Presse für Brandweiner Stellung nahm. Auffallend an deren Stellungnahmen war allerdings etwas anderes: Die demonstrierenden Studenten wurden von der KPÖ-Presse als "faschistische Banditen", "Faschisten", "Terroristen" bezeichnet, die sich des "Verbrechens der öffentlichen Gewalttätigkeiten durch Hausfriedensbruch und Störung staatlicher Veranstaltungen" schuldig gemacht hätten. Dagegen sei die "Freiheit des Lehrens, Lernens und der Meinungsäußerung" sicherzustellen. (WHT 29.11.50) Besonders glaubwürdig scheint diese Verteidigung rechtsstaatlicher Prinzipien weder vom damaligen Publikum empfunden worden zu sein, noch kann sie rückblickend als mehr erscheinen denn Propagandawerk. Unklar blieb die kommunistische Haltung zur Frage, ob Brandweiner in seiner Lehrtätigkeit im Sinne politischer Propaganda tätig geworden war oder hätte werden sollen: Man erinnere sich an die von Brandweiner in Anspruch genommene "Standespflicht", der zufolge er verpflichtet sei, ein Bekenntnis zum Frieden abzulegen (ÖFZ November 50) und an die propagandistische Verwertung des Umstandes, daß Universitätsprofessoren im Friedensrat vertreten waren.

In den folgenden Tagen konnte Brandweiner, ebenso wie Dobretsberger, gegen den merkwürdigerweise keinerlei Protestaktionen unternommen wurden, seine Vorlesung ungestört abhalten. Die Studenten bekräftigten in einer Resolution nochmals ihre Auffassung, die darin gipfelte, den Akademischen Senat aufzufordern, gegen Brandweiner einen Disziplinarausschuß einzusetzen, der sein Verhalten "sowohl nach der rechtlichen, politischen als auch moralischen Seite hin zu untersuchen und zu bewerten" habe. Bis dahin möge der Rektor Brandweiner von seinen Vorlesungen entheben.[33]

In der Hörerversammlung, die diese Resolution beschloß, äußerte sich der Vorsitzende der Hochschülerschaft, Richard Piaty, über den politischen Werdegang Brandweiners: Dieser sei erst Generalstabsoffizier der Naziwehrmacht und Parteigenosse der NSDAP gewesen, dann hätte er sich als Widerstandskämpfer (dieses Wort wird in den Zeitungsberichten in Anführungsstrichen mitgeteilt) hervorgetan, der "seine Einheit einen Tag vor der Kapitulation zur Waffenniederlegung gezwungen" habe, um schließlich - wie sich das *Steirerblatt* ausdrückte - "mit Hilfe eines bewußt ausgerichteten Lebenswandels die Professur für Kirchenrecht bekommen" (STBL 30.11.50) zu haben. Deutlicher war zu letzterem die *Neue Zeit*: "Auf Grund seiner 'katholischen' Beziehungen habe er die Professur an der Grazer Universität erhalten." (NZ 30.11.50)

Brandweiner, der am 8. und 9. Dezember 1950 bei öffentlichen Veranstaltungen des Friedensrates über "Steht der Krieg vor der Tür? Droht die Atombombe?" sprach, erhielt Unterstützung durch Protestresolutionen verschiedener Betriebsräte, Gemeinderäte, Friedensaktivisten, die allesamt gegen den "faschistischen Terror an der Universität"[34] protestierten und er ließ der *Neuen Zeit* eine Entgegnung zukommen, in der er in Abrede stellte, jemals Mitglied der NSDAP gewesen zu sein. Dem ebenfalls gegen ihn erhobenen Vorwurf, seine Schulden seien "über Nacht weg" gewesen, hält er entgegen: "Richtig ist, daß Professor Brandweiner nach wie vor dieselben Schulden hat." (NZ 5.12.50) Beide Vorwürfe - Nazi-Vergangenheit und Schulden - sollten in den kommenden Jahren zum fixen Bestandteil der Kontroverse um Brandweiner werden.

Nachdem mehrfach berichtet wurde, eine Suspendierung Brandweiners "wegen getarnter kommunistischer Tätigkeit" (WP 1.12.50) stehe unmittelbar bevor, meldete sich der, gelegentlich als Hintermann der Proteste bezeichnete Ernst Strachwitz, damals als Bundesvorsitzender der um ehemalige Nationalsozialisten bemühten "Jungen Front" auch Nationalratsabgeordneter der ÖVP, zu Wort. Unter der Überschrift "Jugend ergreift die Initiative" (STBL 3.12.50) rechnete Strachwitz mit den "Friedens-Hampelmännern" ab. Die kommunistische Presse erweise ihm zuviel der Ehre, wenn sie ihn als Initiator der Demonstrationen bezeichne - er sei das "leider nicht", obwohl er sich darüber freue, "wenn eine gesunde Regung in diesem Lande von den geifernden Gegner mir und der Jungen Front in die Schuhe geschoben" werde. Die Teilnahme von Brandweiner und Dobretsberger am Warschauer Friedenskongreß habe mit dem "Recht auf freie Meinungsäußerung oder der Betätigung freier Bürger" nichts zu tun, vielmehr sei es "ein Schlag gegen die Position Österreichs in dieser unruhigen Welt." Bei diesem Kongreß habe es sich "deutlich und unwiderlegbar...um eine Sache des Ostens gegen den Westen... gehandelt." Österreich, dem von seinen Befreiern immer noch "die Behandlung eines besiegten Landes zuteil werde", dürfe sich an keinen "Aktionen beteiligen, die nichts anderes sind, als eine Waffe der großen Antipoden in ihrer Auseinandersetzung." Um den Frieden, den Österreich so dringend brauche, zu erreichen, müsse man "im Inneren zusammenstehen". Dobretsberger und Brandweiner, die sich "katzbukkelnd dem Willen derer beugen, die uns immer noch besetzt halten", hätten für sich in Anspruch genommen, überzeugte Katholiken zu sein und gerade darin, in ihrer weltanschaulichen Distanz zum Kommunismus, liege "das Üble dieser Erscheinungen... Denn sie haben weder sachliche noch realpolitische Motive, die sie zu der von ihnen eingenommenen Haltung zwingen, sondern lediglich persönliche. Der Ehrgeiz treibt sie hinauf...vielleicht sind sie auch nur gewöhnliche Rückversicherer." Im weiteren bedauerte Strachwitz, daß "das Echo der Öffentlichkeit und die Reaktion der amtlichen Stellen ... äußerst gering" waren. Die Studenten seien daher zu einer "Selbsthilfeaktion" gezwungen gewesen. Weil "wissenschaftliche Bedeutung... kein Freibrief für politisches Freibeutertum" sein dürfe, müsse diesen "Wölfen im Schafpelz", die "die Orientierungsfähigkeit des Volkes stören..., auf die Finger geklopft werden." Strachwitz beendete seine Stellungnahme, indem er die offiziellen Stellen aufforderte, sich "endlich zur Tat aufzuraffen! Wir müssen hier fragen:

1. Warum schweigt die Kirche? Haben die kirchlichen Stellen keine Möglichkeit, diese politischen Rückversicherer in die Schranken zu weisen? Sie stiften besonders dadurch Unruhe, daß sie sich bei ihren politischen Bekenntnissen immer wieder auf ihre katholische Gesinnung berufen.
2. Warum schweigt der Justizminister? Sollte die Rede Brandweiners nicht bekannt sein?
3. Erwarten wir vom Unterrichtsminister, daß rasch und entschieden gehandelt wird."

Die Stellungnahme von Strachwitz ist in mehrfacher Hinsicht aufschlußreich. Zum einen fällt auf, daß er wenigstens verbal für eine neutrale Außenpolitik Österreichs eintrat, auch wenn er diesen Begriff selbst nicht verwendete. Damit stand er im Gegensatz zu einflußreichen Kreisen derjenigen Partei, die ihn in den Nationalrat entsand hatte, und dem von dieser gestellten Außenminister Karl Gruber. Gordon Shepherd, gewiß der Kommunistenfreundlichkeit unverdächtig, schreibt über Grubers damalige Politik: "1945-1953, als Karl Gruber österreichischer Außenminister war, überstieg die Anhänglichkeit Österreichs an den Westen sogar bei weitem das Maß eines förmlichen diplomatischen Bündnisse. Man ließ das Verhältnis in eine übertriebene Unterwürfigkeit unter die amerikanische Außenpolitik ausarten. Man mußte keineswegs der kommunistischen Propaganda auf den Leim gegangen sein, um zu wissen, daß während jener Jahre der amerikanische Hochkommissar wohl der mächtigste Mann in Österreich war."[35] Das zweite, was an Strachwitz Stellungnahme auffällt, war die Forderung, einzelne Staatsbürger müßten sich in ihrer Meinungsfreiheit zugunsten der politischen Linie der Regierung beschränken: Äußerungen, die im Gegensatz zur gerade vorherrschenden Orientierung stünden, sollten unterbleiben, weil anderenfalls die "Orientierungsfähigkeit des Volkes" Schaden nehme. Eng damit verknüpft ist die Vorstellung, die Bevölkerung Österreichs müsse "zusammenstehen"; unschwer ist in derartigen Äußerungen die organizistische Denkfigur vom Volkskörper wiederzuerkennen, wie sie beispielsweise von Othmar Spann, dem Vordenker (nicht nur) des Ständestaates vertreten wurde.[36] Auf die an Kraftausdrücken nicht arme Diktion muß nicht weiter hingewiesen werden; gleiches gilt für die Apostrophierung der katholischen Kirche als "Instanz" und "offizielle Stelle", darin mag man immerhin eine Referenz an die von Strachwitz selbst angesprochene Realpolitik sehen. Nachdrücklich ist dagegen darauf aufmerksam zu machen, welche Vorstellung Strachwitz - und auch in diesem Punkt gilt er hier nur als Exempel für damals weit verbreitete Auffassungen - davon hatte, wie in so einem Fall zu verfahren sei. Strachwitz, immerhin Angehöriger der Legislative, wandte sich nicht an die Justiz, etwa indem er Strafanzeige erstattete, er bemühte auch nicht das Parlament, um beispielsweise im Wege einer Interpellation Auskunft zu erhalten[37] - im Gegenteil: er forderte via Presse die Exekutive auf, tätig zu werden. Zwar sagte er nicht, wogegen und wie eingeschritten werden sollte, wohl aber, daß "rasch und entschieden zu handeln" sei; auch die Richtung gab er vor und so endete seine Stellungnahme bezeichnend: "Die Parole lautet Fort mit den bürgerlichen Rückversicherern, damit der echte Frieden erhalten werken (sic!) kann!" (STBL 3.12.50)

Zwei Tage danach antwortete die *Wahrheit* in einem Kommentar dem "Reitpeitschengraf Dr. Strachwitz", bezichtigte ihn, "frech drauflos" zu lügen und machte ihn dafür verantwortlich, daß ein "Student Professor Brandweiners in Fürstenfeld von einer Gruppe verhetzter Elemente gestellt, beschimpft und schließlich blutig geschlagen" worden sei. (WHT 5.12.50)

Während die mehrfach angekündigten Untersuchungen des Unterrichtsministeriums und des Akademischen Senats der Grazer Universität in den folgenden Wochen, offensichtlich ohne zu einem Ergebnis gekommen zu sein, in der Presse keine Erwähung mehr fanden[38], hielt die Auseinandersetzung über Brandweiner an: So berichtete die kommunistische Presse von verschiedenen Auftritten Brandweiners bei Konferenzen der Friedensbewegung; befaßten sich Abgeordnete im Nationalrat und im Landtag mit der Affäre Brandweiner[39]; nahm die Wochenzeitung der Demokratischen Union zu den "Krawallen der Unreifen"[40] Stellung, mobilisierte die steirische ÖVP ihre Funktionäre mit dem Ziel, Protestresolutionen gegen Brandweiner zu verabschieden[41]; traten Orts-, Bezirks-, Betriebsfriedensräte in Resolutionen gegen den "Gesinnungsterror" auf[42]. Mitte Jänner 1951 wußte dann der ÖVP-Pressedienst "von verläßlicher Seite" zu berichten, daß das Unterrichtsministerium bislang in der Angelegenheit Brandweiner keine Entscheidung treffen hätte können, weil dieser der Aufforderung, den Text seiner in Warschau gehaltenen Rede zur Verfügung zu stellen, nicht nachgekommen sei (KLZ 18.1.51) - eine merkwürdige Meldung, wenn man bedenkt, daß Mitte November der Inhalt dieser Rede die Proteste und Demonstrationen ausgelöst haben soll und der Text der Rede Brandweiners darüber hinaus mehrfach publiziert worden war. (WHT 22.11.50; ÖFZ Dezember 50)

Zur selben Zeit empörte sich die *Wahrheit* über eine, schon am 30. November publizierte Presseaussendung der "Informationsstelle des österreichischen Generalkonsulats" in New York, in welcher über die Forderung Grazer Studenten nach Disziplinarmaßnahmen gegen die als "Lakaien" der kommunistischen Partei bezeichneten Brandweiner und Dobretsberger berichtet worden war. (WHT 14.1.51) Damit hatte der Konflikt, der von Anfang an kein bloß lokales (Medien-)Ereignis war, erstmals auch außerhalb Österreichs Beachtung gefunden.

In der nichtkommunistischen Presse tauchten Brandweiner und Dobretsberger dann wenige Tage später im Zusammenhang mit der Vermutung auf, sie kämen als Präsidentschaftskandidaten der KPÖ in Frage[43], während Brandweiner in kommunistischen Organen als Initiator eines Gesetzentwurfs gegen Kriegspropaganda Erwähnung fand. (WHT 6.2.51)

In den folgenden Wochen wurde es stiller um Brandweiner und Dobretsberger, man hätte fast den Eindruck gewinnen können, daß der "Fall" erledigt sei. Selbst zwei gerichtliche Auseinandersetzungen im Gefolge der herbstlichen "Krawalle" waren den Zeitungen nur kurze Berichte wert: Der Vorsitzende der Hochschülerschaft an der Universität Graz, Richard Piaty, wurde in einem von Brandweiner angestrengten Ehrenbeleidigungsprozeß freigesprochen. Die von Piaty gemachte Behauptung, Brandweiner hätten einen "Vorschuß auf Warschau" bekommen, sei nur in Form einer Frage aufgestellt worden. (KLZ 20.4.51) Im zweiten Prozeß bot das *Steirerblatt* den Wahrheitsbeweis für Brandweiners "Charakterlosigkeit und politischen Opportunismus" an und nannte Prominente als Zeugen: Unterrichtsminister Felix Hurdes, Nationalratspräsidenten Alfons Gorbach, Landeshauptmann Josef Krainer, Fürstbischof Ferdinand Pawlikowski und Landtagsabgeordneten Franz Wegart. Die Verhandlung wurde vertagt. (STBL 27.4.51)

"KZs" in der Sowjetunion ?

Lediglich als Kleinmeldung erfuhren die Leser der *Kleinen Zeitung*, daß Brandweiner als Mitglied einer österreichischen Delegation an den Maifeierlichkeiten in Moskau teilgenommen habe.[44] Ausführlicher berichteten darüber die *Österreichische Zeitung*, das Organ der sowjetischen Besatzungsmacht (ÖZ 19.5. und 31.5.51) und die *Wahrheit*. Letztere aus Anlaß eines Diskussionsabends, den die Österreichisch-Sowjetische Gesellschaft in Graz veranstaltet hatte. Die Rede, die Brandweiner dort gehalten hatte, druckte die *Wahrheit* unter dem Titel "Was wir im Land des Friedens erlebt haben" ab. (WHT 8.7.51) Diese Rede löste eine weitere Pressepolemik aus. Brandweiner erklärte eingangs, daß er über seine "persönlichen Erlebnisse" sprechen wolle und die begannen schon bei der Landung am Moskauer Flugplatz: "Der erste Eindruck ... war die unermeßliche Größe des Flugfeldes. Ich habe bei der deutschen Luftwaffe gedient und bin ziemlich weit herumgekommen, aber in Rußland ist alles anders als bei uns." Dieses "andere" schilderte Brandweiner impressionistisch: "Auf den Straßen, die wesentlich größer und breiter sind als alle in Österreich, die Wiener Ringstraße mit eingeschlossen, fahren die Autos zu viert nebeneinander hin und zurück ... Ein mittlerer Wagen kostet 17.000 Rubel und man braucht keinen Bezugsschein ... Das erste was uns auffiel, war eine völlige Veränderung der Tageszeiteinteilung. Um 8 Uhr früh war noch kein Mensch auf der Straße, der Straßenverkehr beginnt erst um halb 10 Uhr ... wir kamen um 2 Uhr früh in Taschkent an. Sofort wurden wir zu einem Diner eingeladen, das einem Diplomatenempfang glich ... Überraschend war auch der Eindruck, den uns die Theater in Moskau vermittelten ... Die Streicher sind süß wie bei uns, das Blech klingt präziser wie in Berlin, das Holz wie bei den Franzosen, alles zusammen aber klingt phantastisch ... In der Sowjetunion hungert kein Student, auch niemand, der sonst der Wissenschaft dient ... Wenn man so wie ich Gelegenheit hatte, mit einem der führenden Gelehrten, einem Mitarbeiter an der großen Umgestaltung der Natur sprechen zu können und hörte, daß ein Fluß nunmehr in ein anderes Meer wird fließen müssen, dann kann man wohl von einer großen Planung sprechen ... Die neue Moskauer Universität, an der eifrig gebaut wird, beherbergt nach Fertigstellung 6000 Einzelzimmer für Studenten. Der 200 Meter hohe Mittelbau umfaßt 16 Stockwerke ...". (WHT 8.7.51) Soweit einige Impressionen von der Reise in ein modernes Brobdingnag, das unserem Gulliver weit weniger Schrecken einjagte als seinem Urahn.

Am Ende des Artikels werden Antworten wiedergegeben, die der Vortragende auf Diskussionsfragen gab. Auf die Frage "Unter welchen

Umständen kommt jemand ins KZ?" antwortete Brandweiner: "KZ ist eine historische Größe der Vergangenheit, wenn Sie darunter eine Einrichtung verstehen, in der man zu Seife verarbeitet werden konnte. Wenn Sie Arbeitslager meinen, dann gibt es solche, wohin man verurteilte Menschen schickt. Ob die Wahrscheinlichkeit besteht, in ein solches Lager zu kommen? Ich bin überzeugt, daß man auch in Rußland wie bei uns die Rechtsbrecher schnappt." Die zuletzt zitierte Aussage nahm der Chefredakteur der *Neuen Zeit*, Heinz Paller, zum Anlaß, Brandweiner der bewußten Lüge zu bezichtigen und an ihn die Aufforderung zu richten, "die Unrichtigkeit seiner Behauptung auch durch ein österreichisches Gericht feststellen zu lassen."[45]

Brandweiner, der zuvor den gerichtlichen Weg nicht gescheut hatte, verzichtete auf eine Klage und antwortete statt dessen mit einem offenen Brief.[46] Darin wiederholte Brandweiner wortwörtlich seine in der *Wahrheit* abgedruckte Antwort und fuhr fort: "Sie (gemeint: Heinz Paller) wissen ebensogut wie ich, daß ich die Wahrheit gesagt habe und daß Sie, wenn ich Sie gerichtlich belange, wegen Ehrenbeleidigung verurteilt werden müßten." Dennoch sah Brandweiner von einer Klage ab und begründete das mit dem Hinweis darauf, daß es Paller nur darum gehe "die Sowjetunion in der 'sicheren' britischen Zone vor einem österreichischen Gericht nach Kräften herabzuwürdigen und zu verunglimpfen." Doch nicht genug damit, die dem Kontrahenten unterstellten Motive als Gründe für die eigene Entscheidung ins Treffen zu führen, bemühte Brandweiner gar staatspolitische Erwägungen, die es ihm nicht gestatteten, gegen Paller zu klagen: "Österreichische Behörden würden in die heikle und groteske Situation hineinmanövriert werden, über die Richtigkeit oder Unrichtigkeit von Behauptungen zu befinden, welche innersowjetische Verhältnisse zum Gegenstand haben" - eine Situation, die angesichts der Besetzung Österreichs, seines ungeklärten internationalen Status und des Umstandes, daß es immer noch ohne Staatsvertrag sei, von einem "verantwortungsbewußten Österreicher" nicht herbeigeführt werden dürfe.

Diese Antwort Brandweiners bot der *Neuen Zeit* Gelegenheit, sie als "dumme Ausrede" zu bezeichnen: "Unter keinerlei staatsrechtlichen Verhältnissen", so Heinz Paller weiter, "ist ein Mensch von der Verpflichtung der Wahrheitsfindung befreit, am allerwenigsten ein akademischer Lehrer einer freien Universität." (NZ 5.8.51)

Die Äußerung Brandweiners, die von der *Neuen Zeit* aufgegriffen wurde, war allerdings nicht die einzige dieser Art. Brandweiner publizierte mehrere Artikel in sowjetischen Propagandablättern, in denen er gänzlich unkritisch beispielsweise über die Situation der Kirche in der Sowjetunion berichtete.

Interessanter ist allerdings der Versuch herauszuarbeiten, welche Moralen tatsächlich am Werk waren, von welchen Alltagstheorien sich Akteure, wie beispielsweise Brandweiner, leiten ließen und wie ihre Umwelt darauf (selektiv) reagierte. Dies ist umso leichter möglich, als es sich bei den Aktionen Brandweiners ja keineswegs um die einmalige Handlung eines isolierten Akteurs handelt. Vor ihm, aber auch nachher traten Intellektuelle durch schönfärberische Publikationen über die Situation in der Sowjetunion hervor, erinnert sei an Lion Feuchtwanger, Sidney und Beatrice Webb, Bernard Shaw u.a.[47] Die Auseinandersetzung zwischen Paller und Brandweiner ist deswegen von Bedeutung, weil hier erstmals die Glaubwürdigkeit Brandweiners von einem Kontrahenten erfolgreich in Zweifel gezogen worden war. Für diejenigen, die Brandweiner von Anfang an für einen politischen "Konjunkturritter" oder "bezahlten Agenten" hielten, mag das keine Rolle (mehr) gespielt haben. In der Rekonstruktion ist es aber wichtig zu zeigen, wo, wann und wie die Balance von Glaubwürdigkeit und Engagement für eine Sache ins Wanken gerät. Die Kontroverse Pallers mit Brandweiner war insofern von einschneidender Natur, als ab diesem Zeitpunkt Brandweiner zu Recht der Vorwurf gemacht werde konnte, er vertrete nicht nur einen parteiischen Standpunkt, sondern verletze absichtlich normative Standards des Diskurses. Im Unterschied zu Brandweiner vermied Dobretsberger eine derart weitgehende Unterordnung unter Interessen seiner "Bündnispartner". Von ihm findet man keine Stellungnahmen, die "die Wahrheit (zu) unserer Ehrenpflicht" machten, im gleichen Atemzug aber die "verleumderische Haßpropaganda gegen das Sowjetland für eine ernste Gefahr für den Frieden und damit für unsere österreichische Heimat" hielten.[48]

Aufrüstung Österreichs

Der Österreichische Friedensrat veranstaltete in den folgenden Wochen und Monaten mehrere öffentliche Tagungen, die das Ziel verfolgten, nicht mehr pauschal für den Frieden zu werben und Unterschriften für Appelle zur Ächtung der Atomwaffen zu sammeln, sondern konventionelle Kriegsvorbereitungen der Westmächte anzuprangern. Brandweiner fungierte dabei mehrfach als Referent. Schon bei seinem Auftritt in Warschau hatte er gegen Atomwaffen Stellung bezogen, aber auch vor der - in seinen Augen gegebenen - Gefahr gewarnt, Österreich könne zum Schauplatz eines konventionellen Krieges in Mitteleuropa werden. Die Verlagerung der Friedenskampagne weg von der Verurteilung der

Atomwaffen, was der ausschließliche Inhalt des Stockholmer Appells war, hin zu einer Verurteilung nicht weiter spezifizierter Kriegsvorbereitungen, und der Umstand, daß Brandweiner an dieser Kampagne teilnahm, macht zweierlei deutlich: Der zeitgenössische Eindruck, es handle sich beim Friedensrat um eine von anderen gelenkte Bewegung, konnte darin eine Bestätigung finden, weil der rasche Wechsel der Zielsetzung kaum auf endogene (Bewußtseins-)Prozesse der "Friedensfreude" zurückgeführt werden kann. Und er demonstriert, daß nichtkommunistische Bürgerliche, die sich der Friedensbewegung anfangs wegen der von dieser propagierten Verurteilung der Atomwaffen angeschlossen hatten (Brandweiners erster öffentlicher Auftritt beim Steirischen Friedenskongreß war noch ganz dem Nachweis gewidmet, bei den Atomwaffen handle es sich um solche, die unter das völkerrechtliche Verbot "perfider Waffen" fallen) Schritt für Schritt bereit waren, auch andere "Aufgaben" zu übernehmen. Brandweiner beispielsweise, indem er der Einladung in die Sowjetunion Folge leistete (oder sich um eine solche bemühte) und darüber öffentlich schönfärberisch berichtete. Die Unterordnung bürgerlicher Aushänge-Intellektueller unter das taktische Kalkül der, wenn schon nicht sowjetisch, dann zumindest kommunistisch gelenkten Friedensbewegung wird hier deutlich. Sie erfolgte über mehrere Stationen - Stationen, die zurückzulegen dem einzelnen offenkundig deshalb leichter fiel, weil jeweils nur kleine Adaptionen an geänderte Erwartungen nötig waren und diese daher problemloser mit dem eigenen Selbstbild vereinbart werden konnten.[49]

Anfang Oktober 1951 führte der Friedensrat in Salzburg eine Kundgebung durch, an der Brandweiner teilnahm und ein Referat über Kriegsvorbereitungen der Westmächte in Österreich hielt; "Österreich darf nicht Alpenfestung werden" stand auf einem riesigen Transparent, das den großen Saal des Mozarteums schmückte. Anhand von angeblich zahlreichen amerikanischen und anderen westlichen Presseberichten schilderte Brandweiner Maßnahmen in den westlichen Besatzungszonen, die er als "unmittelbare Kriegsvorbereitungen" qualifizierte und der "Eingliederung (Österreichs) in den Atlantikpakt" dienten; in der Aufstellung besonderer Gendarmerieeinheiten, die nach Brandweiner die "Keimzelle eines österreichischen Heeres" bildeten, erblickte er eine Verletzung des alliierten Kontrollabkommens durch die Bundesregierung. (WHT 10.10.51) Im Verlauf seiner weiteren Ausführungen brachte Brandweiner unabsichtlich gerade jene weiter oben angesprochene Aufgabenverschiebung der Friedensbewegung zum Ausdruck, als er behauptete, "im Namen von mehr als 800.000 Österreichern und Österreicherinnen aller Stände und Parteirichtungen" von der Regierung zu verlangen, sie möge "öffentlich gegen die Kriegsvorbereitungen in Österreich protestieren." Die genannten 800.000 hatten zwar den

Stockholmer Appell unterzeichnet; in diesem fand sich allerdings keine gegen konventionelle Kriegsführung gerichtet Forderung. In der zeitgenössischen Polemik fanden derartige Nuancierungen keine Beachtung; sie bräuchten auch heute nicht betont werden, könnte an ihnen nicht die sukzessive Indienstnahme der anfänglich nur gegen den Atomkrieg gerichteten Friedensbewegung abgelesen werden. Die zeitgenössische Öffentlichkeit reagierte allerdings nur auf diese Indienstnahme und es wurde ihr - so wird man wohl urteilen müssen - von den "Friedensfreunden" leicht gemacht, so zu reagieren.

Parallel zur Salzburger Kundgebung richteten die "Abgeordneten Fischer und Genossen" am 21.September 1951 eine parlamentarische Anfrage an den Bundeskanzler, in welcher denselben Befürchtungen, die schon bei der Salzburger Kundgebung geäußert wurden, Ausdruck gegeben wurde: "Ist die österreichische Regierung bereit, mit allen ihr zu Gebote stehenden Mitteln öffentlich gegen die amerikanischen Kriegsvorbereitungen in Österreich Protest zu erheben und keinerlei Mittel des österreichischen Staates in irgendeiner Form für die amerikanischen Kriegsrüstungen zur Verfügung zu stellen, weil dadurch der Frieden, die Einheit und Unabhängigkeit unseres Landes ernsthaft gefährdet werden."[50]

Ein Monat später stellten die Abgeordneten Fischer und Genossen, da die vorhergehende unbeantwortet geblieben war, eine weitere Anfrage und wiesen nunmehr auf eine Publikation des Österreichischen Friedensrates hin, in der die "Remilitarisierungsmaßnahmen auf dem Boden unserer Heimat" aufgedeckt worden wären.[51] Sie forderten vom Bundeskanzler "erschöpfende Aufklärung" und eine entschlossene Erklärung gegen die "Eingliederung Österreichs in den aggressiven Atlantikblock".

In den beiden Anfragebeantwortungen[52] ging Bundeskanzler Leopold Figl auf die Fragen nicht ein: Er wies die Behauptung Fischers, die Gendarmerie sei eine getarnte militärische Kadertruppe unter ausländischem Kommando, mit dem Hinweis zurück, sie entbehre "jeder reelen Grundlage" und warf der Broschüre des Friedensrates vor, sie sei mangelhaft: "Während bei der Zusammenstellung der Unterlagen betreffend den Westen unseres Landes offensichtlich weder an Fleiß noch an Kosten und schließlich an Phantasie gespart wurde, fehlen jegliche Unterlagen über die sowjetische Zone." Würde darüber in "Form eines Anhanges (zum) vorliegenden Weißbuch" berichtet, "wird anheim gestellt, die Bundesregierung neuerlich zu befassen."[53] Es fällt bei dieser Antwort immerhin auf, daß keine der aufgestellten Behauptungen über die Remilitarisierung zurückgewiesen wurde. Wie man heute weiß, wäre das auch nur möglich gewesen, wenn man der Wahrheit Gewalt angetan hätte. Der damalige Außenminister Karl Gruber schreibt zur Gründung der B-Gendarmerie in seinen Memoiren: "Fast jede Woche fanden (um 1950ff) im amerikanischen Hauptquartier gemischte Sitzungen statt, bei denen von unserer Seite das Innenministerium und das Außenministerium vertreten waren."[54] Gordon Shepherd stellt lakonisch fest, "daß - soweit es sich um praktische Planungsfragen handelte - Österreich bereits als ein Teil der NATO betrachtet wurde."[55]

Auch unter Historikern besteht seit längerem die einhellige Meinung, daß es "rein historisch jedoch falsch wäre", den 15. Mai 1955, den Tag der Unterzeichnung des Staatsvertrags, als "das Geburtsdatum des neuen österreichischen Bundesheeres" zu bezeichnen: "1955, als der letzte alliierte Soldat Österreich verließ, zerriß der Vorhang der amtlichen Verschleierungstaktik: plötzlich gab es Einheiten, die aus der Bundesgendarmerie hervorgegangen waren."[56] Seit 1948 hatte das Innenministerium, mit Billigung der amerikanischen Besatzungsmacht, die später sogenannte "B-Genarmerie" aufgebaut. Diese Einheit war als verläßlicher innenpolitischer Faktor gedacht, damit "die Regierung gegebenenfalls Ruhe und Ordnung auch ohne Hilfeleistung der Besatzungsmächte ... herstellen konnte"[57] und wuchs bis 1955 bis auf eine Stärke von rund 7000 Mann an.[58] Aber nicht nur der innenpolitische Aspekt dieser Remilitarisierung ist mittlerweise durch die Forschung aufgehellt, auch hinsichtlich der Rolle Österreichs im Fall eines militärischen Ost-West-Konflikts, der manchen im Gefolge des Koreakrieges fast unausweichlich erschien, weiß man heute, daß die damaligen Anschuldigungen der KPÖ und des Friedensrates im Prinzip zutreffend waren. Die strategische Planung der NATO sah für den Kriegsfall dreierlei vor: die Verbindungslinien zwischen Westdeutschland und Italien sollten gesichert werden, das Wehrpotential Westösterreichs sollte für die Verteidigung des freien Europas herangezogen werden und schließlich sollte die Verfügungsmöglichkeit der NATO über das westösterreichiche Territorium gewährleistet sein.[59]

Es besteht also kein Zweifel, daß der Friedensrat mit seinen Anschuldigungen, eben weil sie im allgemeinen zutreffend waren, einen wunden Punkt der Bundesregierung getroffen hatte. Umso interessanter ist die Reaktion von Regierung und Presse; sie unterscheidet sich nämlich in nichts von der auf die nachweislich falsche Behauptung Brandweiners, in der Sowjetunion würden Rechtsbrecher wie bei uns auch behandelt. Das Wahrnehmungsschema des Kalten Krieges - hier die guten Antikommunisten, dort die bösen Kommunisten (und dazwischen ist für niemanden mehr Platz) - war im Bewußtsein der Beteiligten fest verankert; spiegelverkehrt die kommunistische Dichotomie von "Friedensfreunden" und "Kriegstreibern". Daß in solchen Situationen Argumente nicht mehr zählen, die Wahrheitsfrage suspendiert wird, Propaganda und Rhetorik dominieren, überrascht zwar nicht mehr, bleibt aber dennoch ein erklärungsbedürftiges Datum. Während die Presse in den Berichten über die Salzburger Kundgebung die vertrauten Melodien intonierte: "'Die Friedenstauben' gurrten in Salzburg", "Brandweiner hetzt wieder" und "Schluß mit dem Friedensschwindel der KP!"[60], suchte Staatssekretär Ferdinand Graf das Heil in der Flucht nach vorne. Anläßlich eines ÖVP-Bezirksparteitages äußerte er sich - nach übereinstimmenden Berichten verschiedener Zeitungen - zu Brandweiner folgendermaßen: "Er (Brandweiner) beschuldigte in Salzburg die österreichische Regierung des Bruches des Kontrollabkommens, der Wiederaufrüstung, er gefährdet durch seine Rede die Einheit unseres Landes, die durch das Kontrollabkommen de jure gewährleistet ist. Er, der österreichische Professor, durch seine prokommunistischen Reden ebenso bekannt, wie durch seinen oftmaligen politischen Gesinnungswechsel, glaubt ungestraft sündigen zu können. Das Maß an Frechheit und Verleumdung ist aber nun voll. Der akademische Senat in Graz wird ebensowenig um ein Eingreifen gegen sein Mitglied herumkommen, wie die Staatsanwaltschaft in Salzburg um eine Anklageerhebung."[61]

Am 16. Oktober 1951 berichtete die *Wahrheit*, Brandweiner habe gegen Graf Anzeige wegen Verleumdung erstattet. In der dort abgedruckten Erklärung wies Brandweiner den Vorwurf Grafs zurück, er hätte in Salzburg gesagt, Österreich habe das Kontrollabkommen gebrochen: "Dies ist unwahr und wäre schon deshalb sinnlos, weil die österreichische Regierung das Kontrollabkommen gar nicht unterzeichnet hat. Auf diese bewußte Verdrehung des wahren Sachverhalts gründet er dann den weiteren Vorwurf, ich (Brandweiner) hätte durch meine Rede die Einheit unseres Landes gefährdet. Dies ist aber nichts anderes, als die Beschuldigung des Hochverrates gemäß § 58 StG." (WHT 16.10.51) Die Klage durch Brandweiner überrascht, hatte er doch drei Monate vorher die Klage-Aufforderung Pallers ausgeschlagen. Daß sich Brandweiner eine juristische Begründung einfallen ließ, die die Diskrepanz zwischen diesen beiden Handlungen nicht allzu groß erscheinen lassen würde, lag nahe. Allerdings konnte Brandweiner sicher darauf rechnen, daß - selbst für den Fall, daß die Staatsanwaltschaft seiner Klage Folge leistete (was sie schließlich nicht tat) - das Parlament in Verfolgung einer traditionellen Praxis die Immunität Grafs nicht aufgehoben hätte. Verlief diese Anzeige Brandweiners, wie zu erwarten, also im Sand, waren seine Kontrahenten etwas erfolgreicher: Die von Graf aufgeforderte Salzburger Staatsanwaltschaft wurde tatsächlich aktiv und leitete gegen Brandweiner eine Untersuchung nach § 308 StG ein. Obwohl auch dieses Verfahren ein halbes Jahr später eingestellt wurde, ist die Beschuldigung, die gegen Brandweiner erhoben wurde und der Paragraph, auf den sich die Anzeige stützte von allgemeinerem Interesse, sodaß hier näher darauf eingegangen werden soll. Der § 308 StG stellte die Verbreitung "falscher Vorhersagen" unter Strafandrohung von strengem Arrest von acht Tagen bis zu drei Monaten. Dieser Paragraph, dessen Tatbestandsbeschreibung sehr vage ist, wurde während der vierziger und fünfziger Jahre mehrfach bei der Beschlagnahme meist kommunistischer Tageszeitungen herangezogen[62] und ging auf eine Gesetzesänderung während der ständestaatlichen Diktatur vor 1938 zurück. Eine Rechtskontinuität, die durchaus als fragwürdig zu qualifizieren ist. Diese gerichtlichen Auseinandersetzungen fanden in der Öffentlichkeit nur geringes Interesse, auch das Unterrichtsministerium, das angeblich eine Untersuchung gegen Brandweiner durchführte, nahm sie nicht zum Anlaß, aktiv zu werden.

Ebenso wie der damalige Steirische Friedenskongreß diente auch die Salzburger Kundgebung der propagandistischen Vorbereitung eines Treffens des Weltfriedensrates in Wien. Ähnlich wie schon in Warschau versammelten sich in Wien Prominente, um diesmal für einen "Friedenspakt der Großmächte" zu werben. Zu den Teilnehmern zählten u.a. Pietro Nenni, Ilja Ehrenburg, Bert Brecht, Arnold Zweig, Johannes R. Becher, Pablo Neruda, Louis Aragon, Nazim Hikmet, Anna Seghers.[63] Den parallel dazu verbreiteten Appell an die fünf Großmächte (die Volksrepublik China wurde als fünfte Großmacht bezeichnet) unterschrieben auch mehrere österreichische Universitätsangehörige: neben Brandweiner und Dobretsberger die Universitätsprofessoren Bleichsteiner, Felix Machatschki und Schulbaur, sowie Dozent Engelbert Broda. (ÖFZ April 51) Trotz dieser Versammlung Prominenter, darf nicht unerwähnt bleiben, daß die Friedensbewegung in dieser Zeit auch Anhänger verlor. Hatte schon im August 1950 Franz Theodor Csokor wegen des "kommunistischen Überfalls auf Südkorea" den Friedensrat verlassen (PRE 5.8.50) und berichteten die Zeitungen auch in den darauffolgenden Monaten gelegentlich von Austritten aus dem Friedensrat (WK 13.2.51), fällt anläßlich der Wiener Tagung des Weltfriedensrates die Nichtteilnahme mancher Prominenter auf, die noch in Warschau dabei waren.[64] Aufmerksame Beobachter konnten feststellen, daß manche in der Vergangenheit als "Friedensfreunde" aktive Österreicher in den Publikationen des Friedensrates nicht mehr Erwähnung fanden.[65] Allerdings gelang es dem Friedensrat auch wieder, neue Sympathisanten zu gewinnen. In der *Friedenszeitung* nahm beispielsweise Johannes Ude zum Weißbuch des Friedensrates Stellung. Ude bezeichnete das Weißbuch - von dem er "keinen Grund" sah "anzunehmen", daß die darin enthaltenen "Tatsachen" "nicht glaubhaft erscheinen" - als "schwere Anklage gegen die verantwortlichen Männer unserer Besatzungsmächte, die an der Aufrüstung Österreichs beteiligt sind. (ÖFZ Februar 52) Ude erklärte, vom "Standpunkt der Forderungen des unwandelbaren Naturrechts und des Christentums" ausgehend, Stellung zu nehmen. Er forderte eine Volksabstimmung über die Frage, "ob unser Volk bereit ist, sich in ein neues Kriegsgeschehen wieder hineinziehen zu lassen", damit verhindert würde, daß Österreich zu "einer Alpenfestung für ausländische Truppen werde, "was leider schon in hohem Maße hinter dem Rücken des österreichischen Volkes" geschehe. Könnte dieser Politik nicht Einhalt geboten werden, sah Ude Österreich in eine "Selbstmordpolitik" hineinschlittern: "Wird Österreich aufgerüstet und wird ein österreichisches Bundesheer wirklich aufgestellt, dann ist außerdem die Gefahr eines deutschen Bruderkrieges gegeben und unvermeidlich... Und das sollen wir österreichischen Männer und Frauen, die wir unser Österreich lieben und die wir mit dem gesamten deutschen Volk uns eins fühlen, geschehen lassen?" Ude richtet aber auch an den Friedensrat mahnende Worte: "Der österreichische Friedensrat möge aber ja nicht versäumen, immer wieder die Aufrüstung auch beim Ostblock genau so scharf zu verurteilen, wie er es... beim Westblock tut, damit er ja nicht in den Verdacht kommt, in einseitiger Weise östliche Interessen zu vertreten." Die Veröffentlichung einer kritisch gegen die Aktivitäten des Friedensrates gerichteten Stellungnahme im offiziellen Organ dieser Organisation zeigt, daß die der Gängelung durch Kommunisten bezichtigten Friedensfreunde in praxi toleranter und pluralistischer waren als ihre Kontrahenten - wenn man wohl auch hinzufügen muß, daß dieser Pluralismus durchaus taktisch eingesetzt wurde.

Die in Wien abgehaltene Tagung des Weltfriedensrates wurde in der nichtkommunistischen österreichischen Öffentlichkeit eindeutig ablehnend aufgenommen. Selbst der Ministerrat befaßte sich in einer Sitzung mit dieser Veranstaltung: Zeitungsberichten zufolge wurde dabei festgestellt, daß "eine Beteiligung der nichtkommunistischen Österreicher deshalb nicht in Betracht komme, weil es sich ... dabei um Propagandaaktionen für den Kommunismus handelt." (TP 17.10.51)

Staatssekretär Graf, von der kommunistischen Presse als "Heimwehrler" und "Kriegshetzer" tituliert, konkretisierte diese Vorwürfe: Der "Kampf um die Seele Europas, um Österreich" gehe weiter, gerade jetzt "erlebe Wien eine neue Großoffensive des Weltbolschewismus", deren Ziel es sei "Österreich und Europa für den Kommunismus sturmreif zu machen." Das Material dafür liefere das "Weißbuch" des Friedensrates, "ein Buch der Lüge, der Verleumdung und des Hochverrats. In jedem anderen Lande würden die Verfasser und ihre Hintermänner vor die Schranken des Gerichts kommen. Nur in Österreich ist Hochverrat geschützt. Österreich, wehrlos, jedem Übergriff ausgesetzt, von einem Netz von Agenten überzogen, werde beschuldigt, den Frieden zu stören und den Krieg zu wollen." (NÖ 4.11.51)

Daß diese Propagandatiraden nur die Hintergrundmusik abgaben, wiewohl sie lautstark in aller Öffentlichkeit vorgetragen wurden, wird deutlich, wenn man einigen verstreuten Bemerkungen gebührende Aufmerksamkeit schenkt. Die *Österreichischen Monatshefte*, ein Periodikum der ÖVP, nahmen indirekt auf Staatssekretär Ferdinand Graf Bezug, wenn sie ein namentlich nicht genanntes Regierungsmitglied über die gegen Brandweiner einzuleitenden Schritte sagen ließen: "Wenn aber ein österreichischer Universitätsprofessor, nämlich Herr Brandweiner, dort (beim Weltfriedenskongreß) auftrete, so müsse man sich fragen, ob daraus nicht die notwendigen Konsequenzen gezogen werden müßten. Es warten zweifellos genug junge Kräfte auf eine Professur, die sich ihrer und ihres Vaterlandes würdiger und treuer erweisen als Herr Brandweiner." (ÖM November 51) Um den Wartenden eine Chance zu bieten, hätte man freilich zuerst Brandweiner auf irgendeine Weise loswerden müssen. Nachdem bereits einmal versucht worden war, ihn "wegzuloben" und dazu das Gerücht verbreitet wurde, er stehe mit Leipzig wegen einer Professur im Gespräch (TP 7.11.51), versuchte man nun, Brandweiner auf die Verpflichtungen eines Ehrenmannes festzulegen: Die "Bereinigung" der "Affäre" sei "nach den akademischen Gesetzen ... nicht gut möglich", umso mehr wunderte sich der Autor des Artikels, daß jemand, "der von der Schülerschaft mehr oder weniger einmütig abgelehnt" werde, nicht "freiwillig die Konsequenzen zieht". Schließlich gelte - so der Verfasser weiter - die akademische Freiheit gleichermaßen für Schüler und Lehrer, diene der Schaffung eines "freien und unabhängigen Menschenschlages", dessen Mitglieder sich "der Würde und der Verantwortung" bewußt seien. "Nie und nimmer dürften sie (die Vorrechte der akademischen Freiheit) als juristischer Vorwand benützt werden, sich in einem Amt starr zu behaupten, dessen Verleihung eine Auszeichnung war, wenn diese Auszeichnung durch ein späteres Verhalten verwirkt würde." (TP 7.11.51)

Diese Argumentation wirft ein bezeichnendes Licht auf die politische Kultur Österreichs während des Kalten Krieges. Die Unfähigkeit und Unwilligkeit der politischen Öffentlichkeit auf Nonkonformität mit Gelassenheit zu reagieren und so den abweichenden Manifestationen erst Bedeutung zu verleihen, scheint - trotz der ansonsten gerade in Österreich praktizierten Haltung des "nicht einmal Ignorierens" - ein durchgängiges Merkmal "verspäteter Nationen" zu sein, wie ein Blick auf die benachbarte BRD beweist.[66] In der nachgerade süchtigen Suche nach ungestörter Harmonie kann man im Anschluß an Darlegungen von Theodor W. Adorno ein Merkmal autoritärer Persönlichkeiten sehen: bezeichnet dieser Begriff doch ein Syndrom, zu dessen konstituierenden Elementen Rigidität, Intoleranz gegenüber Ambiguität und unbefragter Respekt vor der Autorität zählen.[67]

Im Unterschied zu den illusionären Versuchen der konservativen Presse, Brandweiner um seine Professur zu bringen, konzentrierte sich Heinz Paller, der Chefredakteur der sozialistischen *Neuen Zeit* auf den einmal gefundenen wunden Punkt Brandweiners, die Frage nach der Existenz von Arbeitszwangslagern in der Sowjetunion. Mag Paller auch von den gleichen Motiven geleitet worden sein, wie seine Kollegen in den ÖVP-Blättern, ist ihm immerhin zugute zu halten, daß er eine politische Auseinandersetzung mit Brandweiner suchte - daß er sich dabei jenen Fragen zuwandte, wo er hoffen durfte, Erfolg zu haben und daß er die von Brandweiner und dem Friedensrat gegen die Remilitarisierung Österreichs vorgetragenen Anschuldigungen unberücksichtigt ließ, kann zwar vermerkt werden, tut allerdings der Sache keinen Abbruch. Insofern es Paller gelingen konnte, die Glaubwürdigkeit Brandweiners in einer Sache zu erschüttern, durfte er hoffen, daß andere Äußerungen desselben an Überzeugungskraft verlören.

Am 25. November 1951 veröffentlichte Paller einen offenen Brief an Brandweiner, an dessen Beginn er der "heute allzu vergeßlichen Welt den Sachverhalt in Erinnerung zu bringen" versuchte. Paller schilderte nochmals die damalige Versammlung und Brandweiners Antwort auf die Frage, unter welchen Umständen man in der Sowjetunion in ein KZ käme, um daran anschließend Brandweiner wieder der Lüge zu bezichtigen. Paller verwies auf das eben erschienene Buch "Hexensabbat" von Alex Weißberg-Cybulski, das eine "Geschichte und den Versuch einer Deutung der 'Säuberungswelle' in der Sowjetunion in den Jahren 1934 bis 1938" enthalte. "Was unsere Zeit", schloß Paller seinen Brief, "in einer freien Republik aber von seinen akademischen Lehrern fordern muß, ist nicht ein Herumdrücken um die Wahrheit, nicht ein feiges Kneifen, wie wir es an unseren Hochschulen während der Jahre Adolf Hitlers erlebten, sondern Bekennermut und männliches Eintreten für eine Überzeugung. Ihre (i.e Brandweiner) Haltung war aber nicht angetan, Ihnen und der akademischen Welt Ehre anzutun". (NZ 25.11.51) Der offene Brief Pallers blieb unbeantwortet. Auch eine wenige Tage später an die Professoren Dobretsberger, Brandweiner, Widowitz und Hanselmayer, Mitglieder des Präsidiums des Steirischen Friedensrates, gerichtete Frage der *Neuen Zeit*, ob sie die Verwendung des Weißbuches des österreichischen Friedensrates als Argumentationshilfe des sowjetischen Hochkommissars mit "ihrem Gewissen als Österreicher, Staatsbeamte und Menschen vereinbaren können" (NZ 2.12.51), blieb ohne Antwort.

Im Herbst des Jahres 1951 fand der öffentliche Streit um den Frieden und um die Aktivitäten des Friedensrates nochmals im österreichischen Nationalrat seinen Niederschlag. Ernst Fischer polemisierte gegen die Einseitigkeit der Regierung, der er vorwarf, bei "jeder kleinsten Maßnahme der sowjetischen Besatzungsmacht" zu protestieren, aber untätig zuzusehen, "wenn ein Teil Österreichs unmittelbar dem Kommando der Atlantikblockarmee unterstellt" werde. Die gleiche Haltung hätte die österreichische Regierung anläßlich der Wiener Tagung des Weltfriedensrates gezeigt: "Da tritt der Ministerrat zusammen, da wird sofort protestiert, denn den Herren wird rot vor den Augen und schwarz in der Gehirnhöhlung, wenn sie nur das Wort Friede hören."[68] Unabsichtlich rückte Fischer mit dem Nebeneinanderstellen der Kritik an den Protesten gegen Maßnahmen der sowjetischen Besatzungsmacht und gegen den Weltfriedensrat diese beiden in eine Linie, unterstellte damit die Verwandtschaft beider und lieferte seinen Kontrahenten einen weiteren Beweis für deren Verschwörungsmutmaßungen. Die personale Identität des Kommunisten und "Friedensfreundes" Fischer wurde unter der Hand auch zu einer politischen. Die verschleiernde Rede des "ich spreche jetzt in meiner Eigenschaft als X (und widerspreche damit mir in meiner Rolle als Y)" - ein allgemein bekanntes Kuriosum der östereichischen politischen Szenerie, in der vor lauter Ämterkumulation dieselben Personen miteinander in Konflikt zu liegen scheinen - beherrschte Fischer nicht. Er kultivierte eine andere Form der Selbstdarstellung, deren problematischer Charakter ihm offenkundig nicht zu Bewußtsein kam: Nicht nur in dieser Rede brachte Fischer (wie übrigens auch die anderen KPÖ-Abgeordneten) zum Ausdruck, daß er Teil einer weltweiten Bewegung sei, deren Macht weit größer sei, als sie es bislang unter Beweis zu stellen gewillt war. Schon in der heftigen Debatte des Herbst 1950, nach dem Oktoberstreik, brüstete sich Fischer, daß, wenn die Kommunisten die Regierung hinwegfegen hätten wollen, es ihnen ein leichtes gewesen wäre, das zu tun. Diese Redewendung, die "entschuldigend" gemeint war, konnte natürlich auch entgegengesetzt verstanden werden: die Großspurigkeit, die als Generosität erscheinen sollte, konnte auch als Ankündigung künftiger machtpolitischer Avancen gedeutet werden - und wurde von den Regierungsparteien wenn schon nicht tatsächlich so verstanden, wenigstens als solche hingestellt. Auch diesmal brachte Fischer diese Haltung zum Ausdruck. "Männer wie Joliot-Curie, Pablo Picasso, Ilja Ehrenburg, deren Namen der Welt bekannt sind, was man von den Namen der österreichischen Regierungsmitglieder nicht behaupten kann, sie werden mit einer ironischen Handbewegung über dieses Gesumm politischer Eintagsfliegen hinweggehen." Solche Äußerungen als Drohungen zu verstehen, sie zumindest als das auszugeben, was sie auch waren: Identifikation mit den Zielen und der Taktik einer Weltmacht, als deren Camouflage die Weltfriedensbewegung erschien - die Chance, österreichische Kommunisten als Handlanger der Sowjetunion hinzustellen, ließen sich die politischen Gegner nicht entgehen. Während der ÖVP-Abgeordnete Fritz Bock Fischers Rede als Beweis dafür erachtete, daß die kommunistischen Abgeordneten "Hochverräter" seien, bezichtigt der SPÖ-Abgeordnete Alfred Migsch Fischer, Denunziant einer ausländischen Militärmacht zu sein.[69] Bruno Pittermann (SPÖ) ging noch einen Schritt weiter, indem er jeden Staatsbürger zur eindeutigen Deklaration seiner Loyalität aufforderte: "Wir hier in Österreich sind in diesem Kalten Krieg ein Bollwerk... Wer in Österreich lebt und glaubt, daß für ihn der Kalte Krieg nicht existiert, und wer für sein privates und wirtschaftliches Leben in Friedensmaßstäben lebt, der ist ein Deserteur."[70] Im Dezember 1951 kam es nochmals zu einer parlamentarischen Kontroverse, wiederum ausgelöst durch eine Rede Fischers. Diesmal konzentrierte er sich auf die im Anschluß an die Publikation des Weißbuchs des Österreichischen Friedensrates eingebrachte Interpellation, deren Beantwortung er "nicht von der Klugheit, sondern von der Bosheit diktiert" sah.[71] Die Antwort sei eines Regierungschefs "unwürdig", sie sei in dieser Form auch eher von einem "Winkeljournalisten" zu erwarten gewesen. Mehrfach von minutenlangen Zwischenrufen unterbrochen betonte Fischer, daß von der Regierung "das Tatsachenmaterial des Weißbuches nicht bestritten" werde. Auf den Vorwurf des Hochverrats eingehend, fordert Fischer "als Mitglied des Friedensrates" die Regierung auf, doch Anklage zu erheben: "Wir wären froh, vor jedem unabhängigen Gericht unser Material über die Kriegsvorbereitungen zu unterbreiten, vor jedem Gericht die Frage zu stellen: Wer begeht in Österreich Hochverrat? Der, der ausländische Kriegsrüstungen aufdeckt, oder der, der diese ausländischen Kriegsrüstungen unterstützt?... Wenn wir noch ein eigener Staat sind, dann ist es nicht nur unser Recht, sondern unsere Pflicht, Kriegsvorbereitungen einer fremden Macht in Österreich aufzudecken. Wenn wir aber schon eine amerikanische Kolonie sind, dann wird es Zeit, unser Volk zum nationalen Freiheitskampf aufzurufen!"[72]

Die Angriffe Fischers veranlaßten Außenminster Karl Gruber, selbst zu antworten. Er hielt Fischer eingangs Äußerungen kommunistischer Spitzenpolitiker entgegen, welche in großspuriger Redensart einen Sieg der Sowjetunion in einem möglichen künftigen Krieg "vorhersagten", um dann auf den Vorwurf der Kriegsvorbereitung näher einzugehen: Gruber wies die Behauptung, "irgendwelche Truppen in Österreich gehörten zum Kommandobereich des Generals Eisenhower" als eine "absolute Erfindung" zurück. Der Ausbau der österreichischen Gendarmerie sei ohne "irgendwelche Konventikel mit den Westmächten zustandegekommen" und diene ausschließlich dazu, die "innere Ordnung im Land aufrechtzuerhalten." Gruber kritisierte anschließend auch die akademischen Friedensfreunde: "Es ist eine Schande, daß sich österreichische Universitätsprofessoren gefunden haben, um der Verleumdung, die Sie an der Regierung begangen haben, durch irgendwelche juristischen

Kinkerlitzchen die Mauer zu machen." Gruber schloß seine Rede mit einem "guten Rat" an Fischer, der kryptisch anmutet: "Übersehen Sie nicht die Frühzeichen einer Änderung der internationalen Großwetterlage, damit Sie, Herr Abgeordneter Fischer, eines Tages nicht plötzlich über Nacht als lästiger Diversant in ein politisches Nirwana hinabpoltern!"[73]

Im Dezember, während der Budgetdebatte, demonstrierte der ÖVP-Abgeordnete Eduard Ludwig, daß sich die vorgebliche Auseinandersetzung mit dem kommunistischen Totalitarismus totalitären Versuchungen nicht entziehen konnte. Die "kommunistischen Propagandatrupps" bezeichnet er mehrmals als "Fünfte Kolonne", offenkundig nicht wissend, daß dieses Schlagwort aus dem Arsenal des stalinistischen Agitprop-Wortschatzes stammt.[74] Könnte man derartige semantische Anleihen noch als Kuriosum abtun, wird die Nonchalance des unbeteiligten Beobachters an anderer Stelle der Rede strapaziert: Argumentiert Ludwig doch einerseits, daß die von den Kommunisten gerne ins Treffen geführte große Zahl der Unterschriften, die in den Volksdemokratien unter Friedensappelle gesetzt wurde, nicht darüber hinwegtäuschen dürfte, daß dort "subkutane schwere oppositionelle Strömungen" existierten, die von den "gegenwärtigen Regierungen der kommunistischen Staaten zum Verschwinden zu bringen"[75] versucht würde. Ludwig beließ es aber nicht beim Aufweis der Doppelbödigkeit kommunistischer Friedenspropaganda, sondern demonstrierte im folgenden, daß die von ihm in Anspruch genommene "europäische Denkungsart" denselben Ordnungsphantasien erliegen konnte: "Wenn ... Leute kommunistischer Denkart in die normal geistige Entwicklung unseres Staates östliche Phraseologie hineintragen, dann muß man ... verlangen, daß hier endlich reiner Tisch gemacht wird ... Man muß diesen destruktiven geistigen Elementen ihr mehr oder weniger bequemes Dasein in Österreich etwas verkürzen ... hier muß eben die österreichische Staatsgewalt die Schritte unternehmen, die zur Säuberung auf dem Gebiet dieser Infiltrationspolitik beitragen."

Aus der historischen Distanz betrachtet, muten derartige bis in die Wortwahl hinein mit nationalsozialistischen Verlautbarungen idente Deklarationen der politischen Absichten mindestens merkwürdig an. Der Mangel an Distanziertheit, die Gier nach geradlinig verlaufenden Fronten, die Sehnsucht nach konfliktfreier Harmonie, die Unfähigkeit und Unwilligkeit, Mehrdeutigkeit und Mehrstimmigkeit politisch zu akzeptieren - aus solchen Elementen scheint die Mentalität des "Kalten Kriegers", scheint das politisch-kulturelle Syndrom von reeducation, fehlender demokratischer Tradition, rabiatem Antikommunismus und kräftiger Unterwanderungsphobie zusammengesetzt zu sein.

2. Pestfloh-Sucher

Die öffentliche Erregung über die "kryptokommunistischen" Aktivitäten des zweiundvierzigjährigen Grazer Extraordinarius für Kirchenrecht und Völkerrecht Heinrich Brandweiner flaute während der ersten beiden Monate des Jahres 1952 ab. Sein Name war zwar in der Zwischenzeit zur Chiffre geworden: es "brandweinert", meinte einmal ein Nationalratsabgeordneter[76]; allein: den Umstand, daß das Weißbuch des Österreichischen Friedensrates über die Aufrüstung Österreichs dem sowjetischen Hochkommissar im Alliierten Rat als willkommene Argumentationshilfe diente, fanden Zeitungen gerade noch der Erwähnung wert. (NZ 2.12.51) Insgesamt schien sich der antikommunistische Teil der österreichischen Öffentlichkeit damit abgefunden zu haben, daß die "sauberen Herrn Dr. Brandweiner und Dr. Dobretsberger... die sowjetische Fünfte Kolonne in Österreich" (NZ 22.1.52) bildeten. Diesen "bürgerlichen Elementen die Maske vom Gesicht" (NZ 8.12.51) zu reißen, bot sich vorerst keine Gelegenheit.

Doch sie sollten nicht lange warten müssen: Anfang März erscheinende Berichte der kommunistischen und der von der sowjetischen Besatzungsmacht verbreiteten Presse, wonach eine Kommission der "Internationalen Vereinigung demokratischer Juristen" zur Untersuchung

Quelle: Neue Wiener Tageszeitung, 20.3.1952

"der durch die USA-Interventen in Korea verübten Greueltaten in Pjönjang" eingetroffen sei (ÖZ 5.3. und WHT 4.3.52), erregten - trotz des Hinweises auf ein österreichisches Kommissionsmitglied - keinen Argwohn. Erst zwei Wochen später brach erneut ein Pressesturm los, in dessen Zentrum wiederum Heinrich Brandweiner stand.

Stellte der *Wiener Kurier* am 17. März noch die Frage, "österreichischer Universitätsprofessor macht KP-Propaganda in Nordkorea?" - und bestritt den möglichen Inhalt dieses Propagandaunternehmens sogleich in einer daneben stehenden Meldung - "USA werden die Sowjetlügen über Bakterienkrieg widerlegen" -, schien tags darauf alles klar: "Skandal um Prof. Dr. Brandweiner. Grazer Universitätsprofessor im Dienste der Sowjetpropaganda" lautete die Schlagzeile der *Neuen Zeit*, "Grazer Dozent auf Floh-Suche in Nordkorea" titelte die *Kleine Zeitung*, "Neuer Skandal um Brandweiner" hieß es in der *Tagespost* und "'Prawda' bestätigt: Brandweiner sucht in Nordkorea Bakterien" berichtete der *Wiener Kurier*[77]. Den Artikeln, die sich allesamt auf Meldungen der sowjetischen Nachrichtenagentur TASS stützten, war folgendes zu entnehmen: Eine achtköpfige Delegation der erwähnten Juristenorganisation hatte unter Leitung Brandweiners zwei Wochen lang Nordkorea bereist und bei einer abschließenden Pressekonferenz in der Hauptstadt Pjönjang über ihre Tätigkeit berichtet. Dort soll Brandweiner gesagt haben, "daß sich die Mitglieder der Kommission während ihres Aufenthaltes in Korea von den Verbrechen der amerikanischen Interventen, von ihren zahlreichen Verstößen gegen das Völkerrecht überzeugt hätten. Die ganze Welt müsse erfahren, was unter der Flagge der UNO in Korea verbrochen werde." Darüber hinaus sei - so soll Brandweiner gesagt haben - die Kommission "im Besitz eines reichhaltigen Materials über den amerikanischen Bakterienkrieg in der Provinz Kwanche und in der Stadt Pjönjang. Die amerikanischen Interventen verletzen durch den Einsatz der bakteriologischen Waffe alle Völkerrechtsnormen und begehen ein schweres Verbrechen gegen die menschliche Moral". (ÖZ 18.3.52) Diese Agenturmeldung schmückten einige Blätter nach eigenem Gutdünken aus: die *Kleine Zeitung* berichtete, daß "Ungeziefer - Flöhe, Läuse, Fliegen von den Amerikanern über Korea abgeworfen" (KLZ 18.3.52) wurde, und besonders ausführlich waren natürlich die Berichte der kommunistischen Zeitungen. Ihnen war zu entnehmen, daß die Delegationsmitglieder sogar "Augenzeugen", ja die "ersten Ausländer waren, die diese Verbrechen gegen die Menschheit mitansehen" mußten. (VS 18.3.52)

Während die kommunistische Presse in den folgenden Tagen detailliert berichtete, gingen nichtkommunistische Zeitungen sogleich dazu über, die Frage zu erörtern, wie es dazu kommen konnte - womit allerdings nicht der vermeintliche Einsatz von bakteriologischen Waffen, sondern die Teilnahme Brandweiners an besagter Kommission gemeint war: *Wiener Kurier*, *Tagespost* und *Neue Zeit* meldeten übereinstimmend, daß Brandweiner tatsächlich nicht in Graz sei, sondern sich auf einer "Studienreise im Osten" befände, die ihm das Unterrichtsministerium vor mehreren Wochen genehmigt habe. Die *Neue Zeit* erinnerte in ihrem Kommentar daran, daß sie Brandweiner öffentlich als Lügner bezeichnet und er eine Klageaufforderung ausgeschlagen habe, daß es aber nicht nur den Fall Brandweiner gebe, sondern auch an Professor Dobretsberger erinnert werden müsse, der "ohne von irgend einer österreichischen Stelle eine Berufung oder Vollmacht erhalten zu haben - durch Konferenzen und Auslandsreisen weitgehende Vorbereitungen für die Anfang April in Moskau stattfindende 'Internationale Wirtschaftskonferenz' trifft" und kam zum Schluß: "Was hier geschieht, ist Hochverrat und Kollaboration, deren gesetzliche Ahndung zwar formal schwierig, aber eine Frage der Würde und des politischen Existenzwillens eines Staates ist". (NZ 18.3.52) Ähnlich die Beurteilung durch die *Tagespost*: "In politischen Kreisen ist man der Ansicht, die Tatsache,

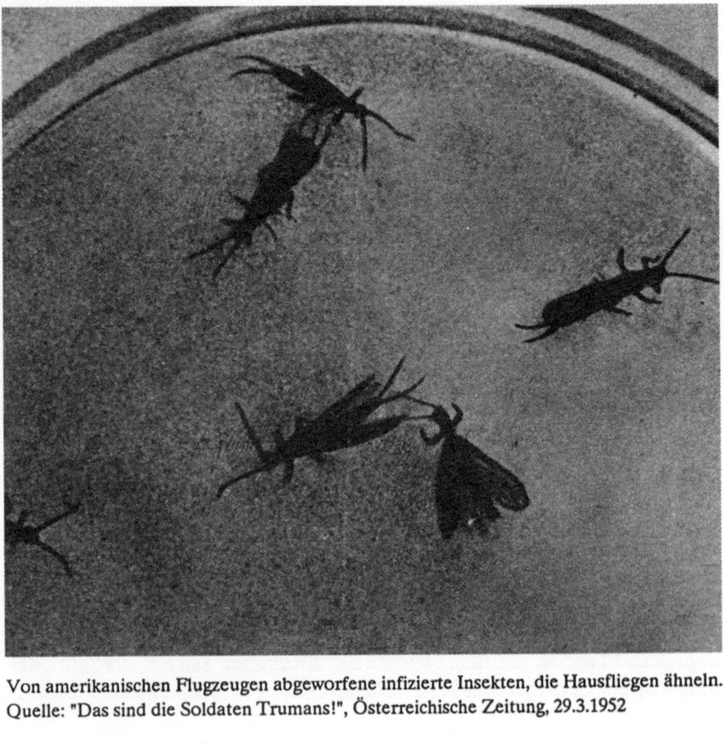

Von amerikanischen Flugzeugen abgeworfene infizierte Insekten, die Hausfliegen ähneln.
Quelle: "Das sind die Soldaten Trumans!", Österreichische Zeitung, 29.3.1952

Infizierte Insekten, die von amerikanischen Flugzeugen auf nordostchinesisches Gebiet abgeworfen wurden.
Quelle: Österreichische Zeitung, 29.3.1952

daß sich Brandweiner diesen Urlaub mehr oder minder unter Vorspiegelung falscher Tatsachen erschlich, müßte im Zusammenhang mit seiner früheren sattsam bekannten gegen Österreich gerichteten Tätigkeit im sogenannten Friedensrat endlich Handhabe zu einem entsprechenden Disziplinarverfahren mit Entzug der Lehrberechtigung geben." (TP 18.3.1952) Die *Neue Wiener Tageszeitung* hält Brandweiner entgegen, daß seine Reise nach Nordkorea nur möglich geworden sei, weil Österreich ein demokratischer Staat mit einer demokratischen Verfassung sei, neben den geschriebenen Gesetzen gebe es aber "ungeschriebene Gesetze der Anständigkeit, der Moral und des Patriotismus, die man nicht übertreten darf, ohne sich der allgemeinen Verachtung auszusetzen." (NWT 19.3.52)

Die aus der ersten öffentlichen Kontroverse im Herbst 1950 vertraute Melodie war damit wieder intoniert, sie wurde in den folgenden Tagen praktisch von der gesamten nichtkommunistischen Presse[78] aufgegriffen und nur geringfügig variiert. Zu den Variationen zählte die unverblümte

Aufforderung zum ehrenvollen Selbstmord, die vom Kommentator "Pe." in der *Tagespost* erhoben wurde: "Die Zeiten, in denen ein Mitglied der akademischen Lehrerschaft, das genötigt war, seine Handlungsweise und seine Ehre vor Gericht zu verteidigen, soviel Charakter besitzen mußte, um selbst ungeachtet des Ausgangs eines solchen Verfahrens seinen Abschied zu nehmen oder ‚Harakiri' zu begehen, sind für Herrn Doktor Brandweiner anscheinend vorbei. So sollte es nun am akademischen Senat liegen, die Konsequenzen daraus zu ziehen, daß Herrn Professor Brandweiners ‚Harakiri' - Korea heißt." (TP 19.3.52)

Den Ruf nach Disziplinarmaßnahmen machten sich diesmal sozialistische Abgeordnete zueigen, die am 21. März eine parlamentarische Anfrage an Unterrichtsminister Ernst Kolb richteten. Die Abgeordneten Alfred Migsch und Genossen bezweifeln darin, daß die Bestellung der Kommission "in der völkerrechtlich üblichen Weise" zustandegekommen sei, da sie "über Initiative Sowjetrußlands, das in dem angezogenen Streitfall Partei ist, von privaten Vereinigungen gebildet" wurde. Selbst bei "Berufungen in Untersuchungskommissionen, welche von völkerrechtlich anerkannten Organisationen eingesetzt werden, ist das zumindest stillschweigende Einvernehmen der Regierungen jener Staaten üblich, deren Staatsbürger die berufenen Persönlichkeiten sind." Die Teilnahme eines "Staatsangestellten" an einer Delegation, die "keinen neutralen Charakter besitzt", müsse "Befremden erregen" und als "unfreundlicher, die Neutralität verletzender Akt gedeutet werden". Die Abgeordneten verlangten Aufklärung (1.) über die Begründung des Urlaubsansuchens durch Brandweiner, (2.) ob das Unterrichtsministerium diese Gründe überprüft habe und (3.) welche Maßnahmen der Unterrichtsminister zu ergreifen gedenke, falls der "angegebene Urlaubszweck mit dem tatsächlichen nicht übereinstimmt?"[79]

Während der Unterrichtsminister mit der Beantwortung der Interpellation beschäftigt war, setzte unter den Zeitungen ein Wettstreit um die Ausschlachtung der spärlichen Informationen ein. Waren sich die Antikommunisten in den ersten Kommentaren und Berichten noch unschlüssig darüber, ob Wanzen, Mäuse, Flöhe oder Läuse das Auftreten von Masern, Pocken, Influenza oder Rückfalltyphus verursacht haben sollten, berichtete die kommunistische Presse von Bakterienbomben, aus deren Innerem Tausende Fliegen, Spinnen, Käfer, Heuschrecken, Grashüpfer, Ameisen und Bienen ausgeschwärmt sein sollten. (WHT 18.3.52) Tage vor der Rückkehr Brandweiners waren schließlich die Metaphern für den Fall fixiert: Flöhe seien es gewesen, und Pest hätten sie verbreitet. Beides geeignet, in bildliche Darstellung Eingang zu finden: Der Professor, vom Schreibtisch erhoben, inspiziert Korea und ein Kominform-Floh flüstert ihm ins Ohr. (NWT 20.3.52) Auch die "Front der Friedensfreunde" konnte es nicht erwarten, bis die Delegation Rede und Antwort hätte stehen können, ihre von tiefempfundener Abscheu diktierten Artikel erhielten bald Nachschub - von eben jener Delegation. Von unterwegs sandte sie ein Telegramm in den Westen, in welchem neue "Beweise" zitiert wurden: Nunmehr stehe eindeutig fest, daß "Fliegen und Insekten von bisher in Korea unbekannten Arten in großen Mengen aufgefunden wurden. Das haufenweise Auftreten der Insekten, die aufgefundenen Geschoßreste, der Zustand des Bodens und verschiedene andere Umstände beweisen den Abwurf der Insekten aus der Luft. Ein großer Teil der untersuchten Insekten war nach Feststellung von Sachverständigen mit Cholera, Typhus, Pest und anderen ansteckenden Krankheiten infiziert." (WHT 24.3.52) Weiters behaupteten die acht Juristen, daß diesen Funden jedesmal Einflüge feindlicher Flugzeuge vorausgegangen waren und vom Auftreten entspechender Erkrankungen gefolgt worden wären. Von diesen Tatsachen müsse vor Fertigstellung des endgültigen Berichts "wegen der Dringlichkeit dieser Angelegenheit" Mitteilung gemacht werden. Die westliche Öffentlichkeit mußte noch mehrere Tage warten, ehe die Kommissionsmitglieder selbst Auskunft hätte geben können, weil diese in Peking Station machten, wo neue Erklärungen abgegeben wurden, nichtzuletzt solche, in denen sich die Kommissionsmitglieder selbst lobten: "Wir hoffen, daß unsere Untersuchung ein Beitrag zum Kampf des heldenhaften koreanischen Volkes und des großen chinesischen Volkes für Frieden, Freiheit und Gerechtigkeit sein wird." (WHT 26.3.52) Die KP-Presse feierte den persönlichen Mut, die Nichtbeachtung der Gefahr für das eigene Leben und die Gesundheit, welche die tapferen Juristen an den Tag gelegt hätten (z.B. WHT 25.3.52), und lieferte wenige Tage danach unter der Überschrift "Das sind sie, die Soldaten Trumans !" neue "Dokumente": Vier Fotos "entlarven" nach Meinung der *Österreichischen Zeitung* "die amerikanischen Aggressoren". Drei der vier Fotos zeigen in unterschiedlicher Vergrößerung laut Bildunterschrift "infizierte Insekten, die Hausfliegen ähneln" (wobei der europäische Betrachter allerdings stillschweigend aufgefordert war, an eine asiatische Sorte dieses Insekts zu denken), ein "infiziertes schwarzes Insekt" und schließlich auf einer weißen Unterlage in einer Wiese eine große Menge "infizierter Insekten", die beim Zeitungsleser wenig Eindruck zu erwecken vermochten, da sie kaum als Insekten erkennbar waren. Das vierte Foto führte schließlich die Bombe selbst vor, welche "beim Aufprallen in zwei Hälften auseinanderfällt und die sich darin befindlichen infizierten Insekten ins Freie läßt"; was man sah, ähnelte tatsächlich einer Bombe, deren Inneres in Kammern geteilt war und deren Abdeckung danebenlag. Was an diesen Fotodokumenten entlarvend hätte sein können, ist nur mühsam zu rekonstruieren: die "Infektion" mußte man jedenfalls dazu denken und wie die Insekten, deren Artbezeichung die Rechercheure offensichtlich nicht ausfindig machen konnten, vor die Linse des Mitarbeiters der "chinesischen Photoagentur" gelangt waren und wo diese Fotos aufgenommen worden waren, erfuhr das Publikum ebensowenig, wie Zweifel zerstreut worden wären, ob die "Bombe" nicht vielleicht für andere Zwecke als den Insektentransport hergestellt worden sein könnte.

Die "Koalitionspresse" offerierte dagegen ihren Lesern ein buntes Spektrum von Mutmaßungen. Der *Grazer Montag* ließ Studenten fragen, wie es möglich sei, daß ein "österreichischer Universitätsprofessor während seiner beruflichen Dienstzeit als Agent einer Auslandsmacht herumreisen" könne. (GM 24.3.52) Der *Kleinen Zeitung* war die Affäre am 26. März sogar die Titelseite wert, um die "Hintergründe der Propaganda um den Bakterienkrieg" zu erhellen. Presse und Rundfunk des "roten Ostblocks" widmeten dem "angeblichen Bakterienkrieg", der unter Mithilfe von "namhaften Juristen aus acht Ländern des Westblocks" von Moskau aus "gesteuert" werde, ein Drittel ihres Platzes. Ziel dieses nicht mit "üblichen Propagandamanövern" gleichzusetzenden "Kesseltreibens" sei ein "großer Schauprozeß nach dem Muster von Nürnberg"; zu dieser Überzeugung seien die von der *Kleinen Zeitung* zitierten "diplomatischen Kreise an der Moskwa" nach einer Rede Brandweiners in Peking gekommen. Dort soll er darüber gesprochen haben, daß es sich bei den Aktionen der "amerikanischen Interventen" um "offenkundige Kriegsverbrechen und ein Verbrechen an der Menschheit" handle, was durch die "Nürnberger und fernöstlichen Militärtribunale und durch die Konvention über Völkermord" bekräftigt werde. Vor Gericht würden, nach Meinung der *Kleinen Zeitung*, jene Piloten gestellt werden, die in den letzten Wochen von der "radargelenkten Flak neuesten sowjetischen Musters" abgeschossen worden waren, wofür Brandweiner die "Rechtsgrundlage" geschaffen habe. Zu ählichen Erkenntnissen verhalfen "politische Kreise in London" der *Tagespost*, die eine "Welle des Hasses aus dem Osten" anrollen sah und vor der Gefahr einer "Revancheaktion" warnte, bei der dann "tatsächlich Bakterienwaffen gegen den Westen" zum Einsatz kommen könnten. (TP 28.3.52)

Der Kolumnist "h.p." von der *Neuen Zeit* stellte nochmals seine Beschlagenheit in Sachen Zeitgeschichtsforschung unter Beweis und zog unter dem Titel "Die Pestflöhe und Katyn" einen historischen Vergleich: Wegen der Ermordung Tausender polnischer Offiziere im Jahr 1940 brach noch während des Weltkrieges ein makaberer Streit über die Täterschaft aus. Das Nazi-Propagandaministerium, aber auch die im Londoner Exil agierende polnische Exilregierung unter Sikorsi beschuldigten die Sowjetunion der Urheberschaft, während diese dem Großdeutschen Reich die Verantwortung anlasten wollte. Diese Begebenheit - deren historische Wahrheit zum Zeitpunkt der Veröffentlichung der

Glosse in der *Neuen Zeit* feststand: daß nämlich die Sowjetunion zurecht der Täterschaft bezichtigt worden war - nutzte der Autor nun zu einer Analogie, die seinen eigenen deklarierten Absichten Schaden zufügte: "h.p." argumentierte, daß die Sowjetunion damals und auch später keine neutrale Kommission den Fall untersuchen ließ und unterstellte, daß damit die eigene Verantwortung verschleiert werden sollte. In der Hitze des antikommunistischen Gefechts spielte des Autors Logik diesem einen Streich, wenn er die Analogie zu Brandweiner und der Juristenkommission so ziehen wollte: "Nun haben wir ein neues, wenn auch anders geartetes, aber viel größeres Katyn: ... In Befolgung des hitlerischen Grundsatzes, daß nur ganz große Lügen geglaubt werden, behaupten Moskau und Peking, die UNO-Flugzeuge in Korea hätten Pestflöhe abgeworfen ... und Moskau schickt eine 'Kommission' ihm völlig höriger internationaler Juristen vor". Wie das, hätte man fragen können? Wenn Goebbels damaliges Weißbuch recht hatte, dann konnte dieses doch nicht das Resultat angeblicher Hitlerscher Devisen über große Lügen, die wegen ihrer Monstrosität geglaubt würden, gewesen sein - und wäre dann nicht auch Brandweiners Gutachten nicht jene große Lüge?

Stimmen, die in diese Auseinandersetzung mit der gebotenen Nüchternheit eingriffen und beispielsweise bezweifelten, daß eine Juristenkommission bei einem Kurzbesuch in einem Land, dessen Sprache die Mitglieder mutmaßlich nicht beherrschten, wohl kaum zu unbezweifelbaren Resultaten über eine Problematik gelangen konnten, die sich als solche handfesten Beweisen entzog, blieben die Ausnahme[80]. Dabei wäre es für Befürworter der Juristendelegation schon beim damaligen Stand der Kenntnis über die bakteriologische Kriegsführung möglich gewesen, darauf hinzuweisen, daß Beweise in diesem Fall nur sehr schwer zu erbringen sind. Und andererseits hätten Gegner oder Skeptiker in aller Ruhe die Indizien ins Treffen führen können, die die Richtigkeit der Behauptungen in Zweifel zu ziehen in der Lage gewesen wären; darauf wird noch zurückzukommen sein.

Statt eines Abwägens von Beweisen und Indizien boten beide Seiten der öffentlichen Kontroverse alle nur denkbaren Tricks der Propagandaschlacht auf und kultivierten tatsachenfernes Urteilen: Die Wahrheit war keine Frage von Argumentation und Beweis, sondern durch das Bekenntnis verbürgt. Für die Antikommunisten stand - wie geschildert - von Anfang an fest, daß, was immer die Kommission behaupten würde, gelogen sein müßte. Diese Haltung fußte darauf, daß die (unbezweifelbare) Nähe der delegierenden Organisation zum "kommunistischen Lager" nichts anderes als Willfährigkeit der Juristen erwarten ließ; und darauf, daß Brandweiner schon einmal der "Lüge" überführt worden war - wie insbesondere die *Neue Zeit* mit ihren an das klassische centerum censeo erinnernden Wiederholungen nicht müde wurde zu behaupten - und schließlich in der Tatsache, daß die Mehrheit der Österreicher den Westen als jenes System betrachteten, das die zu bevorzugende Gesellschaftsordnung verkörperte und daher die "richtige Moral" vertrat: und hatten nicht die USA postwendend die Behauptung von Brandweiner & Co. zurückgewiesen?

Betonten die Journalisten einerseits die Parteilichkeit der östlichen Seite, vergaßen sie geflissentlich, daß auch die USA bzw. die von diesen in Dienst genommene UNO im vorliegenden Fall Partei waren. Der Umstand, daß Propaganda manchmal mit der Wahrheit der verbreiteten Behauptungen vereinbar sein kann - wir sahen das an dem weiter oben geschilderten Fall der "Aufrüstung" Österreichs ebenso wie an dem eben erörterten Beispiel des Goebbelsschen Katyn-Weißbuches -, kam nicht in das Blickfeld der Diskutanten, obwohl schon zum damaligen Zeitpunkt Anlaß zu einer emotionslosen Erörterung der Frage des Einsatzes sogenannter B-Waffen gegeben war[81].

Heute wissen wir, daß beim Wettlauf um die (Meinungs-)Gunst der Welt der Westen gewann - vielleicht, weil in Summe von dieser Seite weniger offensichtliche Lügen verbreitet wurden, ganz sicher aber auch, weil die westliche Propaganda flexibler und facettenreicher war und in geringerem Maße doktrinären Verkündigungscharakter besaß. In der Situation der frühen fünfziger Jahre war der Sieg des Westens keineswegs sicher, wenigstens erscheint es dem historischen Betrachter so, daß die antikommunistische Seite mit bis an die Grenze zur Hysterie reichendem Aufwand versuchte, ihre Sicht der Dinge zur einzig legitimen und wahren zu machen. Wie hätte es sonst auch zur glaubhaften Verbreitung des Schlagwortes "Rückversicherer" kommen können? Die Lektüre der Zeitungen dieser Jahre macht deutlich, in welch starkem Ausmaß damals uns heute *wohlvertraute* Symbole und Metaphern des politischen Meinungskampfes erst entwickelt wurden - und wie sie, weil sie als Chiffren noch nicht bekannt waren, oft mit überschießender Rhetorik vorgetragen wurden. Man erinnere sich an die Wendung vom "roten Ostblock", dem damals noch die "Länder des Westblocks" gegenübergestellt wurden, letztere Formulierung findet sich heute nur in satirischen Kommentaren.

An den antikommunistischen Zeitungsarktikeln fällt auf, daß die Bemühungen der Journalisten von dem Versuch gekennzeichnet sind, die Lauterkeit Brandweiners in Zweifel zu ziehen. War erst einmal die Glaubwürdigkeit des Kirchen- und Völkerrechtsprofessors zerstört - so das Kalkül -, konnte er als "Lügner" tituliert werden (womit implizit so etwas wie eine Prognose auf künftige Glaubwürdigkeit formuliert wird). Alle weiteren Stellungnahmen Brandweiners stünden dann nicht nur unter dem Verdacht der Unglaubwürdigkeit, sondern könnten von vornherein als die Aussage eines Lügners ausgegeben werden. Dabei ist leicht zu sehen, daß diese Bemühungen nicht von der Haltung des prinzipiellen Skeptikers geprägt waren, sondern ein äußerst selektiver Skeptizismus praktiziert wurde: Gerade bei dieser Person insistierte man auf früheren Unwahrheiten, während man anderen einen leichtfertigen Umgang mit der Wahrheit nachzusehen bereit war. Die diskreditierenden Bemühungen waren nicht auf einen Punkt konzentriert, sondern vermitteln den Eindruck, hier werde nach Versuch und Irrtum-Methode der wunde Punkt, der im negativen Sinn überzeugend wirken würde, erst gesucht.

Ergänzend zur Strategie der Diskreditierung stehen Versuche - oft derselben Zeitung - an die "Ehre" Brandweiners zu appellieren. Dabei wurde er implizit als Angehöriger einer in-group angesprochen und unter Appellation an gemeinsam geteilte moralische Standards von ihm verlangt zu tun, was eines Ehrenmannes würdig sei: Suizid, Demissionierung, Widerruf. Nun ist leicht nachvollziehbar, daß beide Strategien - die der Diskreditierung und die des Appells an die Ehre - nicht gut zusammenpassen, unterstellt doch die eine gerade das Fehlen dessen, was für die Befolgung der implizit angesprochenen Maxime der anderen Strategie essentiell ist: Entweder war Heinrich Brandweiner zum ehrlosen Lügner geworden, dann war er allein schon deswegen entwürdigt; oder er besaß Ehrgefühl, an das er nur erinnert zu werden brauchte.

Stillschweigend wird hier unterstellt, die Exponenten der öffentlichen Kontroverse hätten konstitutive Bedingungen des Diskurses akzeptiert, beispielsweise die der Konsistenz der Argumentation. Auch wenn diese Annahme über weite Strecken des vorliegenden Streits kontrafaktisch sein dürfte, sehe ich nicht, wie eine Rekonstruktion der Kontroverse ohne diese Unterstellung möglich wäre. Noch dazu wo es sich im konkreten Fall um eine Konsistenzforderung handelt, die der Verwendung der Begriffe "Ehre" und "Lüge" immanent ist: wer lügt, spricht absichtlich die Unwahrheit, ist sich also der Diskrepanz zwischen eigenem Wissen (um die wahren Sachverhalte) und falscher Aussage (gegenüber anderen) bewußt, was ein Ehrenmann nicht dulden dürfte - er müßte spätestens nach Bekannt- oder Bewußtwerden der Dissonanz widerrufen. Auch falls ihm seine anfängliche "Falschaussage" als wahr erschienen sein sollte, ist damit gesichert, daß ein Ehrenmann nicht zum Lügner werden kann. Somit ist sogar der Fall, in welchem dem Ehrenmann erst eine widersprechene Information vorgehalten werden muß, um ihn zur Einsicht in seinen anfänglichen Irrtum - denn in so einer Situation würde ihn niemand der Lüge bezichtigen - zu verhelfen, im Sinne der alltäglichen Norm der Widerspruchsfreiheit integrierbar.

Im vorliegenden Kontext muß man auf diffizilere Fragen der Lügenproblematik nicht eingehen, nicht zuletzt, weil die Propaganda und

Meinungsbeeinflussung heterogeneren Regeln gehorcht. Anfangs wird die in Abrede zu stellende Behauptung als "verzerrt", "überspitzt" oder "unzutreffend" qualifiziert; wenn der der unrichtigen Behauptung bezichtigte Akteur bei seiner anfänglichen Darstellung bleibt, kann ihm nach nochmaligem Vorhalt widersprechender Informationen vorgeworfen werden, daß er lüge. Dabei muß allerdings dann der Vorwurf des Lügens über den Horizont von Perspektiven- oder Auffassungsunterschieden hinausgehen, da die einem grundlegenderen Konsens zugängliche Konstatierung von Auffassungsunterschieden die Verwendung des Lüge-Verdikts nicht erlaubt. M.a.W., man kann sich einig darüber sein, uneins zu sein.

Will man eine vorerst als unrichtig bezeichnete Behauptung des politischen Gegners als Lüge brandmarken, muß man zusätzliches, als Beweis dienendes Argumentationsmaterial beibringen und gewiß sein (können), daß diese Beweise konsensfähig sind, also vom Angegriffenen nur zurückgewiesen werden können, wenn er im Akt der Zurückweisung die nächste Lüge begeht. Substituierbar ist die Rücksicht auf einen, die politischen Gegner einenden Basiskonsens allenfalls durch die Legitimierung des Vorwurfs durch einen qualifizierten Teil des Publikums. Die Diskreditierung eines Akteurs kann dann erfolgreich sein, ohne daß dieser etwas der Schuldeinsicht Vergleichbares zum Ausdruck gebracht hat. Die Akzeptierung des den Lüge-Vorhalt untermauernden Beweismaterials durch das Publikum ist wiederum nicht notwendig an die Wahrheit dieser Behauptungen gebunden; in vielen Fällen genügt es, daß das Publikum von der Darbietung überzeugt ist, ihr also Glauben schenkt. Spätestens hier wird deutlich, daß die Durchsetzung von wahr-falsch-Behauptungen von Faktoren mitbestimmt wird, die jenseits des propositionalen Gehalts der Argumentation liegen. Ressourcen der sozialen Akzeptanz bestimmen darüber mit, welche Äußerung eines Akteurs für wahr gehalten wird. Die Dimensionen, die über die Akzeptanz entscheiden, sind dabei häufig der in Frage stehenden Thematik fremd - so kann Charisma, können nepotistische Vernetzungen oder massive Lager-Bindungen darüber entscheiden, was wahr sein soll. Wer über ausreichende derartige Ressourcen verfügen kann, kann in der öffentlichen Kontroverse falsche Behauptungen als wahre hinstellen, weil sie ihm geglaubt werden. Je größer dieses Potential an Definitionsmacht bei einer politischen Gruppe ausfällt, desto leichter ist es ihr möglich, in einem frühen Stadium einer Kontroverse vom argumentativen, prinzipiell am propositionalen Gehalt orientierten Diskurs zum "moralischen" zu wechseln. Bereits bei der ersten Auseinandersetzung um Brandweiners und Dobretsbergers Auftreten in Graz und Warschau wurde von einigen Zeitungen versucht, den Konflikt als "Skandal" (WP 8.11.50) von Anbeginn an einer moralischen Disqualifikation zu unterwerfen. Charakteristischerweise zog damals die Mehrheit der Zeitungen nicht mit, sondern scheute einerseits die Auseinandersetzung auf der Ebene der Wahrheitsfindung - und der dieser immanenten Möglichkeit, zum Lüge-Vorwurf überzugehen - um andererseits bei ihren Versuchen der moralischen Diskreditierung selten zu totalisierenden Verdikten zu greifen: die negativ gemeinten Attribute wurden noch in individualisierender Form, adjektivisch vorgebracht ("kryptokommunistisch", "verächtlich"), während die substantivierenden Verurteilungen erst negativ symbolisiert werden mußten ("Friedenstaube", "Rückversicherer"). Zusätzlich fällt auf, daß die Wahl der "Argumentationslinie" mit dem politischen Standort variierte: Die ÖVP-Presse warf den beiden ihr ehemals Nahestehenden vorrangig vor, die "Ehre" verletzt zu haben, während die sozialistische Presse, da ihr die beiden bürgerlichen Professoren sichtlich ferner standen, deutlicher diskreditierende Termini (aber auch mehr argumentative Figuren) verwendete.

In der Auseinandersetzung um die Juristendelegation zeigt sich dagegen bereits der vollzogene Übergang zur Totalisierung in Form der Substantivierung der Kritik: "Agent", "Handlanger", "Lügner", "Kollaborateur" und auch die die Person Brandweiner bezeichnenden Symbole sind eindeutiger geworden: "infizierter Wurm" (TP 6.4.52), "Pestfloh", "roter Professor". Wie gezeigt, war darüber hinaus von der ersten Meldung an "Skandal" das einigende Etikett der Berichte. Allerdings oszillierte der Inhalt der Artikel zwischen moralischer Disqualifizierung, dem Appell an die Ehre und dem argumentativen Umgang mit den aufgestellten Behauptungen.

Eine Verquickung einander ausschließender Normensysteme kennzeichnet die andere Vorgangsweise, die auch schon bei der ersten Kontroverse um Brandweiner deutlich zutagegetreten war. Er, der in den Augen der Gegner zum Ärgernis geworden war, sollte aus der Universität verbannt werden und das, vor allen anderen Gründen, weil er "untragbar" geworden war. Hatten seine Gegner 1950/51 fast ausschließlich mit dieser belasteten Kategorie operiert, trat nun der Versuch hinzu, sich seiner unter Berufung auf Verletzungen des positiven Rechts entledigen zu wollen. Hieß es zwei Jahre davor, daß er zwar nicht gegen das Strafrecht, wohl aber gegen ungeschriebene Gesetze verstoßen habe, wurde nunmehr versucht, Verstöße gegen Disziplinar- oder Strafrecht zu finden: Hochverrat, Agententätigkeit, Subversion - und demgemäß hieß es auch nur noch, daß es "schwierig" sei, eine gesetzliche Handhabe zu finden.

Der Kommunazi

Im Vordergrund stand vorerst aber noch die Diskreditierung. Waren schon 1950 erste Andeutungen über die Vergangenheit Brandweiners lanciert worden, verdichteten sich jetzt die Andeutungen zu Beschuldigungen. Beschränkte sich die *Kleine Zeitung* noch darauf, Brandweiner als "ehemaligen Sachreferenten für Völkerrechtsfragen beim Oberkommando der Deutschen Wehrmacht in Berlin" (KLZ 26.3.52) vorzustellen, lieferten anderntags *Tagespost* und *Neue Zeit* detailliertere Informationen. Gestützt auf eine Agenturmeldung teilten sie mit, daß Brandweiner am 1. Oktober 1935 der damals illegalen NSDAP beigetreten sei und nach dem Anschluß im März 1938 die Mitgliedsnummer 6 236 254 zugeteilt erhalten habe. "Noch vorhandene Parteiberichte" bezeichneten ihn als "unbestechliches Parteimitglied" und als "korrekten und aufrechten Nationalsozialisten". (TP 27.3.52) Die *Neue Zeit* vervollständigte die biographischen Daten mit dem Hinweis, daß Brandweiner nach dem Krieg "über bischöfliche Protektion an die Grazer Universität" (NZ 27.3.52) gekommen sei. Noch ausführlicher widmete sich die *Arbeiterzeitung* der Vergangenheit des "Nazi-Kronzeugen einer kommunistischen Lüge": demnach sei Brandweiner im Mai 1934 der "Vaterländischen Front des Dollfuß-Faschismus" beigetreten, hätte die Mitgliedsnummer B 153 450 erhalten, ein Gesuch auf "Übernahme in den richterlichen Vorbereitungsdienst" sei von der "Landesführung Wien der Vaterländischen Front befürwortet" worden, "und damit der Zweck des Eintritts ... erreicht". Achtzehn Monate später sei er - "schon damals anscheinend mit einer guten Spürnase begabt" - der illegalen NSDAP beigetreten und "selbstverständlich trat Dr. Brandweiner (nach dem Anschluß, C.F.) auch an die NSDAP mit der Forderung nach einer Gegenleistung für seine Mitgliedschaft heran: er bewarb sich zuerst um eine Staatsanwalts- und dann um eine andere Stelle... Der 'korrekte aufrechte Nationalsozialist' machte den Krieg als Offizier mit". Seine Rolle in der Wehrmacht sei noch nicht ganz geklärt, nach dem "Zusammenbruch" sei er "zunächst ein kleiner Mann" geworden. Bald jedoch hätte er es verstanden, "höchste kirchliche Kreise für sich zu interessieren. Die Kirchenfürsten, erfreut über den zum Paulus gewordenen Saulus, intervenierten bei dem damaligen Unterrichtsminister Dr. Hurdes so lange, bis Brandweiner zum Universitätsprofessor in Graz ernannt wurde". Ende 1950 "spielte der Kirchenrechtler seinen kirchenfürstlichen Gönnern einen üblen Streich... er fuhr als Delegierter zum kommunistischen 'Weltfriedenskongreß' nach Warschau. Damit begann offiziell die dritte und vorläufig letzte Phase seiner Karriere. Er wurde Kominformagent. Diese Karriere hat ihre Krönung durch die Gratisreise nach China und Korea und die Beförderung des Juristen zum Pestflohentdecker gefunden." (AZ 1.4.52) Die Kommentare verzichteten in auffallender Weise darauf, aus der Mitteilung der Nazi-Vergangenheit Folgerungen zu ziehen, sodaß man wohl zum Schluß berechtigt ist, sie meinten, allein der Umstand der NSDAP-Mitgliedschaft sei disqualifizierend. Bekanntlich ist diese Variante der politischen Auseinandersetzung bis auf den heutigen Tag sehr beliebt. Ihre Beliebtheit kann allerdings über die Beliebigkeit ihrer Anwendung nicht hinwegtäuschen. Nicht nur, daß sich einer jener, die Brandweiner seine Nazi-Vergangenheit vorhielten, den Hinweis auf seine eigene braune Propagandavergangenheit - in diesem Fall von der KP-Presse vorgetragen - gefallen lassen mußte, waren gerade die beiden Koalitionsparteien Anfang der fünfziger Jahre eifrig damit beschäftigt, das NS-Problem auf ihre Art zu lösen: durch Hofieren hoher und höchster Ex-Nazis, durch die Gründung eigener Auffangorganisationen zur Sammlung "Belasteter" (Junge Front, Heimkehrerreferate) und letztlich lief seit den späten vierziger Jahren eine stille Rehabilitierung einstmals entlassener Nationalsozialisten, die so weit ging, daß ein ehemaliger NS-Barde Nationalratsabgeordneter war und Dozentenführer wieder Universitätsprofessuren ausüben konnten. Die als Vorwurf gemeinte Mitteilung, jemand sei NSDAP-Mitglied gewesen, entbehrt damit wenigstens in jenen Fällen, wo der Ankläger im Namen einer der vier Parteien sprach, jeder moralischen Rechtfertigung. Jede Partei akzeptierte in der Zweiten Republik "Ehemalige", wenn sie bereit waren, sich in den Dienst der Partei zu stellen. Die Konversion konnte in diesen Fällen vordergründig erfolgen - eine neues Bekenntnis und Wohlverhalten gegenüber den Protektoren waren durchaus ausreichend. Es deutet einiges darauf hin, daß jene ehemaligen Nationalsozialisten, die diese Unterwerfungsgeste nicht erbringen wollten, von denen aber andererseits ein Beharren auf der verbotenen Gesinnung nicht bekannt wurde, größere Schwierigkeiten bei der (Re-)Etablierung in den Institutionen hatten.

Überraschend schnell antwortete Minister Kolb am 2. April auf die parlamentarische Anfrage: Er teile mit, daß Brandweiner ein zweimonatiger Diensturlaub "in Befolgung demokratischer Gepflogenheiten" für eine "rechtswissenschaftliche Studienreise in die östliche Sowjetunion und deren Nachbarländer" gewährt worden sei. Eine Überprüfung der Angaben Brandweiners wäre aus zeitlichen Gründen nicht möglich gewesen, außerdem sei nicht anzunehmen gewesen, daß ein "Hochschulprofessor ... falsche Angaben machen werde, zumal sogar Brandweiner bei seinen bisherigen Reisen den richtigen Zweck angegeben hatte." In der Anfragebeantwortung heißt es dann weiter: "Wegen der verschiedenen Vorfälle in der letzten Zeit, die wohl mehrfach Anlaß zu Kritik an Brandweiner geboten haben, spreche ich mit Brandweiner nicht persönlich, um ihn nicht den übrigen, so geschätzten akademischen Lehrern gleichzusetzen. Dem zuständigen Beamten hat Brandweiner mündlich angegeben, daß er auch nach China reisen werde. Meine Vermutung war, er könne mit einer Berufung an die Universität Peking rechnen und wolle sich über die Verhältnisse näher erkundigen. Den Berichten der Telegraphenagentur der Sowjetunion (TASS) zufolge scheint die Reise einen anderen Zweck zu haben, sodaß sich meine Vermutung nicht erfüllen dürfte. Es mag eben auch an der Universität Peking unangenehm aufgefallen sein, daß der österreichische Professor für Völkerrecht und Kirchenrecht, der zum ersten Mal nach Korea kam, dort feststellen wollte, daß in den letzten Wochen Fliegen und andere Insekten von bisher in Korea unbekannten Arten in großen Mengen aufgefunden wurden (TASS vom 18.3.1952). ... Nach Angaben des Prof. Brandweiner war anzunehmen, daß es sich um eine ausgesprochene Studienreise handle, der Zweck der Reise schien kein anderer als ein rezeptiver. Wenn nunmehr, wie es aus Zeitungen zu entnehmen ist, Professor Brandweiner als Mitglied, ja als Leiter einer Delegation eines 'Verbandes internationaler demokratischer Juristen' in Nordkorea die in Korea angeblich begangenen Verletzungen internationaler Rechtsgrundsätze untersucht, so ist er über den Rahmen einer rechtswissenschaftlichen Studienreise hinausgegangen. Hiedurch erscheint der Verdacht gerechtfertigt, daß er sich einer Verletzung der Standes- und Amtspflichten schuldig gemacht habe, die sich mit Rücksicht auf die Gefährdung staatlicher Interessen und auf die Schwere der Verfehlung als Dienstvergehen darstellt. Ich habe auf Grund der bestehenden Vorschriften den Auftrag erteilt, nach Durchführung der zur Klarstellung des Sachverhaltes erforderlichen Erhebungen die Disziplinaranzeige an die zuständige Disziplinarkammer zu übermitteln."[82]

Die Kommentare der Zeitungen brachten, abgesehen davon, daß die Antwort Kolbs meist ausführlich wiedergegeben wurde, Genugtuung zum Ausdruck. Die *Neue Zeit* konnte es sich nicht verkneifen, "gewissen CV-Kreisen" kryptisch mangelnde Zivilcourage, wie schon zu Zeiten des "Tausendjährigen Reiches" vorzuhalten; woran sich diese hätte beweisen sollen, ließ der Kommentator offen (NZ 3.4.52) - und es ist nicht anzunehmen, daß er von Angehörigen des Cartellverbandes Proteste gegen die problematische Rechtsgrundlage, die eine Disziplinaranzeige durch den Unterrichtsminister erst ermöglichte, erwartete: Kolb konnte sich nämlich einzig auf ein Gesetz stützen, das am 26. Oktober 1934 in Kraft gesetzt worden war und die kaiserliche Dienstpragmatik aus dem Jahr 1914 zur "Handhabung der Disziplinargewalt über die Bundeslehrer an den Hochschulen"[83] in Geltung setzte. Bis dahin waren die "Staatslehrpersonen" von einer obrigkeitsstaatlichen Disziplinarordnung ausdrücklich ausgenommen und Disziplinarverfahren der universitären Autonomie vorbehalten. Daß sich just die Gegner des "Steigbügelhalters einer Diktatur" auf ein von einer Diktatur erlassenes Gesetz stützen mußten, zählt zu jenen Merkwürdigkeiten, die den Akteuren im "Fall Brandweiner" kein Kopfzerbrechen bereitet zu haben scheinen.

Im Gegenteil: die antikommunistische österreichische Presse war voll des Lobes dafür, daß die Behörde endlich willens war, zu Disziplinarmaßnahmen zu greifen. Die Polemik der kommunistischen und sowjetischen Zeitungen klagte die Unterstützer der "USA-Gangster" und die "Pestmörder" an, entlarvte sie wieder einmal, diesfalls als "Feinde der zivilisierten Menschheit" und zollte dem "mutigen österreichischen Gelehrten" Applaus. (WHT 4. und 5.4.52; ÖZ 4.4.52) Dieser erklärte derweilen auf einer abschließenden Pressekonferenz in Peking, daß die Kommission kein "endgültiges Urteil" zu fällen vermöge, da das den "Kompetenzbereich der Kommission", die kein "Tribunal" sei, übersteigen würde. (ÖZ 6.4.52)

Am 17. April war es dann so weit, Brandweiner und die anderen Kommissionsmitglieder stellten sich der westlichen Presse. Aus Anlaß ihrer Rückkehr hielt die Organisation, die sie entsandt hatte, in Wien eine "Ratstagung" ab und veranstaltete in deren Verlauf im damals in Internationales Haus umbenannten Palais Schwarzenberg eine Pressekonferenz. Nach übereinstimmenden Berichten aller Tageszeitungen muß es dabei ziemlich stürmisch zugegangen sein. Die acht Juristen schwächten mehrere der in der Zwischenzeit in Umlauf befindlichen Behauptungen deutlich ab, sprachen nur "von Indizien" - da nach Lage der Dinge, andere Beweise nicht zu erbringen gewesen wären, wollten kein endgültiges Urteil über den Bakterienkrieg fällen, sondern begnügten sich, die Wahrheit ihres Berichtes zu beschwören, konzedierten ihre bakteriologisch-medizinische Inkompetenz, die durch Aussagen chinesischer Experten allerdings aufgewogen worden wäre und wiesen den Vorwurf, nicht beide Seiten gehört zu haben, mit dem Hinweis zurück, die politischen Verhältnisse hätten dies verunmöglicht. Fotos, die während der Pressekonferenz verteilt worden waren, vermutlich mit jenen weiter oben beschriebenen ident, wurden noch während der Pressekonferenz, als nicht von der Kommission stammende, aus dem Verkehr gezogen.[84]

Diese relativierenden Richtigstellungen hinderten die Presse nicht, in den folgenden Tagen jene Behauptungen zu zitieren, die in ihr jeweiliges Konzept paßten. Die KP-Presse behauptete, tausende Zeugen - Bauern, Arbeiter, Geistliche, Beamte, Wissenschaftler - seinen befragt worden, die Kommission sei wie ein gewissenhafter Untersuchungsrichter vorgegangen und die Resultate rechtfertigten die Einberufung eines neuen Nürnberger Tribunals. (VS 18.4.52) Die antikommunistische Presse scherte sich einen Deut um das, was Brandweiner herausgefunden zu haben behauptete, und konzentrierte sich auf seine Vergangenheit. Brandweiner hatte während der Pressekonfernz unter Hinweis auf Bestimmungen, wonach Wehrmachtangehörige keine Parteimitglieder sein durften, eine NSDAP-Mitgliedschaft kategorisch bestritten. Mehrere Zeitungen setzten Berichte über diese Behauptung auf die Titelseite: "Die Pestfloh-Jäger sind blamiert. Kommunazi Brandweiner bleibt alle Beweise schuldig" (WP 18.4.52), "Flohzirkus" und "'Pestforscher' Brandweiner vom Dienst suspendiert". (NWT 18.4.52) Die vom Unterrichtsminister am Tag der Pressekonferenz ausgesprochene Suspendierung Brandweiners meldeten alle Zeitungen. Dieser "amerikanische Racheakt" sei über den Kopf der Grazer Universität hinweg erfolgt, weiß die Volksstimme zu berichten (VS 18.4.52), "ganz im faschistischen Stil" sah die *Wahrheit* einen "USA-Gauleiter" am Werk (WHT 18. und 19.4.52), was eine "Vergewaltigung primitivster Rechte der Lehr- und Meinungsfreiheit" (VS 18.4.52) darstelle. Nichtkommunistische Zeitungen mutmaßten, die Suspendierung sei "automatisch" erfolgt (BNZ 18.4.52), und berichteten, der Grazer Jurist, Universitätsprofessor Hans Spanner, sei als Disziplinaranwalt[85] damit befaßt, Material zu sammeln. (NWT 19.4.52)

Die amtlich verordnete Untätigkeit wollte Brandweiner zu Auftritten bei "Massenversammlungen" nutzen, deren Besuchern er als "Symbol des Kampfes für Freiheit und Frieden" (VS 19.4.52) angekündigt wurde. Für die kommunistischen Friedensfreunde "entlarvte" der "Fall Brandweiner" zum wiederholten Mal die "Kreaturen der Pestverbrecher", wohingegen die sozialistische Presse ihn im Zusammenhang mit seinem Dementi, NSDAP-Mitglied gewesen zu sein, der Lüge beschuldigte (AZ 18.4.52) und der *Wiener Kurier* veröffentlichte ein Faksimile eines NSDAP-Personalfragebogens, den Brandweiner am 21. Mai 1938 eigenhändig ausgefüllt hatte. Ihm war zu entnehmen, daß er seit 1. Oktober 1935 Mitglied war, mit Ausnahme des Jahres 1937 und der beiden ersten Monate 1938 regelmäßig Beiträge bezahlt hatte und im Bekanntenkreis nationalsozialistische Propaganda getrieben habe, wofür er drei Zeugen namhaft machte. (WK 19.4.52)

Die für Samstagabend, den 19. April angekündigte Rede des Rechtsprofessors im Wiener Messepalast über den "Pestkrieg in Korea" fand nicht statt. Nicht, weil die Veranstalter oder der angekündigte Redner sich eines Besseren besonnen hätten, sondern weil der stellvertretende amerikanische Hochkommissar Walter Dowling zur Auffassung gelangt war, die "Frecheit der Kommunisten" ginge zu weit. (PRE 20.4.52) Auf seine Anordnung hin wurde die ordnungsgemäß angemeldete Veranstaltung des "'Vereins Wiener Friedensrat' ... unter Bedachtnahme auf die Bestimmungen der Protokolle des Wiener Interalliierten Kommandos" (NÖ 20.4.52) verboten. Dowling teilte außerdem mit, daß namhafte Wissenschaftler - er nannte unter anderem den Direktor des Pariser Pasteurinstituts - der Meinung seien, "die Wissenschaft (sei) derzeit gar nicht in der Lage, Epidemien zu verbreiten"[86]. Schließlich zeigte sich der amerikanische Gesandte vom guten Gesundheitszustand Brandweiners überrascht, wo dieser doch eigenem Bekunden zufolge gerade aus dem Land zurückgekehrt sei, in dem die Pest wüte: wisse Brandweiner über Quarantänebestimmungen nicht Bescheid?

Die Suspendierung Brandweiners rief "Massenproteste" auf den Plan, Betriebe, KP-Organisationen und Friedenskomitees protestierten lautstark, und das Veranstaltungsverbot rief den heiligen Zorn der *Volksstimme* hervor, der sich gegen jene richtete, die "triumphierend den amerikanischen Maulkorb begrüßten und den amerikanischen Militärstiefel küßten". (VS 22.4.52)

Die verbotene Veranstaltung fand drei Tage später in der als Kommunistentheater verschrieenen Scala statt. "Tausende Wiener Werktätige" nahmen daran teil, viele Tausende mußten vor dem Gebäude und in den umliegenden Straßen die Reden über Lautsprecher verfolgen, sogar die Straßenbahn stellte zeitweilig den Betrieb ein. In dem Veranstaltungsbericht heißt es dann weiter: "Professor Brandweiner selbst wurde von minutenlangen Ovationen bei seinem Erscheinen begrüßt. 'Wir grüßen den tapferen Friedenskämpfer Professor Brandweiner', erklärte Nationalrat Ernst Fischer in seinen einleitenden Worten, und wieder - wie bei jeder Erwähnung seines Namens - wird Professor Brandweiner eine mächtige Ovation zuteil. 'Viele Menschen weigern sich, die grauenvolle Wahrheit aus Korea zu glauben, weil sie zu schrecklich ist', sagte Ernst Fischer. 'Aber seinerzeit hatte man auch im alliierten Lager die Berichte über Hitlers Gaskammern zuerst als eine übertriebene Propaganda hingestellt, und nach dem Krieg hat es sich herausgestellt, daß tausendmal mehr wahr war, als ursprünglich gemeldet wurde'. Nationalrat Fischer rechnete sodann mit dem anscheinend an nervöser Überempfindlichkeit leidenden stellvertretenden USA-Hochkommissar ab, der die Kundgebung am Samstag im Messepalast verbot. 'Die Beurteilung der Verbotsgründe für diese Versammlung überlassen wir der Intelligenz unseres Volkes', rief Ernst Fischer, 'denn wir haben es nicht notwendig, bei USA-Generälen eine Intelligenzprüfung abzulegen. Wir Österreicher haben bisher gemeint, daß die Intelligenz durch das Wort und durch das Buch spricht. Daß Intelligenz mit Gummiknüppeln von Rowdys geschützt wird, haben wir zum erstenmal vom USA-Hochkommissar erfahren. Die Leute, die die Kundgebung im Messepalast verboten haben, haben sich einen schlechten und der Friedensbewegung einen guten Dienst erwiesen. Siegen wird nicht die Sache, die zu Pestbazillen greift, sondern das Lager des Friedens, der

Freiheit und der Demokratie, in dem Professor Brandweiner steht', schloß Nationalrat Fischer unter nicht endenwollendem Beifall."[87]

Trotz solch überwältigenden Erfolgs, sah sich der Professor in den folgenden Tagen genötigt, mit der unangenehmen Tatsache seiner bekanntgewordenen NSDAP-Mitgliedschaft zu Rande zu kommen. Er vertrat die Meinung, das jetzt bekanntgewordene "Aktenmaterial" sei seit Jahren "im Besitz der österreichischen Behörden" und eine frühere Überprüfung hätte mit dem Resultat geendet, er sei von der Registrierungspflicht befreit. Außerdem sei er von Frühjahr 1939 bis Kriegsende Soldat gewesen und hätte sich bis zu seiner "Felddienstuntauglichkeit 1943 fast ununterbrochen an der Front" befunden: "Was ich dort sah und erlebte, hat in mir die Überzeugung wachgerufen, daß es meine Pflicht ist, alles zu tun, damit es keinen neuen Krieg mehr gibt. Ich kämpfe für den Frieden, nicht obwohl, sondern weil ich Soldat war und weiß, was Krieg bedeutet." (WHT 22.4.52) Der *Volksstimme* war der lädierte Ruf ihres Weggenossen offensichtlich derart wichtig, daß sie am 23. April die Titelseite für einen Rehabilitierungsversuch reservierte. Das Zentralorgan der Kommunistischen Partei, die nicht müde wurde, ihren Antifaschismus herauszustreichen und bei sich bietender Gelegenheit mit Etiketten wie "faschistisch" und "nazistisch" nicht gerade sparsam umzugehen gewohnt war, ergriff für den Ex-Nazi Partei, stellte nicht einmal seine Mitgliedschaft in Abrede, sondern berief sich auf "amtliche Akten", die die "Verleumder Professor Brandweiners" der "vorsätzlichen Lüge überführten", wie es bereits in der Überschrift hieß. Der Persilschein des Zentralorgans, oder richtiger: der Wiederabdruck eines älteren Persilscheins bezog sich auf eine "einwandfreie politische Gesinnung", die Brandweiner der Registrierungsbehörde der Republik Österreich glaubhaft machen hatte können, nicht jedoch auf seine Mitgliedschaft in der illegalen NSDAP vor 1938. Der Rehabilitierung konnte ein derartiges Dokument nicht dienen und die Gegner hielten dem "Kommunazi" Brandweiner seine NSDAP-Mitgliedschaft denn auch weiter regelmäßig vor.

Der *Wiener Kurier* bemühte dazu gar den Halbsatz des bekannten Sprichworts "Wer einmal lügt ..." und unternahm in einem am 25. April 1952 veröffentlichten Kommentar den Versuch, die Nazi-Vergangenheit historisch und politisch einzuordnen. Dieser Artikel ist ein erhellendes Indiz für das damalige Verständnis dessen, was späterhin Vergangenheitsbewältigung genannt werden sollte, da er das Mitläufertum historisch relativierte und im selben Atemzug für eine Person, deren Reputation untergraben werden sollte, erschwerende Momente gefunden zu haben vorgibt. Eingangs wird behauptet, daß "sehr viele" jener Österreicher, die nach dem deutschen Einmarsch der Nazi-Partei beigetreten waren, "diesen Schritt mit schwerem Herzen unternahmen und nur aus

Angst vor der okkupierenden Macht, oder weil sie, durch den Lärm der Popaganda ihrer Denkfähigkeit beraubt, ein vorzeitiges Ende des 'Tausendjährigen Reiches' und des Wiedererstehen ihres österreichischen Vaterlandes für unmöglich hielten." Weniger einfühlsam formuliert heißt das, daß die Mehrheit der "Märzveilchen" - so nannte man jene, die nach dem Anschluß ihre nationalsozialistische Gesinnung entdeckten - aus opportunistischen Gründen in die Reihen der Nazis gedrängt hatte. Aufschlußreich ist nun, daß gerade dieser Opportunismus, antikommunistisch gewendet, zum schwerwiegendsten Vorwurf an diejenigen wurde, die in den fünfziger Jahren gemeinsame Sache mit der kommunistischen Weltbewegung machten: "Rückversicherer", "Bettgemeinschaft", die ständige Betonung vermeintlicher finanzieller Vorteile einer KP-freundlichen Haltung. Das gleiche Verhalten, eineinhalb Dezennien früher an den Tag gelegt, ergab anno 1952 "keinerlei Grund", den nach dem "Zusammenbruch des Naziregimes wiedererwachten Patriotismus ehemaliger Hakenkreuzträger ... in Frage zu ziehen".

Von den Opportunisten und jenen wegen ihrer aussetzenden Verstandestätigkeit wohl als hineingestolperte Nationalsozialisten zu bezeichnenden Personen unterscheidet der Autor des *Wiener Kurier* diejenigen, die sich in den "Jahren nervenaufpeitschender Spannung und Verwirrung ... Abwegigkeiten zuschulden kommen" haben lassen. Die dramatische Wortwahl dient der Beschreibung der Zeit vor dem Anschluß, mithin also der Umschreibung des Tatbestandes des Beitritts zur damals illegalen NSDAP - "jugendlicher Unverstand" und ein "pervertiertes Nationalgefühl" zeichnete die aus, die dem "Trommeln Hitlers folgten". Auch die Zurechnungsfähigkeit der Illegalen scheint der Verfasser nicht allzu günstig zu veranschlagen - der Leser muß geradezu den Eindruck gewinnen, die Menschen seien in den dreißiger Jahren eher Lemminge auf suizidalen Pfaden, denn vernunftbegabte Lebewesen gewesen. Allein, irgendwann müssen sie aus dem Trancezustand erwacht sein (der Autor gibt keinen Hinweis darauf, wann und warum dies der Fall gewesen sein mag), denn jene, die "ihre damaligen Irrungen mannhaft eingestehen, haben sich den Anspruch auf die Achtung ihrer Mitbürger wiedererworben". Auch woher plötzlich die nicht-verwirrten Mitbürger gekommen sein mögen, bleibt im Dunkeln des Nichtaussprechbaren.

Einem Mann durfte diese Verwirrung, Unverstand und Perversion gebärdene Epoche nichts anhaben: Denn er durfte schon damals "keine Zweifel" an den "österreichfeindlichen" Absichten jener Bewegung hegen und mußte "als akademisch gebildeter Mensch" doch sehen, daß sich ein "souveränes Österreich in schwerstem Abwehrkampf" gegen eine "Verschwörung" befand. Da er sich einst nicht wegen der "Trommeln", auch nicht einer Perversion oder des Unverstandes wegen um die

Mitgliedschaft in der NSDAP beworben hatte, kann er folglich jetzt nicht mit der Achtung der Mitbürger rechnen. Sie zu erlangen muß sogar verhindert werden, da Heinrich Brandweiner "in der vergangenen Woche vor zahlreichen Zeugen laut und vernehmlich erklärt hat, er habe der NSDAP niemals angehört. Dieser Mann ist also erwiesenermaßen ein Lügner".

Die Moralen der Vergangenheitsbewältigung

Was anhand der Glosse des *Wiener Kurier* vorgeführt werden kann, sind die Versatzstücke, mit denen die "moralischen Unternehmer"[88] im Kalten Krieg die Funktionalisierung der Vergangenheit betrieben. Ihr Inventar etwas genauer zu betrachten, lohnt - über die Beschreibung der konkreten Situation hinaus - , weil die Moralen, die in weniger aufgewühlten Phasen der gesellschaftlichen und politischen Entwicklung mit dem Anschein plausibler Stimmigkeit verbreitet werden können, damals sprunghaft gewechselt wurden, einander widersprachen, von Fall zu Fall modifiziert werden mußte, sodaß der retrospektive Betrachter verwundert darüber ist, daß überhaupt irgendeine alltagsmoralische Argumentation geglaubt wurde. Die Moralunternehmer der fünfziger Jahre eint ihr selektiver Umgang mit der Vergangenheit, welcher dem Prozeß der Herausbildung von Sympathie/Antipathie zwischen Personen ähnelte. Diesselbe Person, die bei dem einen Sympathie hervorruft, mobilisiert beim anderen antipathische Affekte. Analog dazu wurde in der frühen Zweiten Republik die Haltung zu ehemaligen Nationalsozialisten regelmäßig von Faktoren bestimmt, die mit der verbal angeblich im Zentrum stehenden Frage: Wie beurteilen wir ehemalige Nationalsozialisten, nichts zu tun hatte. Der Umstand, es mit "Belasteten" zu tun zu haben, wurde funktionalisiert: Ex-Nazis, die zur eigenen Gruppe gehörten, wurden verteidigt und als Geläuterte betrachtet, während den Ex-Nazis anderer Gruppen die ehemalige Parteimitgliedschaft vorgehalten und Läuterung bei diesen kategorisch in Abrede gestellt wurde. Diese Ambivalenz des öffentlichen Umgangs mit ehemaligen Nationalsozialisten war in den politischen und sozialen Verhältnissen der Zeit fest verankert.

Das Ende der NS-Herrschaft in Österreich war mit der Entstehung einer in mehrfacher Hinsicht paradoxen Situation verbunden. Als Staat wiedererstanden und mit dem, wie sich zeigen sollte, günstigen Status des befreiten Landes ausgezeichnet, empfand die überwiegende Mehrheit der Österreicher das Kriegsende als Niederlage, zumindest als Zusammenbruch, wie der wohl meistgebrauchte Begriff lautete. Ein Gefühl oder Bewußtsein der Befreiung dürfte über den engen Kreis der aus Lagern oder Gefängnissen Befreiten hinaus anfangs kaum Platz gegriffen haben. Die in zahllosen Familien als Verlust von Angehörigen wahrgenommene Kriegsniederlage, die elenden Lebensumstände und die Ungewißheit über die Zukunft lassen das auf der Ebene der Individuen sogar plausibel erscheinen.

Zugleich brachte das Jahr 1945 das Ende einer Massenpartei: fast eine dreiviertel Million Parteimitglieder war von Kriminalisierung bedroht. Es spricht wenig dafür, daß diese Partei im Vergleich zu anderen einen größeren Anteil Opportunisten in ihren Reihen hatte, welche das Ende der Partei, der sie nie mit ganzem Herzen zugetan waren, leicht verschmerzt hätten. Im Gegenteil: Das Aufnahmeverfahren war selektiver, und das von den Parteigenossen geforderte Aktivitätssoll wird selbst jene, die beim Eintritt den Überzeugten nur mimten, rasch dazu gebracht haben, die Überzeugungen eines Nationalsozialisten zu erlernen. Der Prozeß des Motivlernens funktionierte hier wohl ebenso reibungsarm wie bei vergleichbaren sozialen Integrationsprozessen. Es wäre ein grober Irrtum, würde man in diesem Fall zwischen dem Typus des Opportunisten und dem des Zynikers keinen Unterschied machen. Während dieser im Bewußtsein handelt, etwas zu tun, was mit seiner Person und seinen Überzeugungen eigentlich nichts zu tun hat, überantwortet sich jener einem Prozeß der widerstandsarmen Anpassung an von anderen geschaffenen Gegebenheiten - und die Annahme, diese Akkomodation würde die motivationale Seite nicht erfassen, ist wenig überzeugend. Dieser mehr oder weniger reibunslose Nazifizierungsprozeß wurde im Frühjahr 1945 abrupt gestoppt. Was mühsam oder leicht erlernt worden war, stand plötzlich unter Strafe, zumindest war die weitere Ausübung untersagt. Selbstverständlich taten sich in der Folge jene leichter, die (wieder) opportunistischen Handlungsmustern folgten und einwilligten, um- bzw. neu zu lernen. Für sie, aber noch drastischer für jene NSDAP-Mitglieder, die einer rigoroseren Moralvorstellung anhingen, derzufolge es verwerflich sei, Gesinnungen wie Hemden zu wechseln, waren die Möglichkeiten der Orientierung in den ersten Jahren der Zweiten Republik außerordentlich diffus. Ein tragfähiger Konsens darüber, was man hinter sich zu lassen hatte, wovon man befreit worden war und wofür man besetzt blieb, wurde nicht entwickelt. Was blieb, war wiederum opportunistisches Arrangieren mit einer übergestülpten neuen politischen Ordnung, die den Vorteil besaß, daß man sich ihr nicht mit seiner ganzen bürgerlichen Existenz ausliefern mußte, daß wenigstens private Freiräume der straffreien Kultivierung des Vergangenen offenstand. Natürlich zeigte dieser diesmal unter demokratischen Vorzeichen ablaufende Integrationsprozeß im Laufe der Jahre Erfolge.

"Learning by doing" hätte das politische Motto der frühen Zweiten Republik lauten können, was auch bedeutet, daß all das, was nicht getan wurde, nicht erlernt worden ist: Toleranz, Nüchternheit beim Urteilen und ein politischer Diskurs, der Grundsätzen liberaler Öffentlichkeit verpflichtet gewesen wäre. Während der Abschied vom "autoritären" Syndrom und die Öffnung zur Welt des westlichen Liberalismus mit Sicherheit im Möglichkeitsraum der Zeit angesiedelt war, ist umstritten, ob eine diskursive Auseinandersetzung mit der Vergangenheit nicht an sozialpsychologische Barrieren gestoßen wäre[89]. Ohne auf die damit verbundenen Fragen einzugehen, genügt es hier, auf das Resultat dieser Verdrängung der Geschichte aufmerksam zu machen. Die kollektive Identität der österreichischen Gesellschaft reicht nur bis in das Jahr 1945 zurück, bis dorthin bzw. von diesem Einschnitt weg, ist eine gemeinsame Erinnerung vorhanden: Wiederaufbau, Staatsvertrag, Sozialpartnerschaft und Wohlfahrtsstaat sind über politische und soziale Grenzen hinweg unbestritten die Marksteine der jüngeren Entwicklung, die ihre ideele Krönung mit der Verleihung des Titels "Insel der Seligen" erfuhr. Sie liefern programmatisch gewendet jene Instrumente, von denen die Österreicher annehmen, daß sie auch in Zukunft Stabilität und Sicherheit garantieren: wirtschaftliches Wachstum, Neutralität, sozialer Friede und Konsensdemokratie. In einem eingeschränkten Sinn stellt das Jahr 1945 damit tatsächlich die Stunde Null dar: Über dieses Jahr reichen retrospektiv keine gemeinsamen Traditionslinien hinaus, ist das kollektive Gedächtnis nach Parteien (und in geringerem Maße auch nach Klassen) geteilt, brechen Konflikte auf, wenn an davorliegende Phasen erinnert wird. Bisher unternommene Versuche, zu einem Kompromiß über frühere Zeiten zu gelangen, wurde um den Preis der Legendenbildung und Fragmentierung des Geschichtsbildes gewonnen und griffen bezeichnenderweise immer dann Platz, wenn es galt, gegenwärtige politische Konstellationen zu untermauern. Herausragende Beispiele sind die Koalitionsgeschichtsschreibung der sechziger Jahre und die Belebung der Erinnerung an die Tradition der Arbeiterkultur und Arbeiterbewegung während der sozialdemokratischen Hegemonie in den siebziger Jahren.

Eine vergleichbare erinnernde Behandlung der nationalsozialistischen Zeitspanne ist aus einem tiefergehenden Grund als dem der Chronologie bislang unterblieben: Der Übergang vom Nationalsozialismus zur Zweiten Republik unter dem Vorzeichen der Anpassung hinterließ kein Kollektiv, das späterhin potent genug gewesen wäre, "seine" Geschichte als bisher unerledigte einzumahnen. Die ehemaligen Nationalsozialisten nahmen die Zerstörung ihrer Weltanschauung hin, weil sie selbst nicht mehr an deren Virilität glauben konnten - und die allenfalls zutagetretenden braunen Menetekel sind, sieht man von zahlenmäßig ziemlich unbedeutenden Subkulturen ab, in keiner autochtonen Bewegung verankert. Sie sind vielmehr die in allen bedeutsamen Strömungen der Zweiten Republik nachweisbaren gemeinsamen Relikte des Nationalsozialismus! Eine spezifische, nationalsozialistische Weltanschauung von einiger Stimmigkeit ging im Zuge des Anpassungsprozesses an die anfangs ungewohnte, zunehmend vertrauter werdende Demokratie verloren. Das wird auch deutlich daran, daß dieser gesellschaftliche und vor allem politische Transformationsprozeß weitestgehend unbehindert erfolgte, das heißt es fehlte eine Gruppe, die sich ihm prinzipiell widersetzt hätte. Erschwert hätte der Transformationsprozeß nur werden können, wenn sich die nationalsozialistische Ideologie nicht selbst schwerstens in Mißkredit gebracht hätte. Der Glaube an die Rechtmäßigkeit dieser Ideologie wurde durch das Handeln ihrer Protagonisten ausreichend unterminiert: in den Augen der Mehrheit wohl eher durch die militärische Niederlage als wegen der gigantischen Verbrechen, die im Namen dieser Weltanschauung begangen wurden. Eine Zukunftsgewißheit, die Nationalsozialisten bei Kriegsende die Hoffnung formulieren hätten lassen, "Wir kommen wieder", fehlte, was wohl der beste Beweis für den Bankrott der Nazi-Bewegung war[90].

So betrachtet setzte sich die Bevölkerung, abgesehen von der verschwindend kleinen Zahl Befreiter, aus Besiegten und doppelt Besiegten zusammen. Besiegt waren alle, wegen des Zusammenbruchs des militärischen und zivilen Apparates; doppelt besiegt waren die früheren Nationalsozialisten: als Volks- und als Parteigenossen. Sehr deutlich kam die Mentalität der befreiten Besiegten beispielsweise in der Haltung auch der politischen Kaste zu denjenigen zum Ausdruck, die vor den Nazis geflüchtet waren. Die Protokolle des Nationalrates, die Kommentare der Zeitungen und Akten der Zentralbehörden enthalten regelmäßig wiederkehrend die stereotype Behauptung über die Emigranten, die im sicheren Ausland gelebt hätten, die sich dem kollektiven Schicksal durch Flucht entzogen hätten - und von denen man glaubte, berechtigt sei anzunehmen, daß es ihnen besser ergangen wäre als den Daheimgebliebenen. Es fehlte dabei nicht an deutlich ausgesprochenen Vermutungen, aus der Emigration Zurückgekehrte könnten sich im Wiederholungsfall - wobei man hier eher an die Machtergreifung durch einen Totalitarismus aus dem Osten dachte - wiederum absetzen. Diese Unterstellung fand phrasenhaft in beliebigen Kontexten Verwendung.

Aufschlußreich ist, daß ein Zusammenhang zwischen den zweierlei Niederlagen nicht hergestellt wurde. Die Tatsache, in einem Land zu leben, das ökonomisch darniederlag, eine militärische Niederlage erlitten hatte und sozialmoralisch erschüttert worden war, wurde nicht in

Verbindung damit gebracht, daß eine Gruppe vorhanden war, die als Kollektiv Urheber und deren Mitglieder einst Nutznießer dieser Umstände waren. Deren erodierte Zukunftsperspektive hätte im Verein mit der doppelten Niederlage einen Widerstand gegen eine Stigmatisierung kaum aufkommen lassen. Eine moralische Verurteilung der davorliegenden Epoche unter gleichzeitiger resozialisierender Rehabilitierung ihrer Anhänger war offenkundig nicht konsensfähig. Während Ernst Fischer das Problem wenigstens sah und mit seiner Idee, ein paar exponierte Nationalsozialisten rasch und massiv zu belangen und dann Ruhe zu geben, ein realistisches Konzept vorgelegt hatte, sich aber offenkundig nicht einmal in seiner eigenen Partei durchzusetzen vermochte, lavierten alle Parteien schließlich zwischen den Polen maximalistischer Rigorismus und parteiegoistisches Taktieren hin und her. Der ernsthaft formulierte Vorschlag der SPÖ, die österreichischen Nationalsozialisten gegen die Kriegsgefangenen auszutauschen, entsprach dem erstgenannten, die von allen wahlwerbenen Gruppen unternommenen Anstrengungen, Ehemalige zu gewinnen, letzterem. Insofern dieser taktische Umgang mit den Nationalsozialisten schließlich zur Gewohnheit wurde, verpflanzte man das NS-Problem in Parteien und soziale Gruppen hinein. Damit ging zugleich ein gesellschaftspolitisch akzeptiertes Kriterium der Unterscheidung zwischen denjenigen, die ausgegrenzt werden sollten und jenen, denen eine Rückkehr in die politische Normalität erlaubt werden sollte, verloren, ehe es formuliert worden wäre. Letztlich mit dem Ergebnis, daß selbst jene, die strafwürdiger Verbrechen im Sinne des Strafrechts beschuldigt wurden, von Geschworenengerichten mangels an Beweisen freigesprochen, zu unangemessen geringen Strafen verurteilt oder rasch begnadigt wurden. In einer derartigen Umgebung blieb "mannhaftes Eingestehen" notwendigerweise aus, weil die Reaktion der Öffentlichkeit auf derartige Bekenntnisse unvorhersehbar war[91]. Das Schweigen über die Vergangenheit wurde nur durch Erinnerung an das, was als konsensfähig betrachtet wurde, unterbrochen: das Kriegserlebnis als solches.

Massive Förderung erfuhr diese Haltung schließlich durch die Anwendung des alltäglichen moralischen Relativismus. Solange es jemand gab, der während der NS-Zeit eine bedeutendere Position eingenommen hatte und in der Zweiten Republik dennoch in Ruhe gelassen wurde, meinten alle statusniedrigeren Nazis in seinem Windschatten unbehelligt zu bleiben. Unter Hinweis auf die "schlimmeren", jedoch ungesühnt gebliebenen Vergehen anderer ließ sich die eigene Verstrikkung kommod relativieren. Und brach dann doch einmal ein Streit über einen ehemaligen Nazi aus, ergriff alsbald ein untadeliger Gesinnungsfreund desselben für ihn Partei und bezichtigte die Beschuldiger, die eigentlichen Faschisten, die Kollaborateure oder Mafiosi zu sein.

Die Karriere im NS-System

Vor diesem Hintergrund scheint eher nachvollziehbar, warum Professor Brandweiner, wie viele vor und besonders nach ihm, den von Anfang an zum Scheitern verurteilten Versuch unternahm, seine Nazi-Vergangenheit in Abrede zu stellen. Denn tatsächlich war der Großteil dessen, was über seine Biographie kolportiert wurde, zutreffend[92]. Der am 20. März 1910 in Wien als Sohn des Universitätsprofessors Dr. Alfred und seiner Frau Marie, geb. Jäger, geborene Heinrich Brandweiner besuchte dort ein humanistisches Gymnasium und studierte anschließend Rechts- und Staatswissenschaften. Zum Doktor juris wurde er im Dezember 1935 promoviert. Noch im selben Jahr begann er mit der Gerichtspraxis als Rechtsanwaltsanwärter beim Oberlandesgericht Wien, wo er im Juli 1938 als Richteramtsanwärter in den richterlichen Vorbereitungsdienst übernommen wurde. Nach Ablegung der Richteramtsprüfung im Jänner 1939 wurde er als Gerichtsassessor der Staatsanwaltschaft beim Landesgericht Wien angestellt, ehe er im August desselben Jahres in den richterlichen Dienst bei der Luftwaffe überwechselte. Unmittelbar davor hatte sich Brandweiner freiwillig zum Militärdienst gemeldet, welchen er im Frühjahr bei Ausbildungsregimentern in Wien und Stockerau leistete und bis zum Gefreiten aufstieg. In einem mit 5. Mai 1939 datierten Lebenslauf, der der Bewerbung zum Luftwaffenrichter angeschlossen war, gab Brandweiner an, seit 1. Oktober 1935 Mitglied der NSDAP, außerdem der NSV und des NSRB zu sein.[93] In anderen Dokumenten datiert sein Parteieintritt mit 1. Mai 1938, zu welchem Zeitpunkt möglicherweise ein Antrag auf Anerkennung der davorliegenden illegalen Zugehörigkeit zur NSDAP gestellt worden war. Übereinstimmend wird die Mitgliedsnummer 6 236 254 angegeben. Die frühere Zugehörigkeit zur Vaterländischen Front gab Brandweiner, ebenso wie sein römisch-katholisches Religionsbekenntnis in allen Papieren an; was ersteres anlangt mit wechselndem Eintrittszeitpunkt: "Mai 1934" oder "1935". In den Militärjustizdienst wurde er nach dreimonatiger Probezeit Ende 1939 als Kriegsrichter übernommen, zwei Jahre später wurde er zum Kriegsgerichtsrat befördert. Diesem Aufstieg ging eine Beurteilung durch Vorgesetzte voraus: Eine "anständige Gesinnung, sehr gute gesellschaftliche Formen und einwandfreies Auftreten" attestierte ihm darin "Der Dienstaufsichtsführende Kriegsgerichtsrat im Luftgau VI". Seine Allgemeinbildung sei von der Art, wie sie selbst "bei gebildeten Leuten heute nur selten" vorkomme, dem Ostmärker könne allerdings "etwas mehr preußische Haltung nicht schaden". Hervorhebenswert erschien dem Vorgesetzten "eine große Liebe zu wissenschaftlicher Betätigung", er verliere dabei aber nicht "den Blick für das Praktische". Anschließend heißt es floskelhaft: "Anhaltspunkte dafür, daß Brandweiner nicht auf dem Boden der nationalsozialistischen Weltanschauungen stünde und daß er nicht jederzeit bedenkenlos bereit wäre, für den heutigen Staat einzutreten, sich nicht vorhanden". Auch "Der Kommandierende General und Befehlshaber im Luftgau VI als Gerichtsherr" schloß sich diesem Urteil an, er bekrittelte allerdings das Fehlen von "militärischer Straffheit".

Mag es sich bei dieser Beförderung um eine routinemäßige Vorrükkung gehandelt haben, so geht aus dem Personalakt doch zugleich hervor, in welchem Ausmaß die Partei über die militärische Karriere bestimmte. Nicht nur die zum Formularvordruck geronnene Frage, "Bietet der Vorgeschlagene nach seinem Verhalten Gewähr, daß er jederzeit rückhaltlos für den nationalsozialistischen Staat eintritt?" - die hievon abweichende weiter oben wiedergegebene Formulierung des vorgesetzten Kriegsgerichtsrats, der vom "heutigen Staat" sprach, was unabhängig von den Intentionen des Verfassers auf ein Gestern und Morgen verweist, könnte als Distanzierung angesehen werden - auch die Relation zwischen den politischen und allen anderen zu erbringenden Voraussetzungen macht dies deutlich. Eine Aktenübersicht, die zwanzig vorgedruckte Positionen umfaßt, enthält zur Hälfte dem NS-System spezifische Beförderungsbedingungen (von einer "politischen Erklärung", die "vorzuliegen" hatte, über "Pg. seit", die Zustimmung des Stellvertreters des Führers bis zum Nachweis der deutschblütigen Abstammung reichend). Die angeblich bestehende - und von früheren Angehörigen notorisch bemühte - Distanz des Militärs zum NS-Apparat schrumpft so auf eine "Freiheit" innerhalb eines sehr engen, von NS-Machthabern geschaffenen und kontrollierten Gehäuses.

Brandweiner machte den Krieg an verschiedenen Fronten und in unterschiedlich exponierter Position mit. Anfangs den Frankreichfeldzug, dann im Hinterland und schließlich im Mittelabschnitt der Ostfront, wo er - eigenem Bekunden zufolge - sein einziges Todesurteil fällte: "Mein einziges Todesurteil gegen zwei deutsche Flaksoldaten, das ich dort fällen mußte wegen eines Mordes an einer alten russischen Bäuerin, die die Beiden mit Mehlsäcken erstickt hatten, nachdem sie im Stall vor ihr beim Diebstahl von Hühnern und Schweinen überrascht worden waren..."[94] Im Februar 1943 erhielt er das EK II verliehen, weil er als Feldrichter "in der Regel unter Feindeinwirkung" stand und "Tapferkeit vor dem Feinde" gezeigt habe, wie eine Beurteilung durch den "Chefrichter und Rechtsberater beim Chef der Luftflotte 6" erläuterte, die aus Anlaß seiner Versetzung nach Berlin erstellt wurde. Dieser Beurteilung ist zu entnehmen, daß Brandweiner beim Offizierskorps seiner Division gelegentlich auf Ablehnung gestoßen und seine Art vielfach falsch verstanden worden sei, was der beurteilende Chefrichter auf die "geistige und bildungsmäßige Überlegenheit" zurückführte. Er bescheinigt dem nach Berlin zu Versetzenden einwandfreien Charakter, vornehme Gesinnung, eine verbindliche Liebenswürdigkeit und natürlich auch eine positive und bedenkenlose Einstellung zum nationalsozialistischen Staat und hebt schließlich die überdurchschnittlichen Rechtskenntnisse hervor. Als "leicht professoral und dozentenhaft" bezeichnetes Verhalten hindert den Vorgesetzten nicht, ihm "treffendes judizielles Verständnis für militärische Notwendigkeiten" zugute zu halten und das Strafmaß Brandweinerscher Urteile als "streng, aber den Verhältnissen des Osteinsatzes angemessen" zu bewerten. Zusammenfassend wird er als "gut" beurteilt, was laut vorgedruckter Erläuterung bedeutet, daß seine Leistungen "erheblich über dem Durchschnitt liegen", somit könne er für die Verwendung in einem "höheren Stabe oder als Dienstaufsichtsrichter eines kleinen Feldgerichtes" vorgeschlagen werden.

Der hohe Stab, in den der Kriegsgerichtsrat im Sommer 1943 aufgrund eigener Bewerbung[95] versetzt wurde, war das Oberkommando der Wehrmacht, die Nachfolgeinstitution des Reichskriegsministeriums, in dessen Wehrmachtrechtsamt er als Referent für Völkerrecht und in dessen Abteilung Ausland er als Justiziar für ausländisches öffentliches Recht und Völkerrecht tätig wurde. Damit war Brandweiner ins Zentrum des militärischen Apparates aufgestiegen, wo er vierzehn Monate lang bleiben sollte, erst als dienstzugeteilter Luftwaffenrichter, später dann auf einer Generalstabs-Planstelle. Daß im Rahmen des OKW auch seriös gearbeitet wurde, hat de Zayas in seiner Untersuchung über die Wehrmacht-Untersuchungsstelle,[96] eine Abteilung, in deren unmittelbarer Umgebung Brandweiner als Referent tätig war, dokumentiert. Die herausragende Rolle des OKW im Rahmen des totalen Krieges ist evident und braucht hier nicht weiter behandelt werden[97]. Aufmerksam zu machen ist auf den Umstand, daß sich Brandweiner in seiner neuen Stellung auch im Dunstkreis militärischer Verschwörer gegen Hitler befand: Helmuth James von Moltke beispielsweise arbeitete bis zu seiner Verhaftung im Jänner 1944 als Völkerrechtler in der Abteilung Ausland, und de Zayas meint, zu dem Urteil berechtigt zu sein, daß die Wehrmachtrechtsabteilung von Personen geleitet wurde, "die trotz ihrer herausgehobenen Stellung der NSDAP nicht angehörten und dem Gedankengut des Nationalsozialismus fernstanden."[98]

Brandweiner schildert seine damalige Arbeit dahingehend, daß er "mit Fragen des Haager Kriegsgefangenenrechts und Fragen der Anwendung der Haager Landkriegsordnung und auch der Verstöße unserer Kriegsgegner dagegen beschäftigt" gewesen sei, eine Arbeit, "die eigentlich doch zum Teil rein wissenschaftlicher Art" war.[99]

Während seiner Zeit beim OKW wurde er - im Mai 1944 - zum Oberstabsrichter befördert, im Oktober desselben Jahres allerdings zu einem

Feldgericht nach Wien versetzt, worüber Brandweiner, der sich in seiner Berliner Zeit selbst "in der Nähe" von Berthold Stauffenberg und James Moltke sah - "natürlich nicht als Mitwisser, aber doch..." - froh war, nichtzuletzt, weil er aus dem zerbombten Berlin weg kam. Das Kriegsende erlebte Brandweiner schließlich im Salzkammergut, wo er, nicht nur eigenem Zeugnis zufolge, zum Widerstandskämpfer wurde. Er soll an der konspirativen Vorbereitung der widerstandslosen Übergabe Bad Ischls an die amerikanischen Truppen und an der Verhinderung von Sprengungen beteiligt gewesen sein[100].

Nach Kriegsende wurde Brandweiner von den Amerikanern verhaftet und bis zum Frühling 1946 interniert, die längste Zeit in Glasenbach bei Salzburg. Ein vor ihm entlassener Grazer, mit dem er sich während der Gefangenschaft angefreundet hatte, machte sich erbötig, Brandweiner in Graz bei der Suche nach einer entsprechenen Arbeit behilflich zu sein, was schließlich zu seiner Anstellung als Staatsanwalt beim Volksgericht Graz führte. Davor fand jene Registrierung nach dem Verbotsgesetz statt, die die *Volksstimme* im Jahr 1952 überzeugend genug fand, sie auf ihre Titelseite zu setzen.

Die Suspendierung

Das ramponierte Image war nur das eine Problem, mit dem sich der Jurist im Frühjahr 1952 auseinanderzusetzen hatte, die Suspendierung und Disziplinaranzeige das andere. Während jenes weiterhin in aller Öffentlichkeit demontiert wurde, setzte mit dem Disziplinarverfahren ein administrativer Prozeß ein, der mit einigen Unterbrechungen erst fünfzehn Jahre später ein eher kurioses Ende nehmen sollte und der nur zum geringsten Teil das Licht der Öffentlichkeit erblickte. Die am Tag jener Pressekonferenz, bei der Brandweiner über die Tätigkeit der Juristenkommission berichtete, ausgesprochene Suspendierung wurde vom Unterrichtsministerium folgendermaßen begründet: Brandweiner habe für die rechtswissenschaftliche Studienreise um Urlaub angesucht, daher sei zu vermuten gewesen, daß der Zweck der Reise "kein anderer als ein rezeptiver sein" würde. Der wahre Zweck, seine Teilnahme an der juristischen Untersuchungskommission, habe mit einer rechtswissenschaftlichen Studienreise nichts gemein. Wäre dem Unterrichtsministerium dieser wahre Zweck bekannt gewesen, hätte es den Urlaub nicht gewährt. Daher bestünde der Verdacht, Brandweiner habe sich durch die "Erschleichung des Urlaubs und durch eine die Neutralitätsinteressen des österreichischen Staates gefährdende Betätigung einer

Verletzung der Staats- und Amtspflichten schuldig gemacht." Außerdem habe Brandweiner durch sein Verhalten schon einmal - 1950 - "Unruhe unter den Studierenden ... und eine energische Protestaktion ... ausgelöst." Eine Fortsetzung seiner Lehrtätigkeit könnte "abermals Anlaß zu Unruhen und zu Demonstrationen der Studierenden geben, wodurch wesentliche Interessen des Unterrichtsbetriebes gefährdet würden."[101]

Das Unterrichtsministerium stützte seinen Bescheid, wie zu erwarten, auf die Dienstpragmatik 1914 und das Bundesgesetz vom 26. Oktober 1934, durch welches der Geltungsbereich der Dienstpragmatik auf Hochschullehrer ausgedeht worden war. Die Dienstpragmatik berechtigte "unmittelbar oder mittelbar zur Führung der Dienstaufsicht berufene Vorgesetzte", die vorläufige Suspendierung eines Beamten zu verfügen, wenn dieser
1. "sich unter schwerwiegenden Umständen einer offenen Gehorsamsverweigerung schuldig gemacht hat" oder
2. "vermöge der Natur des ihm zu Last gelegten Dienstvergehens das Ansehen des Amtes" oder
3. "wesentliche Interessen des Dienstes gefährdet würden."[102] Das Gesetz von 1934 stellte zusätzlich jene Verletzungen der "Standes- oder Amtspflichten" unter Disziplinarstrafe, welche "die Schädigung oder die Gefährdung von Interessen des Staates" bedeuten könnten.[103]

Wie sich bald zeigen sollte, glaubten nicht einmal die Betreiber der Suspendierung an die Stichhaltigkeit ihrer Vorwürfe. Wie anders wäre es zu erklären, daß in der nur der Disziplinarkammer, nicht aber dem suspendierten Brandweiner zugegangenen Disziplinaranzeige das Unterrichtsministerium nach einer ausführlichen Schilderung des Falles, also den Gründen, die für die Suspendierung ausschlaggebend waren, am Ende auf anderes zu sprechen kam? Unter Bezugnahme auf die Pressemeldungen verwies das Ministerium auf die NSDAP-Mitgliedschaft und übermittelte "als Behelf für die Klarstellung des Sachverhaltes" einen "Auszug aus dem Gauakt Nr. 109.033"[104]. Hinter diesem Vorgehen kann keine andere Absicht gestanden haben, als die, irgendeinen Ansatzpunkt für eine Verurteilung Brandweiners zu finden - wenn schon nicht in der Angelegenheit, deretwegen er suspendiert wurde, dann eventuell im Umfeld der Entnazifizierung.

Brandweiners Disziplinarvergehen wirken aus historischer Distanz besehen auffallend dürftig. Ein Urlaubsansuchen, das wenn schon nicht falsch, so doch unvollständig begründet war, ein Streit darum, was eine Studienreise sei und ob man gelegentlich einer solchen mehr tun dürfe als sich rezeptiv verhalten - das sind keine Vergehen, die jemanden, der von der Presse bereits als Agent und Hochverräter abgestempelt war, bloßgestellt hätten. Von auf frischer Tat ertappten Agenten erwartet das Publikum zu Recht etwas dramatischere oder wenigstens anrüchigere Aktivitäten. (Der ministerielle Hinweis auf drohende Unruhe unter den Studierenden gehört wohl eher zu den erheiternden Facetten dieses Konflikts. Dieser Logik folgend hätten es Studenten damals leicht gehabt, einen unerwünschten Hochschullehrer los zu werden - sie hätten nur mit Unruhen drohen müssen, um seine Suspendierung zu erreichen. Eine zu absurde Auffassung, als daß sie ernsthaft diskutiert werden müßte.)

Auch die staatsgefährdenden Umtriebe, deren man den Extraordinarius bezichtigte, wirken neben dem Skandal, den die Presse festgestellt zu haben meinte, reichlich schmalbrüstig: Die Mißachtung der "Neutralitätsinteressen Österreichs" ergibt nur unter der Voraussetzung Sinn, daß jeder Staatsbürger verpflichtet ist, die außenpolitische Linie seines Landes seinem eigenen Handeln und Urteilen zugrunde zu legen. Nun mag diese Norm beispielsweise dort zu Recht aufgestellt werden, wo sich ein Staat in einem militärischen Konflikt zwischen Dritten neutral erklärt und danach den eigenen Staatsbürgern untersagt, als Söldner eine der beiden Konfliktparteien zu unterstützen. Die Situation des Koreakrieges entsprach dem durchaus nicht: Weder hatte Österreich 1952 generell oder hinsichtlich dieses Konflikts eine Neutralitätserklärung abgegeben, noch konnte Brandweiners Agieren mit dem eines Söldners verglichen werden. Wegen der eingeschränkten Souveränität Österreichs bestand eine delikate politische Situation, da die Besatzungsmächte zugleich (indirekt) Konfliktparteien in Korea waren, somit eine Parteinahme Österreichs aus Gründen der Sicherung eines konfliktarmen Gesprächsklimas mit allen vier Besatzungsmächten besser unterblieben wäre. Doch gerade diese Rücksichtnahme auf eigene Interessen wurde von der Koalitionsregierung nicht an den Tag gelegt: Verbal nahm die österreichische Regierung eindeutig Partei zugunsten der USA und der in Korea kämpfenden UNO-Truppen. Diese Sympathieerklärung allein, die durch keinerlei zwischenstaatliche Verpflichtung ergänzt wurde, konnte aber kein hinreichender Grund für jeden Österreicher sein, sich ihr anzuschließen.

Schließlich bleibt zu bedenken, daß Brandweiner als Völkerrechtsprofessor in Korea war; dorthin zwar nicht von einer staatlichen oder supranationalen Instanz, aber immerhin von einer internationalen Fachorganisation entsandt, deren Reputation allerdings nur von der ihr verbundenen Seite außer Streit zu stellen versucht wurde. Angesichts späterer vergleichbarer Institutionen, wie dem Russell-Tribunal oder dem florierenden Menschrechtsexperten-Tourismus von Leitern politischer Akademien, bewegte sich Brandweiners Reise durchaus im Rahmen dessen, was in Demokratien als übliches Engagement von Individuen in internationalen Fragen betrachtet werden kann. Einem Völkerrechtler kann nicht das Recht bestritten werden, seines Wissens nach feststellbare Verletzungen völkerrechtlicher Normen und deren Urheber publik zu machen - mehr noch, in Befolgung einer kosmopolitischen Orientierung[105] und unter Hinweis auf eine Wissenschaftsethik, die sich der Wahrheitsfindung auch dann verpflichtet weiß, wenn Interessenslagen entgegenstehen, hätte Brandweiner sogar die verfassungsrechtlich verankerte Freiheit der Wissenschaft für sein Tun in Anspruch nehmen können.

Um aus ihrem Dilemma herauszukommen, schienen die Gegner Brandweiners in seiner NSDAP-Mitgliedschaft den Hebel gesehen zu haben, der ihn von seinem Lehrstuhl entfernen könnte. Was bislang als stigmatisierendes Urteil seine moralische Integrität untergraben hätte sollen, wurde nun zum strafrechtlichen Verdachtsmoment: Am 25. April erstattete die Steiermärkische Landesregierung bei der Oberstaatsanwaltschaft Graz Anzeige wegen des Verdachts der Falschregistrierung im Entnazifizierungsverfahren[106].

Während bei den Verfahren der Staatsanwaltschaft und der Universität nicht mit einer raschen Entscheidung zu rechnen war, prasselte auf Unterrichtsministerium und Grazer Universität ein Stakkato von Protesten. Aus allen Winkeln der Welt trafen Schreiben zugunsten Brandweiners ein; ihre Wirkung auf die Disziplinarkammer und den Minister dürfte wegen der Absender eine begrenzte gewesen sein: weder Friedensaktivisten diesseits noch Universitäten jenseits des "Eisernen Vorhanges" scheinen beachtet worden zu sein. "Delegationen empörter Werktätiger", die beim Rektor der Grazer Universität vorsprachen, erklärte dieser, nicht er allein habe zu entscheiden, "versprach" aber, "er werde genau nach der Dienstpragmatik handeln, nach dem besten Rechtsempfinden vorgehen und sich keinem Diktat beugen". (WHT 14.5.52) Auch daß sich der sowjetische Hochkommissar in Österreich, Generalleutnant Vadim Swiridow des Falles annahm und den Alliierten Rat damit befaßte, änderte an den einmal in Gang gesetzten Aktionen nichts. Der französische Hochkommissar Jean Payart scheint sich die Argumentation des Unterrichtsministeriums zueigen gemacht zu haben, meinte er doch, es handle sich um eine Frage, "ob und wieweit ein Beamter seine Loyalitätspflicht gegenüber seinen Vorgesetzten mißachtet und in welchem Ausmaß seine Handlungsweise die Politik des Landes auf internationaler Ebene gefährdet" habe. (NÖ 26.4.52) Erwartungsgemäß ging der Alliierte Rat, ohne sich zu einigen, auseinander.

Der Gemaßregelte widmete sich in den Wochen seiner amtlich verordneten akademischen Untätigkeit der Massenaufklärung. In zahlreichen Auftritten, erst im Inland, später dann auch im Ausland, berichtete er die "Wahrheit über die Bakterienkriegsverbrecher". (WHT 15.5.52) Fallweise versuchten politische Gegner, die Kundgebungen durch administrative Maßnahmen zu behindern, so auch als für die Ankündigung einer Veranstaltung Brandweiners in Graz der Einsatz von Lautsprecherwagen untersagt wurde, weil die Verkehrssicherheit und die Flüssigkeit des Verkehrs darunter leiden könnten. Die KP-Presse wußte daraufhin von "lebhafter Entrüstung der friedliebenen Bevölkerung der steirischen Landeshauptstadt" zu berichten und auch davon, daß die "einfachen Menschen erkennen, daß der Arm der amerikanischen Pestkriegsverbrecher auch nach Graz reicht, wo die rechtssozialistische Führerclique die Geschäfte der amerikanischen Kriegstreiber besorgt". (ÖZ 30.4.52)

Weniger breiten Raum nahmen in der kommunistischen Presse Versuche ein, auf das Disziplinarverfahren Einfluß zu nehmen - und sie waren, abgesehen davon, daß sie kaum erfolgreich hätten sein können, auch wenig glücklich in der Wahl des aufgegriffenen Punktes: Um zu beweisen, daß das Unterrichtsministerium sehr wohl vom Reiseziel Brandweiners informiert war, wurde ein Blick auf die Hinterbühne der Innenpolitik freigegeben. So hätte sich Minister Kolb während eines Empfanges bei Frau Brandweiner danach erkundigt, ob ihr Mann schon in Korea sei (VS 30.4.52) und die Antwort erhalten, er befände sich noch auf der Transsibirischen Eisenbahn. (NWT 1.5.52) Sektionschef Skribensky hätte den Professor gar darum gebeten, für seine Tochter Briefmarken aus Korea mitzubringen. (VS 1.5.52) Das Dementi ließ nicht lange auf sich warten: Nicht das Ziel, der Zweck der Reise sei verheimlicht worden. (TP 1.5.52)

Die Indizien des Bakterienkrieges

Unberührt von solchen Scharmützeln veröffentlichte Brandweiner parallel zu seiner Vortragstätigkeit in der *Österreichischen Zeitung* im Laufe des Frühjahrs 1952 eine mehrteilige Artikelserie über Aufgabe, Arbeit und Bedeutung der Internationalen Juristenkommission in Korea und China. Diese Texte können für eine kritische Würdigung der umstrittenen Behauptungen herangezogen werden, weil sie unzweideutig Brandweiner zum Autor hatten und, da sie sich an ein breiteres Publikum wandten, die Thesen deutlicher exponiert wurden. Im ersten Teil schilderte Brandweiner das Zustandekommen dieser Kommission: Im September 1951 hielt die Internationale Vereinigung Demokratischer Juristen in Berlin eine Tagung ab, bei der Brandweiner über die "strafrechtliche Verantwortlichkeit der Individuen im Völkerrecht und die Gesetze zum Schutze des Friedens" referierte und im Anschluß daran den Antrag stellte, eine Kommission nach Korea zu entsenden, welche die "wiederholt erhobenen Beschuldigungen", es sei zu "Verbrechen gegen das Völkerrecht" gekommen, an "Ort und Stelle" untersuchen sollte. Im Herbst 1951 wurde daraufhin eine Kommission zusammengestellt, der neben Brandweiner als Präsident folgende Mitglieder angehörten: "Luigi Cavalieri, Rechtsanwalt am Obersten Gerichtshof in Rom, Italien (Vizepräsident); Jack Gaster, Rechtsanwalt in London, Großbritannien; Marc Jacquier, Rechtsanwalt am Appellationsgerichtshof in Paris, Frankreich; Ko Po Nien, Direktor der Forschungsabteilung des Volksinstituts für auswärtige Angelegenheiten in Peking (China); Marie-Louise Moerens, Rechtsanwalt in Brüssel (Belgien); Letelba Rodriguez de Britto, Rechtsanwalt in Rio de Janeiro (Brasilien); Sofia Wasilkowska, Richter des Obersten Gerichtshofes in Warschau (Polen)". Brandweiner betonte, daß die Mitglieder "kein gemeinsames politisches oder religiöses Bekenntnis" einte und sich unter ihnen "Kommunisten und Nichtkommunisten" befanden. Zwischen 3. und 19. März 1952 hielt sich die Kommission in Korea auf; während dieses Aufenthalts wurde sie von der Vereinigung telegraphisch aufgefordert, die in der Zwischenzeit vom chinesischen Außenminister erhobenen Beschuldigungen, auch in den Nordostprovinzen Chinas seien bakteriologische Waffen eingesetzt worden, zu prüfen. Die Kommission sei daraufhin nach

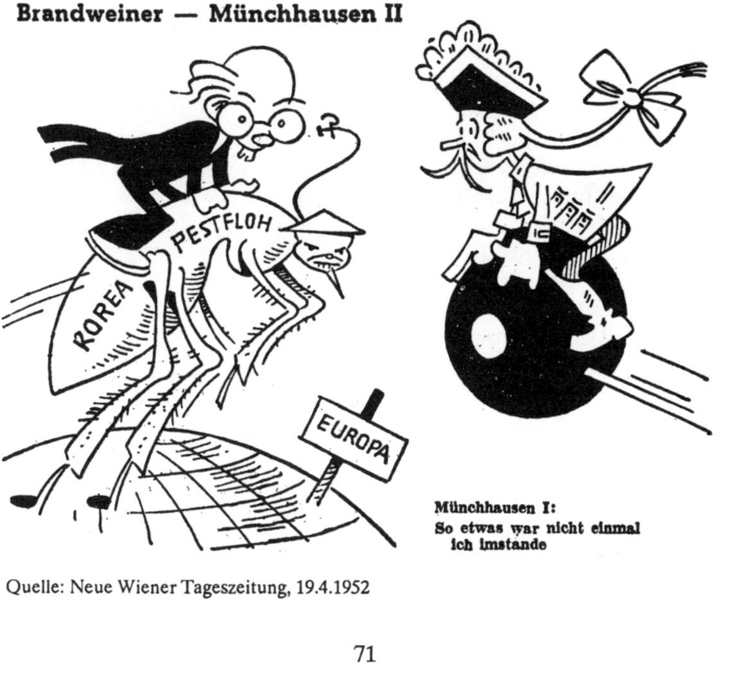

Quelle: Neue Wiener Tageszeitung, 19.4.1952

Abschluß ihrer Untersuchung in Korea dorthin gereist. Über beide Aktivitäten wurden unmittelbar nach Abschluß der Untersuchung Berichte verfaßt und in englischer Sprache - über die Verbrechen der USA in Korea - am 31. März und in französischer Sprache - über den Gebrauch bakteriologischer Waffen durch die USA auf chinesischem Gebiet - am 2. April veröffentlicht. In Kürze sollte "außerdem eine Sammlung sämtlicher Beweismittel (Zeugenaussagen, Sachverständigengutachten, Photographien und Kopien anderer erheblicher Urkunden) im Anhang zu diesen Berichten veröffentlicht werden".[107] Über die Vorgangsweise der Kommission berichtete Brandweiner, daß "unmittelbare Beweise aufgenommen" wurden, "in deren Verlauf mehr als 100 Zeugen einvernommen" wurden. Am Ende der Berichte wurde eine "rechtliche Beurteilung der bewiesenen Tatumstände unter Berücksichtigung der allgemein anerkannten Regeln des Völkerrechts gegeben". (ÖZ 19.4.52)

Im zweiten und dritten Artikel schildert Brandweiner "Reiseeindrücke" über die Fahrt durch Sibirien, China und Korea, wo die "größeren Orte ... durchweg gänzlich zerstört" waren und den Eindruck einer "planmäßigen rücksichtslosen Zerstörung" vermittelten, wobei "kein Unterschied zwischen zivilen und militärischen Objekten" gemacht wurde. (ÖZ 24.4.52) Die Schilderung Pjönjangs zeigt Brandweiner wieder als detailreichen Reiseschriftsteller. Tagsüber ließen sich die Bewohner der Hauptstadt durch "gelegentliche Bombenabwürfe nahezu gar nicht stören". Nachts allerdings war es "eine Lebensnotwendigkeit, sich von den oft sehr schweren Bombardements nach Möglichkeit in Sicherheit zu bringen". Trotz der sehr weitgehenden Zerstörung "zeigt diese Stadt einen unbändigen Lebenswillen. Während des Krieges wurde in einem Berg, 70 Meter tief, ein betoniertes Theater geschaffen, in dem wir einmal Gelegenheit hatten, eine alte koreanische Oper zu hören. Dort finden auch politische Kundgebungen statt. Wir selbst haben nach Abschluß unserer Untersuchungen in diesem Theater gesprochen." Während einer Fahrt in die Umgebung Pjönjangs geriet Brandweiner selbst in die Nähe eines Bombardements: "Die Amerikaner verwendeten dabei Brandbomben, die ungefähr in 500 Meter Höhe zerplatzen und einen Phosphorregen zur Folge haben, der einen ziemlich weiten Umkreis in Mitleidenschaft zieht". Schließlich kommt der Autor auch auf die "Bereitwilligkeit aller koreanischen Behörden" zu sprechen und auf seinen persönlichen "Schlüssel zum Verständnis": "Professor Dr. Ham-Heung-Sou, der Chefarchäologe Koreas. Ein Mann von seltener Bildung des Geistes und des Herzens, ein glühender Patriot und ein ausgezeichneter Kenner Europas zugleich. Dr. Ham hat zwölf Jahre in Deutschland und Österreich verbracht, hat sich an der Wiener Universität habilitiert, wie er mir mitteilte, und spricht ein richtiges Wienerisch". Der glückliche Zufall, einen Wiener in Pjönjang zu treffen, nützte der Untersuchungsarbeit der Kommission. Nicht nur sei es möglich gewesen, mit Ham zu diskutieren, seine Dolmetschertätigkeit erlaubte es, "Vernehmungen mit einer Ausführlichkeit und Genauigkeit durchzuführen, die sonst vielleicht schwierig gewesen wäre." Dem neu gewonnenen "Freund" verdankte Brandweiner außerdem die Teilnahme an einer Entdeckung auf einem ihm weniger vertrauten Gebiet. In einer "hellen Mondnacht", die durch "einige amerikanische Leuchtbomben" erhellt wurde, führte Ham ihn zu einem "alten Königsgrab, ungefähr 2000 Jahre alt, von seltener Pracht", das kürzlich ausgegraben wurde. Malereien von "Farbenschönheit und Formenstrenge", geeignet "das Entzücken aller kunstverständigen Menschen zu erregen", vermittelten eindrucksvoll die "zweitausendjährige Kultur Koreas... Um so eindrucksvoller als wir gerade an jenem Tag und in jener Nacht Zeugen der Barbarei von Streitkräften eines zivilisierten Staates in unserem Jahrhundert geworden waren". (ÖZ 29.4.52)

Im vierten Artikel kam Brandweiner zur Sache, zum - wie es in einem anderen Artikel aus einer Feder hieß, "Herzstück unseres Berichtes" (ÖFZ Mai 52) - dem "Bakterienkrieg in Korea". Diesem "komplizierten Problem" widmete die Kommission "ihr besonderes Augenmerk". Kompliziert sei die Untersuchung gewesen, weil eine "ganze Reihe von Tatsachengruppen" geklärt hätte werden müssen: Die Umstände, unter "denen Insekten in großer Anzahl an verschiedenen Stellen des Landes gefunden" wurden; das "im Zusammenhang" mit diesen Funden "feststellbar gewesene absonderliche Verhalten von amerikanischen Flugzeugen über den Abwurfstellen"; die Frage, "ob und womit die abgeworfenen Insekten infiziert" waren und letztlich die Frage des "ursächlichen Zusammenhangs zwischen den Insektenfunden, dem Auftreten von Flugzeugen und dem Ausbrechen von ansteckenden Krankheiten". Zur Klärung wurden "Sachverständige, insbesondere Ärzte und Bakteriologen zugezogen". Im Anschluß an diese Feststellungen sah sich Brandweiner genötigt, auf die "plumpe Pressepolemik" einzugehen, die gegen die Tätigkeit der Kommission entfaltet worden war. Brandweiner hielt ihr entgegen, daß "jedes Gericht und jede Untersuchungsbehörde" auf Sachverständige angewiesen sei und daß es in juristischen Verfahren "genau gesehen überhaupt nur Indizienbeweise" gäbe: "Hätten wir zum Beispiel amerikanische Kriegsgefangene verhören können, die zugegeben hätten, infizierte Bomben abgeworfen zu haben, so hätte uns dieser Umstand nicht von der Pflicht entbunden, außerdem noch alle anderen Tatumstände sorgfältigst zu prüfen."

Die Befragungen koreanischer Zeugen ergaben, daß Insekten unter "ungewöhnlichen Umständen aufgefunden" worden waren: Trotz tiefer Temperaturen, auf Schnee oder Eis, weitab von menschlichen Behausungen, oft in Trauben oder Haufen, manchmal einander feindliche

Gattungen zusammen. An der Wahrhaftigkeit der Zeugen hatte die Kommission keinen Grund zu zweifeln, im Gegenteil: sie war "tief beeindruckt von der Klarheit, offensichtlichen Ehrlichkeit und Wahrhaftigkeit vieler einfacher Bauern". Das Auftreten von Erkrankungen und "Seuchen" wurde durch Befragung von Sachverständigen, Benutzung von "Statistiken über die sanitären Zustände der letzten Jahre" und weiteres "offizielles Material" untersucht. Da Korea "über einen ausgezeichneten Gesundheitsdienst verfügt" und "der Ausbildungsstand der koreanischen Ärzte im Durchschnitte ein guter ist" - wovon sich Brandweiner überzeugte, weil die befragten Ärzte "nicht nur die üblichen griechischen und lateinischen Krankheitssymptombezeichnungen, sondern sehr häufig auch deutsche wissenschaftliche-medizinische Ausdrücke gebrauchten" -, kam es nur zu einer "geringen Zahl infizierter Kranker". (ÖZ 6.5.52)

Im nächsten Artikel schilderte Brandweiner einige jener "15 typischen Fälle", die aus 169 gemeldeten Insektenfundorten von der Kommission einer "Fachuntersuchung" zugeführt wurden. Zwischen 28. Jänner und 12. März wurden an verschiedenen Orten Fliegen, Flöhe, Spinnen, Moskitos, Fische (!), Läuse und nicht näher bezeichnete andere Insekten, meist auf einem sehr begrenzten Raum bei Außentemperaturen unter dem Gefrierpunkt aufgefunden. An ihnen wurden durch Sachverständige folgende "Bakterien" festgestellt: "Vibrio cholerae, pasteurella, pestis, Eberthella typhosa, Bacillus paratyphi A und B, Rickettsia prowazeki und shigella dysenteriae". In der Nähe der Insekten wurden "Überreste von Behältern gefunden, ähnlich denen, mit denen Flugblätter abgeworfen werden, mit einem Mechanismus, der sie öffnet, sobald die Bombe den Boden berührt." Weiterhin seien Stunden oder am Tag davor amerikanische Flugzeuge über den betreffenden Gebieten beobachtet worden, die "sehr tief kreisten, ohne Explosiv- oder Brandbomben" abzuwerfen und ohne von den Bordwaffen Gebrauch zu machen." Und obwohl "in Nordkorea seit mindestens vier Jahren keine Epidemien mehr vorhanden waren", traten Fälle von Cholera und Pest eben in jenen Gebieten auf, in denen vorher Insekten gefunden wurden. "Nach reiflicher Prüfung des vorhandenen Materials" kam die Kommission zur "Schlußfolgerung, daß infizierte Insekten in großer Zahl auf koreanisches Gebiet von amerikanischen Flugzeugen abgeworfen worden sein müssen." (ÖZ 11.5.52)

Am 17. Mai befaßte sich Brandweiner mit der völkerrechtlichen Würdigung des Tatsachenmaterials. Die Haager Landkriegsordnung, das Genfer Protokoll von 1925, die Statuten des Internationalen Militärgerichtshofes von Nürnberg und die Genocid-Konvention von 1948 waren mit der in ihnen enthaltenen Ächtung des Gebrauchs vergifteter Waffen, des Einsatzes bakteriologischer Mittel, der als Verbrechen gegen die Menschheit qualifizierten Ausrottung der Zivilbevölkerung und des Verbrechens des Völkermordes anzuwenden, auch dann, wenn die USA das Genfer Protokoll nicht ratifiziert hätten. Gerade diese jüngst wiederholte Weigerung - Brandweiner führte an, daß "Präsident Truman am 8. April 1947 die Frage der Ratifizierung dieses Abkommens von der Tagesordnung des Kongresses hat streichen lassen" - rechnete Brandweiner zu den "weiteren Beweisen", zu denen auch "amerikanische Budgetziffern" und gewisse Reden verantwortlicher Militärs und damit befaßter Wissenschaftler gehörten. Diese und "viele andere Zeugnisse legen geradezu ein Geständnis ab." Schließlich erfuhr die Kommission "eine unerwartete Bestätigung" ihrer Behauptungen "in den jüngsten Tagen durch jene Geständnisse, die kriegsgefangene amerikanische Soldaten und Offiziere abgelegt haben". Die von der Kommission "festgestellten Umstände" und "jene neueren Geständnisse" stützten sich gegenseitig. (ÖZ 17.5.52)

Nicht genug mit diesen "Feststellungen im Hinblick auf den Gebrauch der Bakterienwaffe" bringt Brandweiner in weiteren Folgen seiner Artikelserie die "anderen Untersuchungsergebnisse" zur Kenntnis. Sie betrafen den Einsatz chemischer Waffen, Massenmorde an der Zivilbevölkerung, Quälereien, Grausamkeiten und Morde an Einzelpersonen, den Luftkrieg gegen die Zivilbevölkerung, Kriegsgefangenenlager und Dokumente über die Intervention in Korea, ehe abschließend Reiseeindrücke aus China publiziert wurden.[108]

An chemischen Waffen wurden vornehmlich "Gasbomben" verwendet, die Massenmorde an der Zivilbevölkerung erfolgten meist in Zusammenhang mit deren Weigerung, sich gemeinsam mit den amerikanischen Truppen nach dem Süden zurückzuziehen, Vergewaltigungen und grausame Ermordung von Zivilisten wurden von Brandweiner ebenso mitgeteilt, wie Zeugenaussagen über Flächenbombardements auf Wohngebieten referiert wurden. Schließlich brachte die Kommission Erklärungen britischer Kriegsgefangener mit, die faksimiliert wiedergegeben wurden (ÖZ 21.6.52), worin diese über die Bombardierung ihrer Kriegsgefangenenlager durch amerikanische Flugzeuge Klage führten; Dokumente zum Kriegsausbruch, die aus der Kriegsbeute nordkoreanischer Truppen stammten, sollten schließlich belegen, daß die USA unrechtmäßig interveniert hätten.

Im Vergleich zur Beschuldigung, die USA hätten biologisch-bakteriologische Waffen verwendet, blieben alle anderen Vorwürfe weitestgehend unbeachtet. Es ist aus naheliegenden Gründen hier nicht möglich, über die Wahrheit der von der Juristenkommission publik gemachten Kriegsverbrechen zu befinden[109]. Da der Bericht in der öffentlichen Auseinandersetzung zu keinem Zeitpunkt für glaubwürdig gehalten wurde, erübrigt sich eine Auseinandersetzung mit den Einwänden, die meist nicht den Inhalt des Berichts, sondern die Umstände des Zustandekommens thematisierten. Die wenigen sachlichen Kritiken stellten ihre Urheber als wenigstens ebenso vorurteilsvoll bloß, wie die der Parteilichkeit und Unobjektivität gezieenen Juristen: beispielsweise wenn gegen die Kommission ins Treffen geführt wurde, daß im Winter keine Insekten herumflögen. (PRE 26.4.52) Zweifel hätten etwa in die Richtung formuliert werden können, es werde eine so große Zahl von Fällen berichtet, daß die Seriosität des Untersuchungsverfahrens fraglich erscheinen müsse. In der Artikelserie Brandweiners werden mindestens 70 Fälle zitiert und davon gesprochen, daß mehr als 100 Zeugen vernommen wuden, was den Schluß zuläßt, für viele der als bewiesen erachteten Vorkommnisse sei nur ein einziger Zeuge gehört worden.Auch der Umstand, daß eine solche Menge von Vorfällen in nur zweieinhalb Wochen untersucht wurden, hätte ein Kritikpunkt sein können.[110]

Infizierte Erdkäfer, die nach einem amerikanischen Luftüberfall in großen Mengen im Schnee vorgefunden wurden. Auf natürliche Weise können sie mitten im strengen Winter überhaupt nicht auftauchen. Dies ist ein unwiderlegbarer Beweis für die Verbrechen der amerikanischen Aggressoren.
Quelle: Welt Illustrierte, 20.4.1952

Das "Herzstück des Berichts", der angebliche Bakterienkrieg, war im Frühjahr 1952 nicht nur der Anlaß für ein Disziplinarverfahren gegen Professor Brandweiner, sondern auch Gegenstand einer sich über Wochen und Monate hinziehenden politischen Auseinandersetzung. Beschuldigung und Dementi, Pro- und Contrastimmen wurden vor der UNO, deren Abrüstungskommission, auf internationalen Tagungen und Veranstaltungen und in der Weltpresse ausgetauscht[111].

Trotz dieser damals prominenten Rolle des Juristenberichts findet sich in der Literatur zum Koreakrieg kaum eine Bezugnahme darauf. Dort herrscht nach wie vor der Streit um die Urheberschaft des Kriegsausbruchs,[112] offensichtlich hatte der Einsatz von biologisch-bakteriologischen Waffen - vorausgesetzt er fand überhaupt statt - keine kriegsentscheidende Bedeutung. Die zeitweilige Bedeutung des Gutachtens der Kommission resultierte aus anderen Umständen. Julian Robinson verweist darauf, daß die Vorwürfe - wie er hinzusetzt: unabhängig davon, ob sie zu Recht erhoben wurden - einen Verlust an "international good-will" der USA bewirkt hätten und die öffentliche Meinung für Fragen des Einsatzes biologischer und chemischer Waffen wachrüttelten[113]. Dieser rare Erfolg kommunistischer Propaganda kann erklären helfen, warum die Auseinandersetzung um die "Bakterienwaffe" Anfang der fünfziger Jahre gerade auf westlicher Seite als dermaßen beunruhigend empfunden wurde. In den Jahren nach dem Ende des Zweiten Weltkrieges, als das Erschrecken über die Atombombenabwürfe noch frisch war, wandte sich die interessierte Öffentlichkeit auch den anderen tückischen Waffen zu - und in dieser Situation von östlicher Seite ihrer Verwendung bezichtigt zu werden, mußte Exponenten des Kalten Krieges ergrimmen[114]. Berichte über Laboratoriumsversuche mit chemischen und bakteriologisch-biologischen Waffen ließen darüberhinaus eine frappante Ähnlichkeit mit der Geschichte der Atombome zutagetreten: Finanziell gut dotierte Labors hatten während des Krieges an der Entwicklung dieser Waffensysteme gearbeitet und die Angst vor einer analogen Entwicklung war wohl verständlich und wurde von Gegnern des westlichen Bündnisses weidlich ausgeschlachtet[115].

Vervollständigt wird das Bild, wenn man daran erinnert, daß während des Stalinismus die angebliche Verwendung von Gift und Bazillen zu den bizarren Beschuldigungen in den "Prozessen" gegen "Volksschädlinge" gehörten. Anfang der dreißiger Jahre hatte Stalin bereits russische Professoren bezichtigt, Vieh mit Pestbazillen vergiftet zu haben, Geheimdienstchef Genrich Jagoda wurde wegen geplanter Giftmorde liquidiert und die knapp vor dem Ableben Stalins "aufgedeckte" sogenannte Ärzteverschwörung wurde ähnlicher Vorhaben bezichtigt[116]. Während des Ersten Österreichischen Friedenskongresses im November 1950 hatte ein Wiener Arzt vor dem Bakterienkrieg, den er 1941 in

China miterlebt haben wollte, gewarnt und sich auf einen "Kriegsverbrecherprozeß in Chabarowsk"[117] berufen, bei welchem einer der Angeklagten "Pestflöhe als wirksamste Waffe im Bakterienkrieg" bezeichnet haben soll. Auf eben dieses "fernöstliche Militärtribunal" berief sich bekanntlich auch Brandweiner in seiner Artikelserie. Ähnlichkeiten zwischen den dort gemachten Geständnissen und den Befunden der Juristenkommission veranlassen beispielsweise Dallin, beides als Propaganda abzutun[118], während Robinson in seiner weitaus detaillierten Studie darauf hinweist, daß auch die USA gefangengenommene japanische Experten über die B-Waffen-Labors der Japaner vernommen hätten und zitiert ausführlich aus einem US-Report, der Übereinstimmungen mit dem Chabarowsker Tribunalprotokoll aufweist[119].

Was damals nicht entscheidbar war, ist es heute noch nicht. Jüngere Veröffentlichungen, die früher nicht zugängliches amerikanisches Material verarbeiteten, plädieren dafür, zumindest die Möglichkeit begrenzter Experimente mit B-Waffen im Koreakrieg für realistisch zu halten[120], während ehemalige Kommunisten die Richtigkeit der einst selbst geglaubten Behauptungen eher in Abrede stellen[121]. Nichtzuletzt sind nordkoreanische Offizielle davon überzeugt, daß die verschiedenen Untersuchungskommissionen die Wahrheit herausgefunden hätten[122]. Ein Mitglied einer im Sommer 1952 Korea bereisenden Naturwissenschaftler-Kommission, die zur Auffassung gelangt war, daß B-Waffen eingesetzt worden seien, Joseph Needham, vertrat 1976 die Meinung des experimentellen Einsatzes[123]. Heinrich Brandweiner hingegen hatte schon zu einem früheren Zeitpunkt, 1961, an der Verläßlichkeit der Dolmetscher und der Glaubwürdigkeit der Übertragung aller Beweise Zweifel geäußert. (WOP 7.10.61)

Anfang Juni 1952 entschied die Disziplinarkammer, das Verfahren gegen Brandweiner durch "Verweisung zur mündlichen Verhandlung" fortzuführen und ergänzte die bisherigen Beschuldigungen um folgende Feststellung: "Während seines Aufenthaltes in Korea und nachher habe Professor Brandweiner in Vorträgen und Publikationen nichtwissenschaftlicher Natur eine Kriegspartei des Bakterienkrieges bezichtigt."[124] Vier Tage vor der mündlichen Verhandlung wurde Brandweiner von einem Untersuchungsrichter wegen des Vorwurfs der Falschregistrierung einvernommen, und während der mündlichen Verhandlung der Disziplinarkammer erhielt diese die Mitteilung, es werden gegen Brandweiner ein Strafverfahren eingeleitet. Draufhin wurde das Disziplinarverfahren aufgrund einer Bestimmung der Dienstpragmatik[125], wonach "bis zum Abschluß des strafgerichtlichen Verfahrens das Disziplinarverfahren zu ruhen" habe, unterbrochen. Die Suspendierung blieb aufrecht. Im April 1953 wurde schließlich das Strafverfahren ergebnislos eingestellt, und nach dem Ende des Sommersemesters trat die Disziplinarkammer wiederum zusammen. Statt einer Wiederaufnahme des Verfahrens wurde dessen Einstellung verkündet. Hatte die Weltpresse schon im Jänner 1953 gemutmaßt, das Unterrichtsministerium werde dem "Russenterror" weichen (WP 21.1.53), so erzürnte die folgenlose Einstellung die *Neue Zeit*: "Das ganze Verfahren dieser österreichischen Stellen - akademisch und unakademisch - ist erbärmlich." (NZ 17.7.53)

3. Steigbügelhalter und Rechtssetzer

Der vom Unterrichtsminister geäußerten Sorge, es könnte zu Unruhen unter den Studierenden kommen, wenn Brandweiner im Dienst belassen werde, war während des Studienjahres 1952/53 durch die Suspendierung die Grundlage genommen und nach der Rehabilitierung schienen die Gemüter aller besänftigt: es blieb, wenigstens im Rahmen der Universität, ruhig um Brandweiner. Fakultätskollegen erging es in dieser Zeit weniger gut.

Josef Dobretsberger, der von Brandweiner als Mitglied seines Vertrauens in die Disziplinarkammer nominiert worden war, galt Anfang der fünfziger Jahre besonders der *Neuen Zeit* als der Drahtzieher im Hintergrund, denn erst auf seine Veranlassung hin sei Brandweiner mit "kommunistischen und schließlich sowjetischen Stellen" (NZ 8.4.52) in Verbindung gekommen. Zwar gelang es der Zeitung mit derartigen Hinweisen nicht, den Ex-Minister nachdrücklich bloßzustellen, Versuche, ihn zumindest in ein schiefes Licht zu rücken, wiederholten sich hingegen. Dabei erhielt das sozialistische Blatt großkoalitionäre Hilfe durch den damaligen steirischen ÖVP-Landesparteiobmann Alfons Gorbach, der gelegentlich einer Veranstaltung seiner Partei von "gewissen Professoren" der Grazer Universität sprach, die "beredtes Beispiel" dafür seien, wie tief man sinken könne, "wenn man sich mit dem Bolschewismus verbrüdere." Gorbach vergaß nicht, eine angeblich die "Öffentlichkeit" bewegende Frage anzuschließen: "Wie lange denn noch solche Professoren, die zu Bazillenträgern einer antichristlichen und staatsfeindlichen Ideologie geworden sind, an den Hochschulkathedern" geduldet werden könnten. (TP 21.4.52) Unmittelbarer Anlaß für Gorbachs Attacke war die Tatsache, daß Dobretsberger in Moskau an einer Weltwirtschaftskonferenz teilgenommen hatte.

Reisen in den Osten waren damals ein gefährliches Unterfangen: Innenminister Oskar Helmer sah sich im November 1950 genötigt, dagegen geeignete Maßnahmen zu ergreifen. Er wies die Sicherheitsbehörden an, die Ausstellung von Reisepässen für Gruppenreisen in volksdemokratische Staaten von der Erteilung einer ministeriellen Erlaubnis abhängig zu machen, weil "dortselbst vielfach eine politische Tätigkeit entfaltet (wurde), die der Politik der Bundesregierung und der Einstellung der überwiegenden Mehrheit des österreichischen Volkes zuwiderlief und eine Gefährdung des Ansehens und der internationalen Stellung Österreichs darstellte."[126] Noch Jahre später polemisierte Friedrich Torberg gegen die "fröhlichen Ostlandfahrer", denen er vorhielt, "aus der einwandfreien Einheit des ihnen Vorgeführten den Schluß (zu) ziehen, es müsse auch das, was man ihnen nicht vorführte, echt und einwandfrei sein."[127] Dobretsbergers Ost-Reise war nicht angetan, zum Gegenstand einer länger anhaltenden Polemik zu werden, hatte er doch bei seiner Rückkehr nicht über das geurteilt, was er nicht gesehen oder über jenes berichtet, was ihm vorgegaukelt worden war, sondern sich auch diesmal darauf beschränkt, für eine Ausweitung des Osthandels zu plädieren, da dieser zur Sicherheit und zum Wohlstand Österreichs beitragen würde. (WHT 18.5.52) Nur die *Neue Zeit* versuchte die abweichende wirtschaftspolitische Meinung als Aufhänger für einen Angriff auf die Friedensbewegung - die natürlich nur in Anführungsstrichen firmieren durfte - zu nutzen und durch Nebeneinanderstellen der "Herren Dobretsberger, Brandweiner und Genossen" das Stigma des einen und den Geruch der dritten auf den Avisierten abfärben zu lassen. (NZ 4.10.52)

Selbst die Parteinahme für Brandweiner während und nach dessen Suspendierung brachte Dobretsberger vorerst nicht in Schwierigkeiten; erst im Spätherbst 1952 schien es, daß er sich zu weit gewagt hatte, daß nunmehr auch ihm mit Aussicht auf Erfolg zu Leibe gerückt werden würde. Die "Demokratische Union", deren Obmann er war, kündigte Anfang November an, bei den bevorstehenden Nationalratswahlen 1953 mit den Linkssozialisten Erwin Scharfs und der KPÖ eine Wahlgemeinschaft einzugehen: die "Österreichische Volksopposition", zu deren Vorsitzendem der Grazer Ökonomieprofessor gewählt wurde. Damit war er in den Augen der nichtkommunistischen Öffentlichkeit endgültig zum "Helfershelfer Moskaus" (NZ 6.11.52) geworden, und sogar seine nicht eben zahlreiche Anhängerschaft in der eigenen Partei verweigerte ihm großteils die Gefolgschaft.[128] Der beginnende Wahlkampf trug zur Diffamierung Dobretsbergers bei. Unmittelbar nach Bekanntwerden des neuen Bündnisses widmete die *Neue Zeit* dessen Vorsitzendem einen Kommentar. Seine Führung sei nur "zur Schau" gestellt, die "wahre Leitung" hätten Moskau und das "Politbüro der KP", und er diene bloß dazu, die "Wählerfangnetze noch weiter auswerfen zu können, als das unter dem Namen KPÖ und Linksblock möglich gewesen" sei. Da das "kommunistische Vokabular" am Ende sei, müßten ein "paar bürgerliche Elemente, ein paar Ehrgeizlinge und Rückversicherer" ein neues "Aushängeschild" abgeben. "Der übel beleumundete Brandweiner" - der mit dem Wahlbündis nichts zu tun hatte - mußte nicht zum letzen Mal dazu herhalten, neben Dobretsberger als Beweis für einen "Verfaulungsprozeß in jener bürgerlichen, in jener akademischen Schicht" zu dienen. Schließlich verzichtete der Verfasser nicht darauf, einen bewährten rhetorischen Kunstgriff seiner Zeitung wiederzubeleben: Aus dem Wahlaufruf griff er "willkürlich eine Stelle" heraus, die sich für die Freiheit von Religion, Wissenschaft und Persönlichkeit und anderes mehr aussprach und richtete an Dobretsberger Fragen danach, wo man wegen seiner politischen Überzeugung verfolgt würde, wo man wegen seiner religiösen Überzeugung Nachteile in Kauf nehmen müßte, wo das freie Recht der Opposition gewahrt werde usw. Die Antworten des Befragten nicht abwartend, weil für den Autor von vornherein feststand, daß dieser "auskneifen" werde, gab er die Antwort selbst: Dobretsberger werde sagen, er sein kein Kommunist und nicht für die Regime dieser Länder verantwortlich. Kommunist sei er tatsächlich nicht, rekapitulierte der Journalist, "höchstens ein politischer Stellensucher bei nahezu allen österreichischen Parteien, auch bei der SPÖ". Jetzt sei er allerdings eine "Bettgemeinschaft mit den Todfeinden der Demokratie" eingegangen, um den "Stalinisten in die Steigbügel zu helfen." Der Kommentator beendete seine Ausführungen mit einem kurzen Abriß der Biographie des Geschmähten: "Ein erbärmlicher Weg - vom einstigen Dollfuß-Minister, vom einstigen Propagandisten der englischen Besatzungsmacht, vom einstigen CVer und ÖVPler zum Helfershelfer Moskaus!" (NZ 6.11.52) So unrichtig die die Ministerschaft betreffende Mitteilung - zum Zeitpunkt als Dobretsberger Minister wurde, lebte Dollfuß schon über ein Jahr nicht mehr -, so verzerrt die andere: Natürlich war Dobretsberger kein Propagandist der englischen Besatzungsmacht gewesen, sondern hatte während der Emigration an Propagandasendungen gegen die Nazis mitgewirkt. Doch zur Diskreditierung waren die Symbole "Dollfuß" und "Besatzungsmacht" besser geeignet als korrekte Tatsachenmitteilungen. Im Gegensatz zum ehemaligen NSDAP-Mitglied und Luftwaffenrichter Brandweiner konnte Dobretsberger keine nazistische Vergangenheit vorgehalten werden und die Art seiner Teilhabe am Ständestaat gereichte ihm eher zum Ansehen, als daß sie geeignet gewesen wäre, ihn zu verunglimpfen.

Das Inventar der Kalten Kriegs-Propaganda hielt in Österreich aber ein weiteres Versatzstück bereit: den Vorwurf, während der schweren Jahre in der Emigration gewesen zu sein. Hatte im Dezember 1950 der sozialistische Nationalratsabgeordnete Ernst Koref gegen Ernst Fischer gewandt von einer "Präventiv-Emigration" gesprochen, da er "ohne Grund davongelaufen" sei, während "mannhafte Frauen und Männer damals daheimgeblieben" seien, wurde dieser Vorwurf von seinem Kollegen Otto Probst in derselben Sitzung des Nationalrats auf alle KPÖ-Abgeordneten ausgedehnt: "Was haben Sie gemacht? Sie sind in Moskau gesessen!"[129] Zwischenrufe, in denen den emigrierten kommunistischen Abgeordneten Feigheit und Davonlaufen vorgehalten wurde, gehörten zu den retardierenden Episoden der Parlamentssitzungen. Kein Wunder also, daß dem als "Sowjetsberger" verunglimpften Westemigranten gleiches widerfuhr, nachdem er "sich vor den kommunistischen Karren" hatte spannen lassen (NZ 16.1.53). Es blieb dem Abgeordneten der ÖVP, Ernst Strachwitz, vorbehalten, in einem Zwischenruf die Moral des Vorhalts auszusprechen: "Sie haben zuerst für die Engländer geredet und reden jetzt für die anderen."[130] In den Augen dieses Exponenten der um die ehemaligen Nationalsozialisten bemühten "Jungen Front", die sich früher nicht einmal gescheut hatte, in ihrem Kampf gegen Dobretsberger antisemitische Töne anklingen zu lassen[131], machte es offenkundig keinen Unterschied, auf seiten welches Alliierten der Anti-Hitler-Front einer früher gestanden hatte.

Nach Bekanntwerden der Kandidatur der Volksopposition verstärkten sich die Angriffe auf Dobretsberger, und mangels anderer Makel mußte seine austrofaschistische politische Vergangenheit als Anknüpfungspunkt herhalten. Besonders sozialistische Parlamentarier entdeckten in ihm den "Heimwehrfaschisten", was der Abgeordnete Eduard Weikhart derart zum Ausdruck brachte: "Die Herrn (der KPÖ) stöbern schon bei den Altwarenhändlern und bei den Maskenleihanstalten herum, um die alten abgetragenen und seit 1945 außerordentlich unmodern gewordenen Hüte eines Doktor Dobretsberger, eines Ministers einer faschistischen Heimwehrregierung auszuprobieren und sich damit in Form einer sogenannten Volksopposition zu tarnen, um als Friedenstaubenschwänze gemeinsam mit den Hahnenschwänzen gegen die Interessen des österreichischen Volkes und der Republik Österreich zu marschieren." Das Stenographische Protokoll vermerkt an der Stelle, wo vom Minister der faschistischen Heimwehrregierung die Rede war, Beifall bei der SPÖ und einen Zwischenruf des KPÖ-Abgeordneten Franz Honner: "Und die Bundesgenossen vom Raab seid ihr!".[132]

Die Wahlen vom Februar 1953 bestätigten nachdrücklich, daß das Wahlbündnis Volksopposition über den Kreis kommunistischer Parteigänger nicht hinausgelangt war: 228 000 Stimmen (5.3 Prozent) waren kaum mehr als der Linksblock 1949 erreicht hatte (213 000) und das bedeutete den Verlust eines Mandats. Dobretsberger hatte, obwohl nominell Vorsitzender der Volksopposition, nur auf einem Kampfmandat kandidiert und erhielt keinen Parlamentssitz.

Zitiert wurde er trotzdem noch mehrfach - beispielsweise in der Debatte über die Regierungserklärung des neuen Bundeskanzlers Julius Raab, als der KPÖ-Vorsitzende (und stellvertretende Vorsitzende der Volksopposition !) Johann Koplenig den Amtswechsel von Figl zu Raab als verhängnisvolle Entwicklung vom "Kanzler von Dachau" zur "Verkörperung der sozialen Reaktion" charakterisierte und nicht vergaß, darauf hinzuweisen, daß der neue Bundeskanzler eine vaterländische Vergangenheit besonderen Zuschnitts besaß, da er den Korneuburger Eid der Heimwehren mitgetragen hätte. Postwendend meldete sich der SPÖ-Abgeordnete Bruno Pittermann zu Wort und stellte das "moralische Recht" der Kommunisten in Abrede, "irgendeinem Österreicher die politische Vergangenheit vorzuhalten", wo sie doch selbst den "ehemaligen Schuschnigg-Minister Doktor Dobretsberger zum Spitzenkandidaten der Kommunistischen Partei" gemacht hätten. Dieser Dobretsberger habe "nach dem Februarunglück des Jahres 1934" ein Buch mit dem Titel "Vom Sinn und Werden des neuen Staates" verfaßt, aus dem Pittermann dann eine Passage vorlas, in welcher davon gesprochen wurde, daß der "autoritäre Staat in seiner einfachsten Form, der Ermächtigungsdiktatur, eine Absage an den Rechtsformalismus und ein Bekenntnis zum lebendigen Recht " sei, nicht zuletzt, weil "er auf revolutionärem Wege ins Leben getreten" sei. Nicht genug damit, spannte Pittermann den Bogen weiter zu den Ikonen sozialdemokratischen Geschichtsbewußtseins und bezichtigte die Kommunisten, den Wählern einen Mann empfohlen zu haben, der "die Kanonenschüsse gegen Arbeiterheime ... und die Galgen, an denen die Freiheitskämpfer hingen, als revolutionären Weg der Staatsgründung gepriesen hat."[133]

Pittermanns Angriff auf den Verlierer war umso ungerechtfertigter, als dieser zu keinem Zeitpunkt seine Teilnahme am Ständestaat zu verheimlichen oder zu beschönigen versucht hatte; im Gegenteil, er war einer der wenigen, der aus der gewonnenen Distanz darüber öffentlich zu berichten bereit war, was ihm wohl deswegen leichter fiel als anderen, weil seine Demission vom Ministeramt als frühe Einsicht zitiert werden konnte.[134]

Die vielfachen Versuche, die beiden "Steigbügelhalter Moskaus" nebeneinander zu stellen, können nicht darüber hinwegtäuschen, daß von den verbalen Angriffen abgesehen, das Verhalten der nichtkommunistischen Öffentlichkeit gegenüber Dobretsberger mit demjenigen, das Brandweiner entgegengebracht wurde, nicht verglichen werden kann. Dafür waren sowohl äußere Gründe, zum Teil jedoch Unterschiede im Handeln beider verantwortlich. Der um sieben Jahre ältere Nationalökonom war nach dem Ende der NS-Herrschaft nicht auf Hilfe einflußreicher Kreise angewiesen gewesen. Er betrieb seine Remigration selbst und erklärte unmittelbar nach seiner Rückkehr, daß er "nicht von der österreichischen Regierung zurückberufen worden sei", sondern seine Wiedereinstellung beantragt hätte.[135] Als früherer Minister und zweimaliger Rektor besaß er lange Zeit einen nahezu unangreifbaren Status. Finanziell unabhängig, auf keine Hilfe angewiesen, konnte er sich Handlungen leisten, die als "Eskapaden" hingenommen wurden. Seine Kontrahenten konnten allerdings fallweise vom "Eskapistischen" seines Handelns absehen und es zum Gegenstand einer Polemik machen. Die zum Mittel persönlicher Verunglimpfung greifenden Attacken gegen ihn erreichten damit, was ihr Ziel war: seine politische Erfolglosigkeit zu prolongieren. Es scheint, daß sich die bürgerlichen Gegner damit zufriedengaben und gar nicht auf die Idee gekommen wären, einen "hochverehrten Herrn Minister" - so sprach ihn anläßlich seiner Wiedereinsetzung der zuständige Sektionschef an[136] - mit Mitteln anzugreifen, die ihnen im Fall des statusniedrigeren Brandweiner naheliegend erschienen. Weder wurde gegen Dobretsbergers Vorlesungen demonstriert, noch wurden Schritte unternommen, die effektiv auf seine Entfernung von der Universität gezielt hätten. Einzig der Cartellverband schloß ihn aus.[137] Die Angriffe von sozialistischer Seite waren nicht zuletzt deshalb heftig, weil dort keine Gründe für persönliche Rücksichtnahme vorhanden waren. Daß andererseits von der SPÖ politische Berührungspunkte zu den Auffassungen Dobretsbergers nicht gesehen wurden, erklärt sich aus den innerparteilichen und innenpolitischen Konstellationen der Anfangsjahre der Zweiten Republik. Der tief im österreichischen Katholizismus verwurzelte Dobretsberger scheint sozialistisches Gedankengut zuerst im Wege der wissenschaftlichen Auseinandersetzung kennengelernt zu haben; später dann, als Sozialminister, dürfte er mit Linken, die die "Soziale Arbeitsgemeinschaft" - die Pseudogewerkschaft des Ständestaates - unterwanderten, fallweise Kontakt gehabt haben. Wie sehr deren Argumente seine Entscheidung, aus der Schuschnigg-Regierung auszuscheiden, zu beeinflussen vermochten, steht dahin.[138] Eher ist zu vermuten, daß er 1936 innerhalb eines katholischen Bezugsrahmens agierte, worauf beispielsweise seine Mitgliedschaft im Leitungsorgan der "Ostmärkischen Sturmscharen" bis zum Anschluß hindeutet, die eine betont österreichisch-patriotische Linie innerhalb der Vaterländischen Front repräsentierten. Eine über wissenschaftliche Kenntnisnahme hinausreichende Öffnung zu sozialistischen Ideen dürfte erst während der Emigration Platz gegriffen haben. Persönliche und politische Kontakte zu kommunistischen Emigranten, sowohl in Istanbul als auch später in Palästina, trugen zu einer Aufweichung eines provinziellen Lagerdenkens ebenso bei wie die Möglichkeit eines Gedankenaustauschs mit westlichen, nichtkommunistischen Gelehrten während der Emigration seine im Nachkriegsösterreich unorthodoxen Ideen gefördert haben dürfte.[139]

Nach Österreich kehrte Dobretsberger nach eigenem Bekunden als Kosmopolit zurück.[140] Seine wirtschaftspolitischen Vorstellungen hätten, insbesondere wo er sich für Wirtschaftsplanung aussprach, durchaus Berührungspunkte zu sozialistischen Positionen abgegeben, und seine von primitivem Antikommunismus freie Sicht der sozialistischen Länder wies gegenüber den beispielsweise von Otto Bauer in der Emigration verfaßten Schriften über den Kommunismus wenig Differenzen auf. Da sich innerhalb der SPÖ die Erben Bauers nicht durchzusetzen vermochten und die Idee eines dritten Weges damals noch nicht propagiert werden konnte, ohne als kryptokommunistisch denunziert zu werden[141], trieb man Dobretsberger geradezu in die Arme der Kommunisten. Noch während er ÖVP-Mitglied war, veröffentlichte er in kommunistischen Tageszeitungen Artikel[142], und nachdem die Veröffentlichung seiner Kritik an der Währungsreform zum Anlaß genommen wurde, den mißliebig gewordenen Chefredakteur des Organs der demokratischen Einigung *Neues Österreich*, Ernst Fischer, zu entfernen, wurde der Grat immer schmäler, den zu gehen Dobretsberger von seinen politischen Gegnern zur Rechten und Linken erlaubt wurde, bis er schließlich nur noch dort Gehör fand, wo die Großparteien ihn längst schon wähnten. Seine Weigerung, sich von den Kommunisten als Weißwäscher mißbrauchen zu lassen - es ist kein von Dobretsberger gezeichneter Artikel nachweisbar, in welchem er wider besseres Wissen Zustände in den kommunistischen Staaten beschönigt hätte -, änderte nichts daran, daß er als "Aushängeschild der KPÖ" in die Geschichte einzugehen gezwungen wurde[143].

Die Beteiligung an der Volksopposition war der letzte Versuch Dobretsbergers, eine exponierte politische Rolle einzunehmen. In den folgenden Jahren wurde es stiller um ihn, obwohl er weiterhin im Österreichischen Friedensrat und an von diesem initiierten Aktivitäten beteiligt war; er zog sich stärker auf ein Osthandelsbüro zurück, das er bis zu seinem Tod betrieb. Je mehr der Kalte Krieg abflaute, desto stiller wurde es um ihn, und 1968 erschien zu seinem 65. Geburtstag in der katholischen Wochenzeitung Furche aus der Feder eines seiner Schüler eine Würdigung, in welcher auf die "kryptokommunistische" Phase nur noch kryptisch verwiesen wurde: "Er hat es auf sich genommen, Dinge auch zu Zeiten auszusprechen, in denen sie von manchen als nicht 'opportun' empfunden wurden."[144] Nach seinem frühen Tod, zwei Jahre später, verschwiegen viele Nachrufe die politischen Aktivitäten der fünfziger Jahre und konzentrierten das Lob auf die zustimmungsfähigen Auffassungen des Verstorbenen, die er davor und danach vertreten hatte. Der *Presse* blieb es vorbehalten, an seine Demokratische Union und deren Kooperation mit den Kommunisten zu erinnern (PRE 25.5.70), worauf ein Universitätskollege in einem Leserbrief Protest erhob: Dobretsberger habe nur "vor mehr als einem Jahrzehnt Gedanken ausgesprochen, die heute ... als durchaus diskussionsgeeignet angesehen werden." (PRE 2.6.70) In diesem Fall dürfte allerdings die *Volksstimme* der Wahrheit näher gekommen sein, als sie daran erinnerte, daß der Verstorbene zu Lebzeiten "von politischen Gegnern meist gehässig verleumdet wurde." (VS 27.5.70)

Der politische Weg Dobretsbergers zeigt die beschränkten Möglichkeiten auf, die in der frühen Zweiten Republik ein unkonventioneller politischer Mann der Rechten hatte. Spiegelbildlich zu Ausgrenzungsmanövern, die unkonventionelle Linke erfuhren,[145] wird an seiner Biographie klar, daß jenseits der Großparteien nur das Getto der Kommunisten, der Rückzug ins Private oder die nochmalige Emigration als Lebensräume übrig blieben. Im krassen Gegensatz zur die Freiheit beschwörenden politischen Rhetorik der Zeit, wirkte der Konformitätsdruck innerhalb sehr enger Grenzen, und jeder, der mit Abweichung vom politischen Konsens liebäugelte, mußte gewärtig sein, daß ihn seine Vergangenheit einholen würde, daß er irgendwann irgendetwas getan oder unterlassen hatte, was ihm nun als Verfehlung und Makel angelastet werden konnte. Gesellschaftliche Integration erfolgte im Neo-Biedermeier[146] nicht zuletzt über die Drohung mit der Vergangenheit. Die sich in der politischen Kultur Österreichs seit damals schrittweise breitmachende normative und historische Selektivität und die unausgesprochene Maxime der Parteien, es würde dem Einzelnen alles nachgesehen werden können, wenn er nur loyal gegenüber seinen Gönnern und Beschützern wäre, geben eine Folie ab, auf der die Geschichte von Skandal und Vertuschung, von Enthüllung und Beschönigung bis zur Gegenwart eingetragen werden könnte.

Ein Skandal, der keiner wurde

Das akademische Milieu von Graz hatte sich gerade damit abgefunden, daß einer ihrer Angehörigen Pestflöhe entdeckt haben wollte und sich ein anderer an die Seite der Volksopposition gestellt hatte, als ein "Gesellschaftsskandal" auf den "Tempel der Wissenschaft"[147] überzugreifen drohte. Am 13. November 1953 berichteten die lokalen Tageszeitungen von einer "riesigen Betrugsaffäre" (KLZ), die eben in Graz aufgedeckt worden sei. Eine 54jährige Frau habe "eine Reihe von Geschäftsleuten um eine halbe Million betrogen" (WHT). Während die *Kleine Zeitung* auf eine Identifikation des sozialen Umfeldes taktvoll verzichtete, teilte die *Wahrheit* ihren Lesern mit, daß es sich bei der Verhafteten um die "Gattin des Dekans der juridischen Fakultät der Grazer Universität" handle. In den folgenden Wochen blieb es um diese Betrugsaffäre in den Spalten der Grazer Zeitungen auffallend ruhig. Nur die *Wahrheit* berichtete eine Woche später, daß der verursachte Schaden auf eine Million angestiegen sei und wiederholte die Frage, die schon in der Vorwoche gestellt wurde: "Wohin floß die Spanner-Million?" (WHT 22.11.53) In der Woche davor hatte die kommunistische Zeitung zu berichten gewußt, "verschiedene Leute wollen wissen, daß Frau Spanner Erpressern in die Hände gefallen sei und das Geld in dunkle Kanäle floß". (WHT 13.11.53) Erst eine Wiener Wochenzeitung berichtete Ende des Monats ausführlicher über diese Angelegenheit. Demnach sei der "Fall" noch nicht restlos geklärt, schon jetzt aber "vermutet man, daß hinter den Schulden der Universitätsprofessorsgattin andere Gründe stecken, als man ursprünglich annahm." Ausführlich befaßte sich der Arktikel dann mit der Aufhellung der mutmaßlichen Hintergründe des "beispiellosen Gesellschaftsskandals", der diese Kennzeichnung nicht zuletzt wegen der "besonderen Bedeutung", die "Professor Spanner im öffentlichen Leben der steirischen Landeshauptstadt" einnehme, verdient habe. Spanner stamme aus einer "erstklassigen Grazer Familie, sein Vater war Präsident des Grazer Landesgerichts" und der Sohn hätte seine Laufbahn als "Verwaltungsjurist in der Landesregierung" begonnen, wo er nicht nur als "Fachmann für Gewerbe- und Sozialrecht" gegolten hätte, sondern aus jener Zeit stamme auch "seine Bekanntschaft mit Dr. Krauland und Dr. Maitz". Der Hinweis auf diese beiden mußte damals besonders hellhörig machen. Waren doch Peter Krauland und Maitz, der frühere Minister für Vermögensverwaltung und der ehemalige Präsident der Grazer Messe erst jüngst in Korruptions- und Betrugsangelegenheiten verwickelt gewesen.

Über die weitere Karriere Spanners wußte die Zeitung zu berichten, daß er es sich nach 1938 "zu richten" gewußt hätte und nach Kriegsbeginn als "Rechtsberater im Stabe Seyß-Inquarts in Holland" aufgetaucht sei. "In diese Zeit fällt der erste Hinweis auf die späteren Ereignisse. Damals nahm Frau Spanner ein Darlehen von mehreren tausend Mark auf - mit der Begründung, daß sie ihrem Manne Geld nach Holland schicken müsse." Dieser dunkle Hinweis wird nicht weiter erläutert, wohl aber darauf verwiesen, daß nach 1945 "auch für ... Spanner ... die große Zeit" gekommen sei. "Innerhalb überraschend kurzer Zeit kletterte (er) trotz seiner Jugend die Rangleiter vom Dozenten zum ordentlichen Professor, Ordinarius für Verwaltungs- und Verfassungsrecht bis zum Dekan der juridischen Fakultät empor." Im restlichen Teil des ganzseitigen Artikels wurden die Umstände, die schließlich zu einer Betrugsanzeige führten, detailliert geschildert, aber was mit dem Geld geschehen sei, könnte noch nicht gesagt werden: "Für ihr Privatleben kann Frau Spanner dieses Geld niemals verbraucht haben." (WW 28.11.53)

Am Tag, als die *Neue Zeit* den Rücktritt Spanners vom Amt des Dekans meldete, erschien in der *Österreichischen Zeitung* ein Leserbrief, der ausführlich zum "Fall Spanner" Stellung bezog. Demnach sei bisher eine Suspendierung - trotz der Einleitung eines Strafverfahrens - unterblieben, Spanner sei nur beurlaubt worden, wofür es keine gesetzliche Grundlage gäbe. Dann schilderte der Leserbriefschreiber Spanners Karriere und erwähnt, über das hier schon Wiedergegebene hinausgehend, daß Spanner "nach dem Zusammenbruch der Naziherrschaft zwei Jahre in einem holländischen Zuchthaus in Haft" gewesen sein soll.

"Während dieser Zeit erhält Frau Spanner in Graz Besuch zweier Holländer, die von ihr Geld verlangen und auch erhalten, damit sich das Schicksal Spanners zu seinen Gunsten wende. Kurz darauf kehrt Spanner wohlbehalten nach Graz zurück, wird entnazifiziert, mit der reizenden Begründung, er habe 1938 - obschon 30 Jahre alt und bereits Universitätsprofessor! - 'noch nicht die nötige politische Reife besessen' und wird wieder Universitätsprofessor." (ÖZ 22.12.53) Der offenkundig gut informierte Leser erwähnt außerdem, daß die "Verfehlungen einigen Mitgliedern der Fakultät seit Jahren bekannt" gewesen seien, Spanner trotzdem zum Dekan gewählt und zum Disziplinaranwalt ernannt worden war, ja daß Repräsentanten der Universität Anfang November die Polizei davon hätten überzeugen können, von einer Verhaftung Spanners "im Interesse des Ansehens der Universität" Abstand zu nehmen. Erst dadurch sei es ihm möglich geworden, "Spuren zu verwischen, um wenigstens sich selbst aus der Verstrickung durch ein drohendes Strafverfahren zu befreien."

In derselben Zeitung erschien am 24. Jänner unter der Überschrift "Wieviel ist ein vertuschter Korruptionsskandal wert?" eine kleine Meldung, in der mitgeteilt wurde, Anfang Dezember habe in Graz eine Besprechung stattgefunden, bei der "einer Anregung aus Finanzkreisen der ÖVP entsprechend", welche sich bereit erklärt hätten, für den Schaden aufzukommen, angeregt worden wäre, "das Verfahren in aller Stille unter den Tisch fallen" zu lassen. Die Namen der an der Unterredung Beteiligten wurden ebenso mitgeteilt wie deren Ergebnis: "Als sich herausstellte, daß die Betrügereien des Ehepaares Spanner einen Schaden von weit mehr als einer Million Schilling herbeigeführt hatte (sic!), haben sich die Geldgeber der ÖVP ... geweigert, diese hohe Summe aufzubringen." Erst danach sei das Verfahren gegen Spanner ernstlich begonnen worden, "das bisher dazu führte, daß dieser vom Strafgericht als Beschuldigter vernommen und vom Dienst supendiert wurde." (ÖZ 24.1.54)

Der Fall scheint trotzdem auf amikale Weise bereinigt worden zu sein, jedenfalls berichtete Prorektor Ernst Lorenz während der feierlichen Inauguration am 16. November 1956 darüber, daß zu jenen, die "einer ehrenvollen Berufung auf auswärtige Lehrstühle folgten", auch "der o. Prof. für Verfassung und Verwaltungsrecht an der juridischen Fakultät, Dr. Hans Spanner, als Ordinarius für öffentliches Recht an die Universität Erlangen" zähle.[148]

Warum wird dieser Fall hier angeschnitten, und was interessiert im vorliegenden Zusammenhang daran? Um Mißdeutungen gar nicht aufkommen zu lassen, sei unzweideutig erklärt, daß mich die strafrechtlichen Beschuldigungen, die gegen den Verfassungsrechtler vorgebracht wurden, nicht interessieren, umso weniger als ich sie im Detail nicht überprüfen kann. Was allerdings aufschlußreich ist, ist die unterschiedliche Inszenierung des "Falles" in der Öffentlichkeit, die im Gegensatz zu den journalistischen Angriffen auf Brandweiner und Dobretsberger von geradezu nobler Zürückhaltung gekennzeichnet war. Einzig eine überregionale und die übel beleumundeten kommunistischen und sowjetischen Zeitungen griffen den Fall auf, wobei man hinzufügen muß, daß letztere sich in dieser Angelegenheit keiner verleumderischen Sprache bedienten. Ob die von ihnen behaupteten Tatsachen zutreffend waren, läßt sich für den Großteil des Vorgebrachten nicht sagen. Wohl aber kann man darauf verweisen, daß es strukturelle Analogien zwischen den Fällen der drei Fakultätskollegen gibt: Ein Anlaß, der zum Zeitpunkt der Publikation unüberprüfbar war (das Korea-Gutachten dort, Betrug hier), wurde dazu verwendet, die Vergangenheit des ohnehin schon Bloßgestellten zu durchleuchten, und es wurden Details berichtet, die diskreditierend sein sollten. Doch hier endet die Analogie. Nur im Fall der "Kryptokommunisten" wurde von einer breiten Öffentlichkeit diesen "Mitteilungen" Glauben geschenkt: Dobretsbergers angebliches Warten am Semmering während des Oktoberstreiks 1950, Brandweiners anfangs nur angedeutete Nazi-Vergangenheit - und zum Ausgangspunkt von Verunglimpfungen genommen: "Sowjetsberger" und "Kommunazi". Im anderen Fall, dem des biederen Bürgerlichen, fehlte bei den nichtkommunistischen Zeitungen die Diskreditierungsabsicht - man verschwieg, worüber man gerüchteweise gehört hatte - und erst recht deren Rezeption durch eine breitere Öffentlichkeit. Und selbst nachdem eine Information über seine Verstrickung in den höheren NS-Apparat publik gemacht wurde, griffen nicht einmal jene diese Informationen auf, die bei Brandweiner und Dobretsberger als Gralshüter der demokratischen Tradition und des Antifaschismus fungiert hatten. Nur um diesen einen Aspekt zu illustrieren, den beliebigen und opportunistischen Umgang der österreichischen Nachkriegsgesellschaft mit der Nazi-Vergangenheit mancher Angehöriger ihrer politisch-sozialen Elite - in Parenthese sei hinzugefügt, daß vieles darauf hindeutet, daß insbesondere die Universitäten anpassungswilligen Ex-Nazis gegenüber besonders zuvorkommend waren[149], - soll die Nazikarriere Spanners etwas genauer beleuchtet werden.

Ein Professor im Reichskommissariat

Am 17. Mai 1938, keine zwei Monate nach der Annexion Österreichs durch Hitler-Deutschland, erschien in der Norddeutschen Ausgabe des *Völkischen Beobachters* ein längerer Artikel über "Schein und Wirklichkeit der österreichischen Verfassung 1934" von "Dr. Hans Spanner, ao. Universitätsprofessor, Graz". Darin unternimmt es der Rechtsgelehrte, der sich 1934 für Verfassungsrecht habilitiert hatte und in Anerkennung seiner Leistungen 1937 zum außerordentlichen Professor ernannt worden war, zu beweisen, daß die "sogenannte Verfassung 1934" nicht nur rechtswidrig zustande gekommen sei, sondern daß sie nur scheinbar demokratischen Gedankengängen verpflichtet gewesen sei, weil alle Verfassungsbestimmungen durch Sonderregelungen außer Kraft gesetzt werden konnten und wurden. Das Ziel seiner Überlegungen postuliert der Autor unmißverständlich: "Um vor allem einer Kritik zu begegnen, die da behaupten wollte, es sei durch die Ereignisse der vergangenen Wochen in Österreich ein Regierungssystem beseitigt worden, das ... geradezu ein Muster liberaler, insbesondere aber demokratischer Gedankengänge gewesen sei." Dem "deutschen Volk in Österreich" sei die Gelegenheit genommen worden, "seinen Willen zum Ausdruck zu bringen." Dafür seien nicht immer formaldemokratische Prozeduren notwendig, wie man an "der nationalsozialistischen Gesetzgebung" sehen könne, wo eine "Gesetzgebung durch die Staatsführung" deshalb "Sinn und Berechtigung" besitze, weil sich in ihr "der Wille echter, wahrhaft im Volk verankerter Führung" offenbare. Dagegen hätte sich unter Schuschnigg hinter einer Fassade die "schrankenloseste Willkür eines skrupellosen Unterdrückungssystems breitmachen" können. Jeder "unvoreingenommene Beurteiler" müsse feststellen, "daß durch die Machtübernahme des Nationalsozialismus in Österreich das deutsche Volk hier endlich sein Selbstbestimmungsrecht wieder erhalten hat." Durch die "in freier und geheimer Volksabstimmung feierlich bekräftigte Heimkehr Österreichs ins Deutsche Reich" habe sich "nunmehr das Volk selbst" die "staatsrechtliche Gestaltung" gegeben, "nach der es sich seit Jahrzehnten sehnte." Der Verfasser schließt seine Ausführungen mit einem Bekenntnis zur Demokratie, die allerdings etwas eigenwillig verstanden wird: "Und wenn man unter Demokratie die wirkliche Herrschaft des Volkswillens in dem Sinn versteht, daß sich das Volk in freier Verbundenheit der Führung anvertraut, von der es weiß, daß es die ihm gemäße, einzig und allein auf das Wohl des gesamten deutschen Volkes bedachte Führung ist, dann hat Adolf Hitler, dann hat der Nationalsozialismus auch in Österreich, ebenso wie im alten Reich, eine wahre und echte Demokratie verwirklicht."

Der Zweck dieses Pamphlets war ein vordergründiger. Am 5. Juli 1939 beantragte Spanner die Aufnahme in die NSDAP und im "Personalfragebogen" führte er unter anderem diesen Aufsatz in der Rubrik "Angaben des Antragstellers über sonstige Tätigkeit für die NSDAP" an: "1.) Vor dem Umbruch Bekenntnis zur NSDAP durch Unterzeichnung des diesbezüglichen Unterschriftenbogens auf der jur. Fakultät in Graz im Zug der Abstimmung der steirischen Beamtenschaft.
2.) Betätigung in der NS.-Presse: a) Aufsatz im Völkischen Beobachter (Wiener und Berliner Ausgabe, letztere vom 17. Mai 1938) auf Anregung des Staatskommissars (damaliger Staatssekretärs) SS-Sturmbannführers Dr. Friedrich WIMMER, Wien; b) Mitarbeit an der 'Deutschen Verwaltung', Organ der Rechtswahrer der Verwaltung des NSRB, Berlin.
3.) Aktive Mitarbeit im NSRB: Vortrag über die Verfassung des Dritten Reiches auf Einladung des Arbeitswerkes des NSRB im November 1938.
4.) Mitgliedschaft beim NSRB, RLB, DRK, der NSV; Mitgliedschaft beim Deutschen Alpenverein (Akademische Sektion Graz) seit 1927 ununterbrochen."[150]

Die nicht gerade überragende Förderung des vom Antragsteller im vorhin referierten Aufsatz diagnostizierten jahrzehntelangen Sehnens des deutschen Volkes in Österreich reichte dennoch aus, um - trotz des Eingeständnisses, auch Mitglied der Vaterländischen Front gewesen zu sein - am 1. Juni 1940 in die NSDAP aufgenommen zu werden und die Mitgliedsnummer 7 642 051 zu erhalten.[151] Damit war eine Voraussetzung für den nächsten Karriereschritt erfüllt, welcher in einer Dienstzuteilung[152] Spanners zum "Reichskommissariat Niederlande" bestand. Am 3. Juli 1942 übernahm er dort die Leitung der Abteilung Rechtssetzung und Verordnungsblatt, nur anfangs vertretungsweise für den zur Wehrmacht eingezogenen Vorgänger.[153] Fürsprecher dieser Abordnung war eben jener Friedrich Wimmer, der mittlerweile zum SS-Brigardeführer aufgestiegene "Freund"[154], der ihm schon den Weg zum Völkischen Beobachter geebnet hatte.

Um Spanners Rolle im Okkupantenapparat beurteilen zu können, muß man sich die Situation der Niederlande während der Besatzung und die Organisation der deutschen Zivilverwaltung vor Augen führen.[155] Im Mai 1940 überfiel die deutsche Wehrmacht im Zuge des Westfeldzuges die neutralen Niederlande, und der militärische Sieg war nach wenigen Tagen errungen. Die darauf folgende Verwaltung des besetzten Landes warf allerdings in mehrfacher Hinsicht Probleme auf. Mit der Monarchin waren auch die Minister nach England ins Exil geflüchtet, sodaß die Spitze der staatlichen Autorität fehlte, die zur Kollaboration überredet oder genötigt hätte werden können. Dieses "politische Vakuum"[156] erzwang geradezu deutsche Initiativen für den Fall, daß man sich mit einer reinen Militärverwaltung nicht zufriedengeben wollte. Daneben geboten strategische und ideologische Motive allerdings einen moderaten Umgang mit dem besetzten Land. Geopolitisch, weil die holländischen Überseegebiete begehrt wurden und weltanschaulich, weil man die englandfreundliche Einstellung der Holländer zu einer, wenn möglich freiwillig sich einstellenden Deutschenfreundlichkeit zu verändern trachtete. Die "germanische" Bevölkerung Niederdeutschlands sollte mit "fester und doch sehr weicher Hand", wie sich Himmler ausgedrückt haben soll,[157] wieder in die "deutsch-germanische Gemeinschaft" eingegliedert werden.

Die deutsche Militärverwaltung wurde wenige Tage nach der Kapitulation von der Zivilverwaltung abgelöst: dem Reichskommissariat für die besetzten niederländischen Gebiete unter der Führung des Reichsministers Artur Seyß-Inquart. Der Reichskommissar, unmittelbar Adolf Hitler unterstellt, hatte die deutschen Interessen in den Niederlanden wahrzunehmen und im zivilen Bereich die oberste Regierungsgewalt auszuüben. Niederländisches Recht blieb dort in Geltung, wo es nicht von Verordnungen und Erlassen des Reichskommissars außer Kraft gesetzt oder verändert wurde. Für die zentralen strategischen Anliegen der Besatzungsmacht wurde ein eigenes Verordnungsrecht geschaffen. Die niederländische Verwaltung blieb als bürokratischer Apparat bis zur Spitze der Ministerialbeamten, den Generalsekretären der Ministerien, erhalten; an die Stelle der exilierten Minister traten als Aufsichtsorgane vier deutsche Generalkommissare, mit eigenem Stab und Referenten. In dieses eigentliche Machtzentrum berief der aus Österreich stammenden Seyß-Inquart viele Landsleute. Von den vier Generalkommissaren waren drei geborene Österreicher, welche ihrerseits wiederum in die Reihen ihrer Mitarbeiter Vertraute aus der Ostmark einschleusten. Goebbels notierte später, die Habsburger Schule habe die Österreicher mit besonderen Fähigkeiten beim Umgang mit unterdrückten Völkern ausgestattet.[158] Den professionellen Notwendigkeiten entsprechend versammelten sich in den Niederlanden nationalsozialistische Akademiker, während in einem anderen, räumlich ebenso peripheren Brennpunkt des NS-Apparats, den Vernichtungslagern im Osten, wo (aus welchen Gründen auch immer) ebenfalls Österreicher überrepräsentiert waren, eine sozialstrukturell andere, aber ebenso funktional erklärbare Zusammensetzung nachweisbar ist: das Fehlen von Universitätsabsolventen[159].

Das Generalkommissariat für Wirtschaft und Finanzen leitete Hans Fischböck, ehemals Bankpräsident in Wien; das Sicherheitswesen war in Händen des aus Graz gebürtigen SS-Gruppenführers und Generalleutnants der Polizei Hanns Albin Rauter, der zugleich auch Befehlshaber der Ordnungspolizei war. Dem Generalkommissariat für Verwaltung und Justiz stand der Wiener Staatssekretär des Anschlußkabinetts Seyß-Inquart und spätere Regierungspräsident von Regensburg, Friedrich Wimmer, vor.[160]

Spanners Abteilung für Rechtssetzung und Verordnungsblatt, die er bald nach seinem Dienstantritt mit dem schmückenderen Namen Rechtssetzung und Staatsrecht versehen ließ, gehörte zum Amtsbereich Wimmers und war für die Abfassung der Verordnungen zuständig. Für alle Aktivitäten der Besatzungsmacht wurden vorgängig Verordnungen erlassen, die sodann die "Rechtsgrundlage" für die administrativen Maßnahmen bildeten; fallweise ging die Initiative zur Erlassung einer Verordnung auch von den niederländischen Generalsekretären aus. Immer hatte jeoch die Abteilung Rechtssetzung ein Wort mitzureden: Sei es, daß es um die Erhöhung der Tabaksteuer, eine Feuerlöschverordnung, die Verhinderung des Verkaufs politisch unerwünschter Literatur, die Betreuung von Kindern deutscher Wehrmachtangehöriger in den besetzten Gebieten - oder die "juristische" Seite der Ausgrenzung und schließlich Vernichtung der niederländischen Juden ging.[161]

Im Zuge der Vorgangsweise der Besatzungsmacht, eine Desintegration der traditionell stark in die niederländische Gesellschaft eingebundenen Juden zu erreichen, wurden Verordnungen erlassen, die auf eine Segregation der Juden zielten. Wenige Wochen nach der Kapitulation erließ der Reichskommissar eine Verordnung, die zwischen Niederländern und (niederländischen oder ausländischen) Juden unterschied, letzteren den kriegs- und völkerrechtlichen Schutz entzog, der der Bevölkerung besetzter Länder nach Abschluß eines Waffenstillstandes gemeinhin gewährt wurde, und sie Bestimmungen unterwarf, die analog zu den Nürnberger Rassegesetzen formuliert waren. Parallel dazu erfolgte die Arisierung jüdischen Kapitalvermögens, welche dem Muster der Arisierung im Deutschen Reich folgte: "Liquidation, 'freiwillige' Arisierung oder Arisierung auf dem Weg der Treuhandverwaltung."[162] Als stille Vorbereitung des Holocaust wurde ab Jänner 1941 im Wege einer Melde- und Kennkartenverordnung eine zentrale Erfassung der rund 150 000 in den Niederlanden lebenden in- und ausländische Juden eingeleitet. Während des Jahres 1941 wurden Juden immer mehr aus dem öffentlichen Leben verdrängt, ihnen war der Aufenthalt in der Öffentlichkeit verboten, später wurde Kindern der Besuch öffentlicher Schulen untersagt und Erwachsenen der Besuch von Bibliotheken verboten. Mit dem Verbot jüdischer Organisationen und Vereine und der Unterstellung aller Juden unter einen Rat, den Joodsche Raad, wurde jene Organisationsform geschaffen, die in den Niederlanden den reibungslosen Ablauf der Deportation sicherstellte. Tätliche Provokationen waren vor der Verschleppung das Mittel, das auf eine Zermürbung der Juden und auf eine Zerstörung der Solidarität der niederländischen Bevölkerung zielte, wobei letztere länger und tapferer Juden zu schützen versuchte als in anderen Gebieten. Die Provokationen überließ die Besatzungsmacht zum Teil der Wehrabteilung (WA) der niederländischen Nationalsozialistischen Bewegung (NSB), einer nach SS-Vorbild geformten Schlägertruppe. Gegen deren Aktionen im Amsterdamer Judenviertel formierten sich jüdische Selbstschutzgruppen. Trotz einer schon 1940 erlassenen Verordnung, die die Einziehung von Waffen, Munition und Sprengmittel befahl, Jagdwaffen aber ausnahm, wehrten sich Juden bewaffnet gegen diese Angriffe. Als dabei ein niederländischer Nazi und ein deutscher Sicherheitspolizist ums Leben kamen, waren Geiselnahme unter der jüdischen Bevölkerung und die Deportation von 400 jüdischen Männern nach Mauthausen, wo alle ermordet wurden, die unmittelbare "polizeiliche" Folge. Der penible Bürokrat Rauter vergaß aber nicht darauf, weiterer Gegenwehr der Juden auch durch einen Akt der Rechtssetzung entgegenzutreten.

Der Prozeß der Rechtssetzung verlief nach folgendem Muster: Eine deutsche - oder, wie erwähnt, seltener eine niederländische - Stelle verfolgte eine konkrete Absicht oder entdeckte eine "juristische" Unzulänglichkeit in den bereits in Kraft gesetzten Verordnungen. Als nächstes wurde von dieser Instanz ein Entwurf einer Verordnung ausgearbeitet und bei der Abteilung für Rechtsetzung eingereicht oder dieser Abteilung der Auftrag zur Ausarbeitung erteilt. Nachdem ein Entwurf in deutscher und niederländischer Sprache ausgearbeitet war, wurde er den Generalkommissaren, seltener auch weiteren involvierten Stellen, wie Wehrmacht und Vertretern des Auswärtigen Amtes, zur Stellungnahme zugesandt. Erfolgte nicht innerhalb einer festgelegten Frist, die im Fall außerordentlicher Dringlichkeit sehr kurz sein konnte, ein Einspruch, galt der Entwurf als genehmigt und wurde nach Abzeichnung durch Seyß-Inquart im zweisprachigen Verordnungsblatt publiziert, womit die vorgängig erwünschte Rechtsgrundlage geschaffen war.

Der Entwurf Rauters, der im Anschluß an den bewaffneten Widerstand Amsterdamer Juden verfaßt wurde und bei der Abteilung Rechtssetzung eingereicht worden war, hob die Beschlagnahmefreiheit für Jagdwaffen, die "bei den im Absatz 3 bezeichneten Personen beschlagnahmt worden sind oder solchen Personen gehören" auf. Und der diesem Absatz 2 folgende Absatz 3 definiert die "Personen im Sinne des Absatz 2" sprachlich umständlich, aber eindeutig als Juden. So penibel wie der Entwurf aus dem Generalkommissariat für das Sicherheitswesen, so klar war auch der von der Abteilung Rechtssetzung für die anderen "interessierten Stellen" beigefügte Quasi-Motivenbericht: "(Der Entwurf) ist erforderlich, da sich erst jetzt, z.B. bei den Unruhen in

Amsterdam, herausgestellt hat, daß Juden Jagdwaffen, die nicht eingezogen werden sollten, besitzen."[163]

Zum Zeitpunkt als Spanner in Den Haag die Leitung der Abteilung Rechtssetzung übernahm, waren die wesentlichsten Verordnungen, auch die, die gegen die Juden gerichtet waren, bereits erlassen; die Implementierung letzterer im Wege der Gettoisierung, Konzentration und daran anschließenden Deportation setzte gerade ein. Beim "Arbeitseinsatz unter polizeilicher Aufsicht", wie die Deportation verschleiernd genannt wurde, kamen bis Kriegsende 110 000 Juden ums Leben, 6000 kehrten aus den Lagern zurück.

Spanners Tätigkeit in den zweieinhalb Jahren seines Aufhaltes, erst in Den Haag, später dann, als die Alliierten näherrückten, im weiter östlich gelegenen Apeldoorn, bestand in rechtssetzenden Aufräumungsarbeiten dessen, was die Besatzer bis 1942 in die Wege geleitet hatten. Eine seiner ersten Amtshandlungen war die Mitwirkung, an einer Verordnung, in welcher den Besatzungsbehörden bei Auktionen und Versteigerungen ein Vorkaufsrecht zugebilligt wurde. Als Vorwand für diese Ausplünderung niederländischer Kulturgüter diente der Hinweis, es müsse eine Verbreitung politisch unerwünschter Literatur, Kunst etc. unterbunden werden. Wenig später mußte sich Spanner um die "Erhaltung und Förderung rassisch wertvollen germanischen Erbgutes" kümmern und setzte für die Niederlande eine Verordung in Kraft, die textgleich auch in Norwegen Anwendung fand: "Kindern, die in den besetzten niederländischen Gebieten von deutschen Wehrmachtangehörigen erzeugt und von ... Niederländerinnen geboren sind, (wird) auf Antrag der Mütter eine besondere Fürsorge und Betreuung ... gewährt."[164] Bis zum Herbst 1942 scheint sich Spanner so weit eingearbeitet zu haben, daß er sich eine eigene "Handschrift" bei der Textierung der Verordnungen erlaubte, so als er seinem Generalkommissar Wimmer einen Entwurf mit der Bemerkung vorlegte, dieser sei "weitergefaßt als die erwähnte Führerverordnung".[165]

Besonders häufig erhielt die Abteilung Rechtssetzung Post von Generalkommissar Rauter, fast immer mit dem dringlichen Ersuchen nach Erlaß einer Verordnung. Als Rauter eine Ausweitung der Befugnisse der Polizei wünschte, teilte er dem Juristen mit, daß die Verordnung "in beschränktem Umfang auch Bestimmungen über die Befugnisse der Polizei bei polizeilichen Maßnahmen außerhalb der strafprozessualen Tätigkeit" enthalte. Spanners Abteilung erledigte das Ersuchen rasch[166], wohl noch unter dem Eindruck eines Protestes Rauters stehend, in welchem dieser über eine "Verschleppung" in einem anderen Verordnungsfall klagte. Rauter erläuterte in diesem mit "eilt!" gestempelten Schreiben das Rechtssetzungsverfahren aus seiner Sicht: Am 30. August 1942 habe er einen Entwurf bei der Abteilung Rechtsetzung "eingereicht", am 10. September sei der Entwurf von dort "im ordnungsgemäßen Verfahren (also nicht als rasch zu erledigende Angelegenheit deklariert, C.F.) u.a. auch an die Hauptabteilung Innere Verwaltung unter Fristsetzung bis 20. September gegeben" worden. Diese hätte auch den Generalsekretär des (niederländischen) Innenministeriums um Stellungnahme gebeten, welcher "ziemlich zweifelsfrei ... eine Verschleppung der Angelegenheit ... direkt beabsichtigt" hätte. Es bedürfe keiner weiteren Begründung, daß ein "solches verzögerndes Vorgehen mit einem ordnungsgemäßen Rechtsetzungsverfahren ... nichts mehr zu tun" habe. Außerdem werde damit "praktisch den niederländischen Stellen die Initiative in die Hand" gegeben und "jede in erster Linie doch vom deutschen Wollen getragene Aufbauarbeit (verwässert)".[167]

Während bei den ersten Deportationen im zweiten Halbjahr 1942 bereits rund 40 000 Juden in Vernichtungslagern verschickt wurden, machte sich Rauter daran, auch noch das letzte Schlupfloch für Juden auf dem Wege der Rechtssetzung zu beseitigen. Die allgemeine Ausweispflicht sollte über die Kennkartenverordnung von 1940 hinausgehend sicherstellen, daß auch die wenigen Juden mit italienischen Pässen erfaßt werden konnten, weil - wie sich die Hauptabteilung Inneres in einem Schreiben an Spanner ausdrückte - "es völlig unleidig (ist), daß z.B. italienische Juden noch heute nur den italienischen Paß besitzen, also trotz Registereintragung als Juden aus den Personalpapieren nicht ersichtlich sind."[168] Spanner war dieses Problem vertraut, hatte er doch schon am 21. Juni 1942 nach einer Besprechung mit "Dr. Rayakowitsch (Sicherheitspolizei)[169] einen Aktenvermerk verfaßt, in welchem die "Frage der Einführung des Kennkartenzwangs auch für Deutsche" besprochen wurde. Daher beschränkte er sich bei der Behandlung der allgemeinen Ausweispflicht auf rechtstechnische Kommentare und Formulierungsvorschläge.

Auch die anderen von Spanner bearbeiteten Verordnungen waren durch sein Bemühen um penible Sicherstellung der formalen Korrektheit gekennzeichnet. Vorschläge von ihm bezogen sich fast nur darauf, die Texte der Verordnungen einfach zu halten, wobei er aber nie vergaß, die Handlungsspielräume seiner Vorgesetzten gegenüber ihren Konkurrenten aus der Wehrmacht oder dem Reich möglichst zu vergrößern[170], allerdings ließen sich Loyalitätskonflikte zwischen Wünschen des Reichskommissars und diesen entgegenstehenden anderen Verordnungen nicht immer vermeiden[171]. Als ihm am 18. März 1943 vom Generalreferenten des Generalkommissars für Wirtschaft und Finanzen ein Verordnungsentwurf über die Behandlung jüdischer Vermögenswerte überreicht wurde, mußte er in einem Antwortschreiben bedauernd darauf hinweisen, daß die vorgeschlagene Maßnahme "so wichtige Fragen wirtschaftlicher und rechtlicher Art aufwirft, daß sie nur nach eingehender Fühlungnahme mit allen interessierten Dienststellen bearbeitet werden kann." Unter diesen Umständen sei es unmöglich, die Verordnung wie von der einreichenden Stelle gewünscht, schon am 1. April 1943 in Kraft treten zu lassen.[172] Vergleichsweise geringe Probleme warf dagegen wenig später die letzte Maßnahme zur Ausplünderung jüdischen Vermögens auf. Die Einziehung von langfristigen Geldforderungen durch das vom Reichskommissariat übernommene jüdische Bankhaus Lippmann, Rosenthal & Co. ging per Verordnung Nr. 89/1943 reibungslos über die rechtsetzende Bühne.

Die Position, die Spanner im Okkupantenapparat einnahm, war keine, wo Eigeninitiative gefragt oder weitreichende Gestaltungsmöglichkeiten gegeben gewesen wären. Was erforderlich war, waren hinlängliche Vertrautheit mit juristischen Texten, die Bereitschaft, die Absichten der Vorgesetzten in die Gestalt eines Verordnungstextes zu bringen und eingereichte Entwürfe auf das Korpus bereits bestehender Verordnungen abzustimmen. Man wird Spanner nicht einmal als Schreibtischtäter bezeichnen können, da das "Vorbild" Eichmann zu deutlich die Disproportionalität hervortreten lassen würde. Akademisch gebildete Schreibkraft im Dienste von Massenmördern, die es für nötig erachteten, ihrem Verbrechen ein juristisches Mäntelchen zu geben - diese Aufgabe erfüllt Professor Spanner offenkundig zur Zufriedenheit seiner Dienstherren, was sie ihm mit Benefizien dankten: Als im April 1943 seine U.K.-Stellung (also die Freistellung vom Wehrdienst) zurückgezogen wurde und er zur Wehrmacht einbezogen werden sollte, intervenierte sogar Reichskommissar Seyß-Inquart für ihn und zwei andere Referenten beim Chef der Reichskanzlei. Dem Fernschreiben ist allerdings zu entnehmen, daß solche Fürsprache des obersten Chefs von diesem nicht ohne eigennützige Hintergedanken vorgebracht wurde. Seyß-Inquarts Behauptung, wenn ihm diese drei Mitarbeiter entzogen würden, müsse er seine "Dienststelle auf dem Gebiet der Verwaltung als aktionsunfähig" melden, übertreibt die Wichtigkeit von Abteilungsleitern wohl ein wenig, um bei der Reichskanzlei auf die Respektierung der Autonomie des Reichskommissars zu pochen.[173]

Die Motive, die Spanner bewogen haben mögen, diese Stelle anzunehmen, sind nicht bekannt. Daß dort eine Möglichkeit offeriert wurde, Karriere zu machen, ist augenscheinlich, und sie wollte Spanner noch im letzten Augenblick nützen. Seine Dienststelle war schon in den Osten der Niederlande verlegt worden, als im Juni 1944 sein Protektor und Vorgesetzter, Friedrich Wimmer, ihn beim Reichsministerium für eine höhere Aufgabe empfahl. Demnach sei er - "einer meiner besten Mitarbeiter" - für eine "ordentliche Professur für Rechts- und Staatswissenschaften an der Technischen Hochschule in Wien in Vorschlag gebracht" worden. Spanners "umfassende Kenntnisse", die er "durch die vielfältigen praktischen Erfahrungen, die er als Leiter der (wohl nur für den Zweck dieses Briefes umbenannten, C.F.) Abteilung für Rechtssetzung, Staatsrecht und Rechtswissenschaft ... sammeln konnte", prädestinierten ihn "für eine in der Zukunft mehr als je notwendige lebensnahe Rechts- und Staatswissenschaft." Trotz der "derzeitigen völligen Unentbehrlichkeit" Spanners möge der Reichsminister der Berufung Spanners nach Wien seine "Förderung" angedeihen lassen.[174]

Gekommen ist es dazu nicht mehr, und Spanner kehrte schließlich an die Grazer Universität zurück, die er zehn Jahre später unter den geschilderten unerfreulichen Begleitumständen wieder verließ. Die Orts- und Meinungswechsel waren für ihn nicht von Nachteil. Im Gegenteil: Über Erlangen gelangte er 1960 nach München, und in all den Jahren arbeitete er sich zu einem anerkannten Verfassungsrechtler empor. Seine früheren Schriften[175] und seine niederländischen Erfahrungen blieben unbeachtet.

4. Im Getto

Die Monate der Suspendierung nutzte Brandweiner nicht nur zu Auftritten bei Veranstaltungen des Friedensrates und zur Entgegennahme von Solidaritätsadressen. Während er beispielsweise Ende Mai 1952 unter dem Motto "Auf in den Kampf gegen die amerikanischen Anstifter des Bakterienkrieges!" in Prag zu Werktätigen sprach (ÖZ 31.5.52), erhoben von der Gesellschaft für englisch-chinesische Freundschaft über das Commenius-Institut der ČSR, die Theodor-Cuzacs-Hochschule für Rechtswissenschaft in Warschau, das Chinesische Komitee zur Verteidigung des Weltfriedens, den österreichischen Bund demokratischer Lehrer und Erzieher, die Bezirksgruppe Wieden des KZ-Verbandes bis zu den gewerkschaftlichen Vertrauensleuten des Bergbaues Seegraben energisch Protest gegen die Verletzung der verfassungsmäßig festgelegten Meinungs- und Redefreiheit. Berichtet wurde darüber nur in der kommunistischen und sowjetischen Presse. Für die nichtkommunistischen Zeitungen war Brandweiner ein erledigter Fall, der höchstens dazu herhalten konnte, als Chiffre zitiert zu werden: Nun "brandweinerte" es nicht nur, sondern jemand "brandweinte" vor Gericht, ein "Professor Weinbrandner" schmückte die Faschingsausgabe, und Pestflöhe inspirierten lyrisch veranlagte Journalisten, "Brandweinerianer" zu verulken[176]. Als Margarete Buber-Neumann im Oktober 1952 in Graz über ihre Erlebnisse in stalinistischen und nationalsozialistischen Lagern sprach, monierte die *Neue Zeit* die Abwesenheit Brandweiners. Der "von einer ausländischen Macht bezahlte Söldling" habe es unterlassen, die "Erlebniszeugin" zu fragen, um seine Kenntnisse über die Umstände, unter denen man in der Sowjetunion verhaftet würde, zu verbessern. (NZ 16.10.52) Die Meinung, es mit einem "Söldling" zu tun zu haben, war wenige Monate vorher nachdrücklich bekräftigt worden, als Zeitungen in Erfahrung gebracht hatten, daß Brandweiner von Graz nach Wien übersiedelt sei. Nicht die Tatsache des Wechsels des Wohnsitzes war es, was Argwohn schürte, sondern die neue Adresse Brandweiners: im 2. Wiener Gemeindebezirk, damals Teil der sowjetischen Besatzungszone. In unmittelbarer Nachbarschaft zu den "Usia-Direktoren und den ausländischen Funktionären des kommunistischen 'Weltgewerkschaftsbundes' bis hinunter zu ihren österreichischen Agenten einschließlich der kommunistischen Abgeordneten und gewisser Redakteure der kommunistischen Presse" (AZ 31.5.52) wohne Brandweiner in einer "kommunistischen Wohninsel" (WK 31.5.52): Was konnte in dieser Übersiedlung anderes gesehen werden als der "Lohn für den Pestflohentdecker"? (AZ 31.5.52)

Brandweiner verlegte nicht nur seinen Wohnsitz in ein kommunistisches Getto, auch seine öffentlichen Aktivitäten waren in den folgenden Monaten und Jahren auf das Areal beschränkt, das als kommunistisch oder sowjetisch beherrschtes angesehen wurde. Er sprach in Sofia, überbrachte anläßlich der Gründung der tschechoslowakischen Akademie der Wissenschaften in Prag eine Grußadresse, nahm als "Special Invited Guest" an einer asiatischen und pazifischen Friedenskonferenz in Peking teil, wo er auch einen Empfang durch Mao Tse Tung erlebte und machte sich als Artikelschreiber für die *Österreichische Zeitung* und später auch für DDR-Zeitungen nützlich, für die er nicht nur über seine Reisen und Konferenzteilnahmen berichtete, sondern auch als Völkerrechtsexperte zur Feder griff. Der Koreakrieg und die dortigen Kriegsverbrechen bildeten dabei weiterhin den Schwerpunkt seiner Stellungnahmen. Sowohl die in der Zwischenzeit bekannt gewordenen Geständnisse amerikanischer Kriegsgefangener, wie die Berichte der Kommission von Naturwissenschaftlern, die Korea bereisten, wurden

Pestflöhe gratulieren ihrem Entdecker.
Prof. Brandweiner, Graz, erhielt soeben den "Lenin-Preis"
Quelle: Die Furche, 11.1.1958

Quelle: Neuer Kurier, 9.1.1958

von ihm aufgegriffen und als zusätzliche Bestätigung für die Richtigkeit der Resultate der Juristenkommission, deren Präsident er war, ausgegeben (ÖZ 15.3., 22.3. und 23.3.53). Im Dezember 1952 sprach Brandweiner in Wien beim Völkerkongreß für den Frieden, wo er neben John Desmond Bernal, Howard Fast, Jean Paul Sartre, Anna Seghers und anderen im Präsidium saß, über die Rolle der Rechtswissenschaft. Der Text der Rede wurde in der *Österreichischen Zeitung* veröffentlicht und ermöglicht es, Einblick in Brandweiners politisch-intellektuelle Entwicklung zu nehmen, die er seit dem Beginn seines Engagements für die Friedensbewegung genommen hatte. Obwohl die Jurisprudenz für die auf diesem Kongreß besprochenen Fragen größte Bedeutung besitze, werde ihre Rolle oft unterschätzt, begann Brandweiner seine Rede. Da die Rechtswissenschaft eine normative Wissenschaft sei - worunter er verstand, daß sie sich mit "gewissen Normen, welche menschliches Verhalten bestimmen", beschäftige - , spiele die "philosophische und politische Einstellung des Juristen bei seiner Arbeit eine viel größere Rolle als etwa im Bereich der Naturwissenschaft". Daher lasse "die Wahl der Gegenstände und das Ergebnis, insbesondere einer völkerrechtlichen Untersuchung ... meist einen sicheren Schluß zu auf die manchmal verhüllt, manchmal offen zutage tretende politische Einstellung ihres Urhebers." Während Brandweiner zwei Jahre davor noch emphatisch das Bekenntnis zur Wahrheit und eine unexplizierte Standespflicht bemüht hatte, um sein Engagement für die Friedensbewegung zu erläutern, fragte er jetzt nach dem cui bono konkurrierender Meinungen und argumentierte mit einem verschwörungstheoretischen Unterton: "Es ist zum Beispiel kein Zufall, daß es fast keinen nordamerikanischen Juristen gibt, der zur Frage der Zulässigkeit der Atombombe wissenschaftlich Stellung genommen hätte." Noch im Jahr davor hatte er in einer Publikation die ihn leitende Absicht dahingehend umschrieben, daß es ihm nicht um die politischen Motive einer vom ihm kritisierten Position gehe, sondern einzig und allein darum, deren Thesen auf "ihre wissenschaftliche Haltbarkeit hin zu untersuchen."[177] Handelt es sich bei der Rede Brandweiners vor dem Wiener Völkerkongreß zugegebenermaßen zwar um keine wissenschaftliche, fällt seine Abwendung von der Wissenschaftlerrolle doch deutlicher aus als bisher. Das "einmütige Schweigen" der westlichen Jurisprudenz zur Atombombe resultierte für ihn nun ausdrücklich aus einer "Verschwörung" und sei ein Zeichen "schlechten Gewissens". Folglich "müssen wir demokratischen Juristen" die "westlichen Juristen entlarven", die wider besseren Wissens - woraus offenbar das vorhin erwähnte schlechte Gewissen herrührt - "das alte, klassische Völkerrecht ... zu Fall zu bringen" versuchen. Brandweiners Schwenk wird auch daran ersichtlich, daß er den einst als Kronzeugen zitierten Kelsen jetzt zu jenen rechnet, die ein schlechtes Gewissen hätten, hingegen den "hervorragenden sowjetischen Kollegen Professor Koschewnikow zum Vorbild" ernannte, ohne hinzuzufügen, worin dieser Vorbild sei und auf welchen Pfaden ihm zu folgen wäre. (ÖZ 20.12.52)

Brandweiners stärkere Annäherung an die kommunistische Rhetorik fand ihr Pendant in einer organisatorischen, wofür sein Wohnungswechsel nur das sichtbare Zeichen war. Daß er dem sowjetischen Hochkommissar anläßlich des Ablebens von Josef Stalin persönlich kondolierte (ÖZ 8.3.53), mag seiner bürgerlichen Anstandserziehung geschuldet gewesen sein, die intensivere Mitarbeit im Österreichischen und im Weltfriedensrat, in der Internationalen Vereinigung Demokratischer Juristen und bei der *Österreichischen Zeitung* waren nur der Anfang. Seiner Wahl zum Vorstandsmitglied der Österreichisch-Sowjetischen Gesellschaft im Frühjahr 1953 folgte die zum Vorsitzenden des Österreichischen Friedensrates im Herbst desselben Jahres.

Die zu "Friedenskämpfern" gewordenen "Friedensfreunde" sahen sich nach dem Abschluß des Waffenstillstandes in Korea genötigt, neue Betätigungsfelder zu finden, wobei es ihrem neuen Vorsitzenden nicht schwer fiel, seine Stimme auch zu anderen Themen zu erheben. Knüpfte er anfangs noch an seine frühere Aufrüstungsexpertise an, erwähnte er bei späteren Anlässen das Deutschlandproblem, die Nichtaufnahme der Volksrepublik China in die UNO, Soldatentreffen in Österreich und den Vertrag zur Errichtung einer Europäischen Verteidigungsgemeinschaft als "Aufgaben der österreichischen Friedensbewegung". (ÖFZ Dezember 53) Im Dezember 1954 gehörte er dem Präsidium einer "Internationalen Konferenz der Juristen zur Verteidigung der demokratischen Rechte" (ÖZ 5.1.54) an und hielt bei dieser Gelegenheit ein Referat, in welchem er die weitgehende Einflußnahme politischer Parteien auf das Justizwesen im Wege des Weisungsrechts gegenüber den Staatsanwälten kritisierte: "Die immer stärker werdende Abhängigkeit der Staatsanwälte sei ein Symptom für den Verfall der bürgerlichen Gesetzlichkeit". (VS 9.1.54) Ein von ihm geschriebener Bericht über diese Veranstaltung beinhaltet Behauptungen, die des propagandistischen Effektes willen formuliert wurden und einer sachlichen Überprüfung nicht standhalten konnten. Von Konferenzteilnehmern sei das von den "Vereinigten Staaten ausgehende System des McCarthysmus (sic!) gegeißelt" worden. Den "Höhepunkt" dieser "Inquisition des 20. Jahrunderts" erreiche diese Praxis heute in Westdeutschland durch die ungebührlich lange Untersuchungshaft in Fällen, in denen "mit einer Verurteilung nicht gerechnet werden kann". Ein Gesetzesentwurf sehe dort die Möglickeit vor, außerhalb des regulären Strafverfahrens, "Personen ... festzunehmen und in eine Anstalt zu verbringen ... Damit würde praktisch auch das faschistische Konzentrationslager in der westdeutschen Bundesrepublik seine Auferstehung feiern." (ÖZ 13.1.54) Hier und auch in späteren Artikeln übernahm Brandweiner eine Diktion, die seine früheren Texte nicht enthielt und die bei einem Vergleich mit zeitgenössischen Autoren als charakteristisch für kommunistische Autoren hervorsticht: "Entlarven", "Kriegsfanatiker", die Kennzeichnung des Nationalsozialismus als "faschistisch", die Rede von der "bürgerlichen Gesetzlichkeit" und die von den "fortschrittlichen und demokratischen Kräften" sind zu Worthülsen verkommene Begriffe stalinistischer Rhetorik seit den Tagen der Volksfront.

Diese Metamorphose ist aber keine allein die Person Brandweiner kennzeichnende. Die Friedensbewegung zeigte zunehmende Ermüdungserscheinungen. Der 1950 agilen Bewegung zur Ächtung der Atombombe war gleichsam das Anliegen verlorengegangen. Der "Kampf dem Atomtod"[178] stand erst bevor, und Anfang 1954 markierte ein Ereignis die Ablösung der (Friedens-)Bewegung durch die (Friedens-)Organisation: Man suchte nach einem Thema für den kommenden Kongreß. Sollte ursprünglich der Vorsitzende Brandweiner mit einem Referat "Wie kann Österreich zur internationalen Verständigung beitragen?" das Motto vorgeben, sprach er dann doch über "Österreich und die Erhaltung des Friedens in Europa". Die Sonderberatungen -

heute würden man wohl Arbeitskreise sagen - waren belanglosen und zu jeder Zeit aufgreifbaren Themen gewidmet: "Schutz der Bevölkerung vor Kriegsbüchern, Kriegsfilmen und Kriegspropaganda verbreitenden Zeitschriften (westdeutschen Illustrierten vor allem). Welchem Zweck dienen Soldatentreffen, Soldatenbünde, Soldatenzeitungen? Zu dieser Frage werden ehemalige Kriegsteilnehmer Stellung nehmen. Die Heraushaltung Österreichs aus allen Kriegsvorbereitungen. Gegen die Anlage strategischer Straßen, die Minierung von Brücken usw. Bei den Beratungen zu diesem Punkt werden auch die militärischen Pläne des Atlantikpaktes zur Einbeziehung Österreichs in die amerikanische Strategie zur Sprache kommen. Das Deutschlandproblem. Für eine friedliche Wiedervereinigung Ost- und Westdeutschlands, gegen jede Unterstützung der westdeutschen Wiederaufrüstung." (ÖZ 5.3.54)

Wie weit diese Flaute auf einen allgemein bekannten Ermüdungseffekt sozialer Bewegungen[179] zurückgeführt werden muß, wie weit Ereignisse in den kommunistisch regierten Ländern - erinnert sei an die desintegrativen Tendenzen des Sowjetsystem rund um Stalins Tod und die Ostberliner Unruhen 1953 - demotivierend wirkten, wie sehr die weltpolitische Lage von den Friedenskämpfern als ruhiger wahrgenommen wurde oder ob die Aktivisten gar meinten, für - um die damals geläufige Floskel aufzunehmen - ein "Rückversichern" bestünde nun keine Notwendigkeit mehr, kann hier offen bleiben. In unterschiedlichem Umfang mögen alle genannten Faktoren zusammengespielt haben. Die Verwandlung zu einer Organisation für den Frieden war jedenfalls unübersehbar. Der Verlust originärer Anliegen wurde auch in Brandweiners Rede deutlich, in welcher er gegen eine Annäherung Österreichs an den Europarat polemisierte und darin einen "versteckten und (sic!) offenen Anschluß an Westdeutschland" erblickte. (ÖZ 14.3.54) Die Sorge darum veranlaßten schließlich den Friedensrat und dessen Vorsitzenden, im Laufe des Jahres 1954 eine Broschüre, "Die Anschlußgefahr", zu publizieren, worin der einstige Anschlußbefürworter[180] vor einer Wiederholung der Geschichte warnte und die Gefahr eines dritten Weltkrieges zu erkennen vermeinte.[181] Das Referat, das Brandweiner vor den österreichischen Friedenskämpfern gehalten hatte, hielt er wenig später auf Einladung der Humboldt-Universität in Berlin (DDR). Wenn Österreich den "Weg der Vernunft und Besinnung" gehen wolle und den des Anschlusses an das amerikanisierte westliche Europa meide, müsse es eine "wahrhaft neutrale Politik" einschlagen. Alles andere versperre die Erringung nationaler Unabhängigkeit und staatlicher Freiheit. (VS 13.4.54)

Bei einer Festveranstaltung aus Anlaß des fünfjährigen Bestehens der Weltfriedensbewegung zog deren österreichischer Vorsitzender im April 1954 Bilanz: Gegründet zur Zeit als der Nordatlantikpakt aus der

Taufe gehoben worden sei, habe der Weltfriedensrat sich immer an drei Prinzipien orientiert: Friedliche Koexistenz der verschiedenen Regierungsysteme; Schlichtung von Streitigkeiten unter den Völkern auf dem Wege von Verhandlungen und Verträgen und Nichteinmischung in innere Streitigkeiten eines Volkes. Zu den Erfolgen der Bewegung zählte Brandweiner den Appell zur Ächtung der Atomwaffe und den für einen Friedenspakt der fünf Großmächte. Diese Aufrufe, von Millionen unterschrieben, hätten verhindert, daß in Korea die Atombombe verwendet wurde, und dazu beigetragen, daß dieser Krieg durch den Waffenstillstand beendet worden sei. In Hinkunft werde der Weltfriedensrat "seine Aufmerksamkeit einer großen Kampagne für eine internationale Entspannung" zuwenden. (ÖZ 23.4.54) Die anläßlich dieser Veranstaltung mitgeteilte Übersiedelung des ständigen Sekretariats des Weltfriedensrates von Prag nach Wien weckte die Aufmerksamkeit der nichtkommunistischen Presse und als der *Bild-Telegraf* die Fehler beging, als Verkünder dieser Mitteilung den "Ex-Universitätsprofessor Brandweiner" zu zitieren, war dieser mit einer Entgegnung rasch zur Hand: "Wahr ist vielmehr, daß Dr. Heinrich Brandweiner Universitätsprofessor ist" (BT 24.4. und 5.5.54). Im Mai dieses Jahres sprach Brandweiner wieder in Ostberlin, diesmal auf einer außerordentlichen Tagung des Weltfriedensrates, wo er sich mit völkerrechtlichen Argumenten gegen die Atom- und Wasserstoffbombenversuche der USA in sogenannten Mandatsgebieten wandte und die Versuche am Bikini-Atoll mit den Worten verurteilte: "Es wird der Tag kommen, da die Völker derartige Experimente nicht nur verurteilen, sondern auch verhindern werden." (ÖZ 29.5.54) Auch einige andere Beiträge Brandweiners aus dieser Zeit waren von vergleichbarer Sachlichkeit - zur Kenntnis genommen wurden sie außerhalb des kommunistischen Gettos allerdings kaum.[182]

Am 3. August veröffentlichte gar das Zentralorgan der KPdSU, "Prawda", einen Artikel des Grazer Völkerrechtlers über Österreich und die kollektive Sicherheit in Europa, der in der *Österreichischen Zeitung* am folgenden Tag referiert wurde. Auch eine Sitzung des Alliierten Rates beschäftigte sich noch einmal mit einem Protest des Österreichischen Friedensrates gegen geplante Soldatentreffen, denen vorgeworfen wurde, "Träger großdeutsch-militaristischer Propaganda" (VS 19.9.54) zu sein, worauf der amerikanische Hochkommissar wieder einmal an Brandweiners NSDAP-Mitgliedschaft erinnerte und nicht unerwähnt ließ, daß Brandweiner "die amerikanischen Soldaten fälschlich beschuldigt" hatte, in Korea einen bakteriologischen Krieg zu führen (AZ 16.9.54), "Brandweiner ist kein Kronzeuge" wußte daraufhin die *Neue Wiener Tageszeitung* zu melden (16.9.54).

Größeres Vertrauen in die rechtswissenschaftlichen Qualitäten des in Österreich als "Pestfloh" verunglimpften Völkerrechtlers hatte die

DDR. Ab September 1954 lehrte er als Gastprofessor für Völkerrecht an der Humboldt-Universität in Berlin und las an der Deutschen Akademie für Staats- und Rechtswissenschaften in Potsdam-Babelsberg, dem Ausbildungszentrum der DDR-Diplomaten, Gesandtschafts- und Konsularrecht. Die *Österreichische Zeitung* vergaß nicht, ihrer Meldung hinzuzufügen, daß Brandweiners Stellung als "Mitglied der Grazer juristischen Fakultät ... unberührt" bleibe. (ÖZ 15.10.54) Die mit dieser Berufung verbundene häufigere Abwesenheit Brandweiners aus Österreich trug ebenso wie die Stigmatisierung des "Söldlings", welche durch ersteres wieder Nahrung erhalten hatte, zu einer immer geringer werdenden Aufmerksamkeit der österreichischen Öffentlichkeit für diese "Persönlichkeit von Weltruf" (VS 16.1.55) bei. Selbst seine Wahl zum korrespondierenden Mitglied der Deutschen Akademie der Wissenschaften in Berlin, die im Februar 1955 erfolgte, war den österreichischen Zeitungen nur kurze Meldungen wert. Mehr als die Wahl Brandweiners interessierte sie, wie sich der zweite Österreicher, der Generaldirektor des Österreichischen Staatsarchivs, Univ. Prof. Dr. Leo Santifaller zu seiner Wahl in die "Sowjetzonenakademie" (PRE 15.2.55) äußern würde. Andere Blätter wußten zu melden, daß das die ersten beiden Österreicher wären, die seit 1945 in diese Akademie, die immerhin seit 1700 bestehe (und deren Gründer Leibniz die meisten Zeitungen wie die südsteirische Stadt Leibnitz schrieben), gewählt worden wären. Was immer die letztlich ausschlaggebenden Gründe für die Wahl Brandweiners gewesen sein mögen, der Mitgliedschaft in der Berliner Akademie mußte er sich nicht schämen, wurden doch gemeinsam mit ihm mehrere westliche Gelehrte gewählt und waren auch unter den östlichen Akademiemitgliedern Gelehrte von Weltruhm.[183]

Den Abschluß des österreichischen Staatsvertrages wußte Brandweiner gebührend zu feiern. Er publizierte das Vertragswerk samt völkerrechtlicher Einleitung alsbald in einem DDR-Verlag[184] und sah im Staatsvertrag einen Beweis dafür, daß "es möglich ist, schwebende Fragen von Weltbedeutung durch friedliche Vereinbarungen zwischen den Großmächten einer konstruktiven Lösung zuzuführen." Die von ihm über Jahre hinweg beschworene Gefahr einer militärischen Eingliederung Österreichs in den Westblock war beseitigt, was jedoch die "Vorteile" des Vertrages für die "drei Westmächte" gewesen sein mögen, wo doch dieser Vertrag "das strategische Konzept der NATO empfindlich durcheinandergebracht" habe, erklärte Brandweiner seinen Lesern nicht. Er machte auch nicht klar, an wen er dachte, als er schrieb, "dieser Zustand (könne) auch für andere Länder viel Verlockendes haben." (VS 21.6.55) Daß mit dem Abschluß des Staatsvertrages und der österreichischen Neutralitätserklärung nicht jenes "Klima der Toleranz nach außen, (aber) auch im Inneren"[185] geschaffen war, das seiner Meinung nach die Voraussetzung für das Gedeihen der Neutralität bilde, - bekam der Autor wenig später zu spüren: Wieder einmal verweigerten ihm die Grenzorgane der Bundesrepublik Deutschland die Einreise.[186]

Brandweiners Sorge, Österreich könne einen "Anschluß an den Westen" erleiden, erwachte kurz darauf wegen des Beitritts Österreichs zum Europarat, was in seinen Augen nur der erste Schritt sei, am Ende stünde der "ersehnte Eintritt in die NATO"[187].

Als Brandweiner im September 1956 auch noch zum Gastprofessor für Völkerrecht an die Karl-Marx-Universität in Leipzig berufen wurde, war er für die meisten Zeitungen bereits der "ehemalige" Grazer Professor. Während eines der nun häufigeren Aufenthalte in der DDR sprach Brandweiner auf dem Parteitag der Ost-CDU und stellte den Abschluß eines Konkordats zwischen der DDR und den dortigen Bischöfen zur Diskussion, weil nach seiner Auffassung "Konkordate nicht allein vom Apostolischen Stuhl, sondern auch von einem oder mehreren Bischöfen abgeschlossen werden könnten."[188] Noch im selben Jahr trat er mit einer weiteren unorthodoxen Rechtsmeinung zu innerdeutschen Fragen hervor. In einem Gutachten, das eine auf außenpolitische Fragen spezialisierte Zeitschrift der DDR abdruckte, erörterte Brandweiner die Frage, wer Nachfolgestaat des Deutschen Reiches sei und behauptete, alle Staaten, die einen Teil des Territoriums des untergegangenen Vorgängerstaates verwalteten, seien Nachfolgestaaten und besäßen die daraus erwachsenden Rechte, beispielsweise hinsichtlich der Staatsbürgerschaft. Die Staatsangehörigen des Deutschen Reiches hätten ihre Staatsbürgerschaft mit dem Ende des Reiches verloren und es stehe jedem Nachfolgestaat frei, "Regelungen der Staatsangehörigkeit der seiner Gewalt unterworfenen Individuen nach eigenem Ermessen vorzunehmen."[189]

Erosionen

Die Ereignisse, die die Weltöffentlichkeit im Herbst 1956 in Banne hielten - Suezkrieg und Aufstand in Ungarn - strapazierten auch den Weltfriedensrat. Schon bei einer Sitzung im Juni fielen prominente Mitglieder durch Abwesenheit auf, beispielsweise Jean Paul Sartre und Howard Fast. Eine Resolution zu den Ereignissen in Ungarn, die das Büro des Weltfriedensrates im Herbst verabschiedete, wurde nicht einmal vom Vizepräsident, dem italienischen Linkssozialisten Pietro Nenni, unterzeichnet, obwohl darin von "schmerzlichen Ereignissen" gesprochen, allerdings nur der "Wunsch" geäußert wurde, die sowjetischen

Truppen mögen aus Ungarn abziehen. Letzteres spitzfindigerweise erst, "sobald dies in einem Abkommen zwischen Ungarn und der UdSSR vereinbart ist." (VS 25.11.56) Die Prinzipien der Friedensbewegung - für die Schlichtung von Streitigkeiten unter den Völkern den Weg von Verhandlungen und Verträgen vorzuschlagen - wurden unübersehbar zugunsten des Interventen verbogen. Dementsprechend war diese Erklärung nur von wenigen Westlern unterzeichnet; prominente nichtkommunistische Namen fehlten, Brandweiner hingegen unterschrieb.

Mit der Niederschlagung des ungarischen Aufstandes durch sowjetische Truppen begann der Niedergang der Friedensbewegung. Während über das Datum des Verfalls kaum Zweifel bestehen, ist weniger deutlich, welche *Motive* westliche Intellektuelle bewogen, sich gerade nun von der Sowjetunion, dem ersten Land des Sozialismus, abzuwenden. *Gründe* gab es genug: Augenscheinlich war die friedliebende Sowjetunion, wo es um ihre eigenen Interessen ging, weitaus weniger geneigt, sich an die Prinzipien der Friedensbewegung zu halten. Weder Verhandlungen noch Achtung der nationalen Souveränität noch Nichteinmischung in innere Angelegenheiten spielten eine Rolle, als es in Ungarn um die Sicherung der Hegemonialansprüche ging. Daß in manchen Situationen die Aufforderung, einen Konflikt durch Verträge zu schlichten, geradezu zynisch gegenüber den Unterlegenen anmuten mußte, mag anläßlich der Niederschlagung des ungarischen Aufstandes bewußt geworden sein, umso mehr als von der ausländischen Macht nicht nur Verträge gebrochen wurden, sondern sich in Ungarn Quislinge fanden, die die Sache des ausländischen Interventen zu ihrer eigenen machten. Gelang es den diversen kommunistischen Vorfeldorganisationen bis Ungarn, die Verluste von fellow travellers durch Rekrutierung jeweils neuer Generationen von Verbündeten per saldo wett zu machen, zeichnete sich seither ein rapider Verfall der Zahl der Anhänger ab, der möglicherweise dadurch beschleunigt wurde, daß - nach einer kurzen Phase des Wiedererwachens rabiatester Kalter Kriegs-Propaganda nach dem Ungarnaufstand - zwischen den ideologischen Blöcken Platz frei wurde, wo sich jene sammelten, die sich weder der einen noch der anderen Weltmacht andienern wollten. Was später weltweit als Neue Linke bekannt wurde, hat eine historische Wurzel in der Abwendung linker Intellektueller vom sowjetischen Vorbild im Zuge der Ereignisse des Jahres 1956.[190] Natürlich gab es schon vorher Häretiker und Ausgestoßene - von Leo Trotzki bis Josip Broz Tito und darüber hinaus - doch scheint es, daß diese Konflikte unter den westlichen Intellektuellen in geringerem Umfang Resonanz gefunden hatten. 1956 war die Abkehr vom sowjetischen Kommunismus vor allem kein Akt individueller Einsicht der Art, daß dieser Gott keiner war, wie davor - von den Moskauer bis zu den Prager Prozessen -, als eine ideologische und politische Konstellation herrschte, in der Kommunisten und Linken, die auf Distanz zur Dritten Internationale gingen, nur der Rückzug ins Private oder als Renegat der Frontwechsel offenstanden. Der Unterschied zwischen den Koestler, Sperber und Gide und den Sartre, Sweezy und Bloch bestand nichtzuletzt darin, daß die Geheimrede Chruschtschows und die darauf folgende (wie dürftig auch immer ausfallende) sowjetische Selbstkritik den "jüngeren" westlichen Renegaten eine zusätzliche Legitimation verlieh und Positionen eingenommen werden konnten, die den Sowjetkommunismus im Namen eines besseren Sozialismus kritisierten. Die bürgerlichen Intellektuellen wiederum, die im Zeitraum von der Russischen bis zu Ungarischen Revolution in der Sowjetunion eine heroische Utopie auf dem Weg zur Realisierung vor Augen hatten, konnten sich den ungarischen Barrikadenkämpfern und zehn Jahre später den Aktivisten der Neuen Linken zuwenden, um ihre politischen oder sozialromantischen Bedürfnisse befriedigt zu finden. Diese "freischwebende Intelligenz"[191] befand sich nun nicht mehr in einer bipolaren Spannung: westlicher bekannter Alltag - östliches unbekanntes Experiment, sondern sah eine neue Utopie, die Attraktivität des "Dritten Weges", der zudem den Vorzug besaß, daß er als ohnmächtiger, irrealer oder peripherer von seinen Anhängern weniger häufig die Erbringung kleiner Kompromisse erforderte. Der Dritte Weg konnte ohne Anpassungsleistungen idolisiert werden - ehe die antikolonialen Revolutionen als neues Projektionsobjekt die Intellektuellen animierten, sich auf die Suche nach den edlen Wilden der Moderne zu begeben. In der Friedensbewegung blieben die kommunistischen Intellektuellen zunehmend unter sich, die wenigen Nichtkommunisten besaßen geringe Ausstrahlungskraft und bröckelten überdies in den folgenden Jahren immer mehr ab. Bei Brandweiner war es noch nicht so weit, was in den spezifischen österreichischen Verhältnissen, dem Fehlen einer intellektuell anziehend wirkenden Alternative des Dritten Weges jenseits von Großer Koalition hier und kommunistischem Getto dort ebenso begründet war, wie in der individuell sehr weitgehenden Abhängigkeit seiner beruflichen Orientierung auf Arbeits- und Publikationsmöglichkeiten in der DDR. Der Abfall vieler anderer machte ihn für die Friedensbewegung und die diese lenkenden kommunistischen und sowjetischen Funktionäre sogar noch wichtiger.

Kaum waren die Eruptionen des Herbst 1956 überstanden, kam es Anfang des folgenden Jahres für den Weltfriedensrat zu einem bösem Erwachen. Am 1. Februar 1957 teilte Innenminister Oskar Helmer dem als Verein konstituierten "Sekretariat des Weltfriedensrates" seine behördliche Auflösung mit, weil von diesem Verein, dessen Mitglieder "durchwegs Ausländer" wären, in "letzter Zeit einseitige Stellungnahmen zu weltpolitischen Vorgängen" abgegeben worden seien, die im Gegensatz zum "deklarierten Willen der österreichischen Republik, mit allen Staaten friedliche Beziehungen zu unterhalten", stünden. Da die Tätigkeit des Sekretariats im Ausland den Anschein erweckte, von "Österreich gebilligt, zumindest geduldet" zu werden, sei eine Fortführung der Vereinstätigkeit mit den "Interessen der Republik Österreich" nicht vereinbar.[192] Von dieser vereinsgesetzlichen Begründung abgesehen, war es eine von der österreichischen Regierung seit dem Abzug der Besatzungsmächte gezielt betriebene Politik, alle früher im Schutze der sowjetischen Besatzungsmacht in Wien Obdach gefundenen Organisationen des Landes zu verweisen. Vor dem Weltfriedensrat hatte bereits der Weltgewerkschaftsbund das Weite suchen müssen.

Eine Protesterkärung des Österreichischen Friedensrates, die die *Volksstimme* gemeinsam mit der Übersetzung eines *Prawda-Artikels* abdruckte und worin der Vermutung Ausdruck verliehen wurde, der gerade in Wien zu Besuch weilende amerikanische Vizepräsident Richard Nixon habe diese Repressalie empfohlen, führte wieder einmal zur Beschlagnahme der Zeitung und zur Einleitung eines Strafverfahrens wegen der Verbreitung beunruhigender Gerüchte.

Brandweiner protestierte in Form eines Interviews gegen den Auflösungsbescheid und erwähnte genüßlich, daß das Sekretariat doch erst einen Monat vorher, "aus Anlaß des Jahreswechsels Glückwunschschreiben von vielen Persönlichkeiten, darunter von dem verewigten Bundespräsidenten Dr. Körner, von Bundeskanzler Raab, von Außenminister Figl, von Staatssekretär Kreisky, von Minister Waldbrunner und von vielen anderen Persönlichkeiten des öffentlichen Lebens" erhalten hätte.[193] Doch auch das half nichts, denn, wie es die *Arbeiter-Zeitung* in einer Überschrift formulierte, "Österreich will Frieden - nicht den Friedensrat" (AZ 12.3.57) - und dabei blieb es, bis nach den Bundespräsidentenwahlen eine österreichische Lösung gefunden wurde: Die Friedensrat-Aktivisten zogen eine Klage beim Verfassungsgericht zurück, dafür genehmigte das Innenministerium die Konstituierung eines Vereins namens "Internationales Institut für den Frieden", welcher bis auf den heutigen Tag in Wien residiert.

Das Verbot des Weltfriedensrates und die häufige Erwähnung Brandweiners rief seine alten Gegner unter den österreichischen Publizisten auf den Plan, der wiedererwachte Kalte Krieg tat das seine und plötzlich erinnerte man sich wieder des Pestfloh-Spürers (BT 1.1.58). In den *Salzburger Nachrichten* zerzauste Gustav Canaval die "kommunistische Weltfriedenstaubenzüchterei" (17.3.57), die *Arbeiter Zeitung* dokumentierte per Foto, daß ein "blutiger Friedenstaubenverschlag versiegelt" worden sei (6.2.57) und die *Tagespost* nahm "Pestflöhe und Maulwürfe" zum Anlaß eines Rundumschlages. Sie wetterte gegen die "Schrittmacherdienste" der Sozialisten, welche sie darin sah, daß dem

Aufsichtsrat der Arbeiterbank A.G. nach wie vor ein Kommunist, der als "Renommiergoi" bezeichnet wurde, angehörte, und der Grazer Bürgermeister "einem kryptokommunistischen Komponisten ein Essen offeriert" habe, ehe sie zu Brandweiner überleitend auf die "nicht einmal so geringe Zahl pathologischer Ehrgeizlinge, spekulativer Adabeis oder ganz einfach verkalkter Greise, die aus Dummheit, Freßlust oder Eitelkeit auch dort 'mitmachen zu müssen' glauben, wo die Gastgeber Blut an den Händen haben", zu sprechen kam. Kein "anständiger Mensch" dürfe sich künftig darauf ausreden, solches nicht gewußt zu haben, da sich doch unter den "Scherbelträgern und Speichelleckern dieser Aggressoren ... ein gewisser Dr. Heinrich Brandweiner, seines Zeichens noch immer Universitätsprofessor" befände: "Einmal muß ein deutlicher Trennungsstrich zwischen den 96 Prozent anständigen Österreichern und den vielleicht vier Prozent Geschmeiß gezogen werden." (16.7.57)

Ein halbes Jahr nach diesem Stakkato der antikommunistischen Presse konnte das Mitglied der Sowjetischen Akademie der Wissenschaften, Dimitri Skobelzyn, über den Geschmähten trotzdem sagen: "Alle diese Angriffe vermochten jedoch den Willen diese mutigen Friedenskämpfers nicht zu brechen." (VS 4.1.57) Der Anlaß zu solchem Lob war ein besonderer, hatte doch das Komitee für die Zuerkennung des Internationalen Lenin Preises für Festigung des Friedens einen der sieben Preise des Jahres 1956 an Brandweiner verliehen. Aus den Meldungen geht nicht eindeutig hervor, wofür Brandweiner ausgezeichnet wurde: Hieß es einmal, der Preis sei Persönlichkeiten zugesprochen worden, die sich "tatkräftig für den Frieden und die friedliche Koexistenz" eingesetzt hätten (VS 1.1.58), behauptete der *Neue Kurier*, der Geehrte hätte sich "aktiv für Abrüstung und friedliche Lösung offener internationaler Probleme eingesetzt" (2.1.58). Anderen war das alles nur Vorwand, denn "wer die Haßgesänge der kommunistischen Propagandisten im Zusammenhang mit der trüben 'Pestflohaffäre' noch in Erinnerung hat, kann diese Begründung wohl nur mit Lächeln aufnehmen" (KLVB 3.1.58), und die *Oberösterreichischen Nachrichten* bemühten ein Dichterwort, um ihrer Meinung Ausdruck zu verleihen: "Goethes Margarete pflege dann zu sagen: Es tut mir lang schon weh, daß ich dich in der Gesellschaft seh". (2.1.58) Schließlich nahm sich Franz König, Erzbischof von Wien, im vorliegenden Kontext der Probleme "sozialer Hygiene an und warnte vor "Bazillenträgern geistiger Seuchen". (PRE 8.1.58)

Die Überreichung des gutdotierten Preises[194] erfolgte Anfang Februar im Rahmen einer Festveranstaltung in Wien. Der Vorsitzende des Verleihungskomitees, Professor Skobelzyn, fügte den bereits bekannten Ehrungsgründen weitere hinzu, als er hervorhob, daß der Geehrte "als einer der ersten österreichischen Gelehrten für die Neutralität und Unabhängigkeit" seines Landes eingetreten sei. Mit seinen "Studien auf dem Gebiet der völkerrechtlichen Probleme der Neutralität" habe Brandweiner "auch anderen Ländern ... einen wertvollen Dienst erwiesen." Der "Patriot seiner Heimat" verkörpere jenen Typus von Wissenschaftler, der "sich nicht in (seinem) wissenschaftlichen Fach" abkapsele, sondern danach strebe, "die Theorie mit der Praxis, mit den Lebensfragen der Gegenwart zu verbinden."[195]

In all den Jahren zwischen dem Ersten Steirischen Friedenskongreß und dem Lenin-Friedenspreis schwiegen die Universitätskollegen zu Brandweiners Reden und Handeln ebenso wie zu den vielen Angriffen auf ihn. Ausdrückliche Aufforderungen von seiten der Presse, gegen des Kollegen Irrmeinung Stellung zu beziehen oder den "Söldling" aus der Universität zu verbannen, blieben ohne Reaktion. Nicht einmal die von der *Neuen Zeit* mit an Penetranz grenzender Regelmäßigkeit wiederholten Klageaufforderungen an den "Lügner" veranlaßten Brandweiners Kollegen, ihn zu diesem Schritt zu zwingen, wie diese Zeitung fünf Jahre nach dem ersten diesbezüglichen Artikel bekümmert feststellte (6.5.56). Oder hätte man aus einer Passage der Festansprache des Rektors der Grazer Universität, Karl Eder, anläßlich einer akademischen Feier im November 1952 - also wenige Monate nachdem Brandweiner im Zusammenhang mit seinem Korea-Gutachten suspendiert wurde - Kritik an dem umstrittenen Juristen herauslesen sollen? Eder sprach noch dazu über "Die Universität in der Krise der Gegenwart" und führte Klage über den Mangel an "Ruhe und Stille". Ihr Gegenteil, "Unruhe und Lärm gehören zu den Kennzeichen unserer Zeit." Und er verwies auf die Propaganda und deren Methoden: "Anschlagtafeln und Litfaßsäulen, die Annoncen in der Presse - vorzüglich in den Illustrierten -, die Leuchtreklame und Lautsprecher künden von Propaganda." Für "alles Geistige" gelte aber ein anderes Gesetz: "Was wächst, macht keinen Lärm." Letzterer sei "Zeichen jeder Mache". Daher "empfange der junge Mensch" den Eindruck, im öffentlichen Leben seien "geistige Werte so gut wie ausgeschaltet" und es stünden ganz andere Dinge im Vordergrund der "Interessen der Massen." Das "eigene Nachdenken in Ruhe und Stille" werden durch "aufdringlich vorgetragene Tagesmeinungen" verhindert: "Nicht mehr die Stillen im Lande, sondern die unangenehm Lauten beherrschen das Feld, leider auch der Geistigkeit."[196]

Nicht einmal Protesten ausländischer Wissenschaftler mochten sich die Kollegen Brandweiners anschließen. Als Nobelpreisträger aus den USA beim Vorsitzenden des Weltfriedensrates, dem fanzösischen Naturwissenschaftler Frédéric Joliot-Curie, dem sie immerhin zubilligten, "ein Wissenschaftler von Rang" zu sein, gegen dessen Zustimmung zur Beschuldigung, in Korea wäre es zum Einsatz von B-Waffen gekommen, protestierten und darin eine Verletzung der Wissenschaftsethik sahen

(NZ 10.5.52), schwiegen die Grazer Universitätsangehörigen ebenso wie die Universität Graz dem deutschen Nobelpreisträger Adolf Butenandt zwar das Ehrendoktorat verlieh, seine mehrfach geäußerten Proteste gegen Joliot-Curie und Brandweiner aber nicht aufgegriffen wurden. Butenandt sprach davon, daß es "Pflicht" der Wissenschaftler wäre, zu Vorwürfen, wie dem des B-Waffen-Einsatzes, Stellung zu beziehen, doch müßten die Untersuchenden bei ihrer Arbeit frei von Gängelung durch die beschuldigende Seite sein: "Ein Wissenschaftler, der die Objektivität und Unbeeinflußtheit nicht respektiert, muß in geeignetem Augenblick, nicht polemisch, aber in aller Sachlichkeit, darauf aufmerksam gemacht werden, daß jeder Wissenschaftler im Sinne der Wahrheitsfindung zu wirken hat." (NZ 2.7.52 und 14.6.57)

Vereinzelt finden sich in Artikeln von Juristen Bemerkungen, die auf Brandweiner gemünzt waren und seinen völkerrechtlichen Meinungen widersprachen. Die Kritiker gingen jedoch mit keinem Wort auf seine von der Öffentlichkeit mit Mißbilligung aufgenommenen Aussagen ein, sondern stellten Vermutungen über die Bedingungen des Entstehens und Verwertens Brandweinerischer Gedankengänge an, vor allem hinsichtlich der von ihm mitgetragenen Annexionstheorie - also der Auffassung, 1938 sei Österreich nicht bloß vorübergehend besetzt, sondern dem Deutschen Reich einverleibt worden, was zur Konsequenz hätte, daß Gesetze, die die Erste Republik erlassen hatte und internationale Verträge, die sie eingegangen war, ihre Gültigkeit verloren hätten, weil keine Rechtskontinuität des völkerrechtlichen Subjekts Österreich gegeben wäre; vor allem betraf letzteres den Streit um die Gültigkeit der Bundesverfassung 1929 und das Konkordat, das 1934 unterzeichnet worden war.[197] Gustav Kafka etwa vermutete hinter Brandweiners Theorie, die die "Vergewaltigung des österreichischen Volkes im Jahre 1938 für ein rechtserzeugendes Unrecht hält", sein "Bekenntnis zum Rechtspositivismus Kelsenscher Prägung"[198]. "Von besonderer Seite" stammte ein mit "dr.g.k." gezeichneter Kommentar, in welchem von "Kassandrarufen eines Brandweiner", der mit "Argumenten des 'sowjetischen Elements' ... beweisen" wolle, daß "unsere demokratische Verfassung gar nicht gelte", gesprochen wurde. (NZ 14.11.52) Schon früher hatte Josef Tzöbl in diesem Streit wenig zimperlich entschieden, daß Brandweiners Ansichten über die juristische Diskontinuität "verdächtig nach Hochverrat" röchen.[199] Nicht gerade Hochverrat, wohl aber die "Beiseiteschiebung aller anerkannten naturrechtlicher Grundsätze" waren zu Zeiten, als Brandweiner noch nicht mit den Friedenstauben gurrte, sondern eine "junge, tüchtige und vielversprechende Kraft"[200] war, Anlaß für Unterrichtsminister Felix Hurdes, beim steirischen Fürstbischof Ferdinand Pawlikowski brieflich anzuregen, sich der auf die Pfade des Rechtspositivismus verirrten Seele anzunehmen, damit sie sich ihrer Bestimmung erinnere und an "der Hochschule die uns anvertrauten Grundsätze und Ideen" verteidige.[201]

Der damals bei der Grazer *Neuen Zeit* tätige Günther Nenning führte das Ausbleiben von Protesten auf die "Ahnungs- und Richtungslosigkeit eines bedeutenden Teils der österreichischen Hochschullehrer" zurück, die seines Erachtens "geradezu von europäischer Einmaligkeit" sei. Ebenso typisch sei es, wie in Österreich versucht werde, Brandweiner "zu erledigen": "hintenherum ... nicht moralisch, weil er seine Standesehre als Wissenschaftler verletzte, sondern bürokratisch, weil sein 'Urlaubsschein' angeblich nicht auf Korea lautete. Ein kläglicher Versuch, der mit Recht mißlang." (NZ 31.1.54)

Eine andere, in dieses Muster des "Hintenherum" passende Aktion gegen Brandweiner hatte dieser ein Jahr vor dem Erscheinen des Artikels von Nenning publik gemacht. Während seiner Suspendierung wollte er aus der Juristischen Bibliothek der Wiener Universität Bücher entlehnen und sprach deshalb bei derem Leiter vor. Dieser "erklärte sich außerstande, mir (i.e.Brandweiner) die Erlaubnis (zur Benutzung der Bibliothek) zu erteilen. Er verwies mich an den Dekan, Professor Dr. Heinrich Demelius, der mir kurz darauf mitteilte, daß das Professorenkollegium der Fakultät in seiner (nächsten) Sitzung darüber entscheiden werden ... Die Herren verweigerten mir die Benützung der Bibliothek."[202]

Jahre später erklärten Brandweiners Grazer Fakultätskollegen, "hintenherum", sie hätten "seit längerer Zeit verschiedene Handlungen von Herrn Univ. Prof. Dr. Brandweiner mit Sorge betrachtet. Sie waren jedoch seit jeher der Meinung, die akademische Freiheit und die demokratischen Prinzipien so hoch einschätzen zu müssen, daß das persönliche Verhalten eines Hochschullehrers weitgehend außerhalb der Einwirkungsversuche des Professorenkollegiums steht."[203] Der Chefredakteur der *Neuen Zeit*, Heinz Paller, behauptete, daß man "auf allen möglichen Wegen versucht" habe, seine Zeitung "zum Schweigen zu veranlassen". Der von Paller zitierte Grund, der von dieser anonymen Seite genannt wurde - "des Ansehens der Universität wegen" - legt Schlüsse auf die Urheber dieses Ansinnens nahe. (NZ 15.5.59) Fast zehn Jahre strafte die Gelehrtenrepublik Brandweiner mit Schweigen. Nur Studenten ergriffen fallweise in der Öffentlichkeit das Wort. Einer, der über seine Kollegen zwar meinte, sie interessierten sich nicht für Politik, forderte sie trotzdem auf, nicht hinzunehmen, "daß an der Grazer Universität ein 'fellow traveller' der Kommunisten Kirchen- und Völkerrecht doziert und daß etliche österreichische Universitätsprofessoren Mitglieder der Österreichisch-Sowjetischen Gesellschaft sind. Vor 1938 hätten diese Herren Professoren unzweifelhaft den Unwillen der Zuhörerschaft zu spüren bekommen." (TP 4.2.58)

Verräter

Paradoxerweise sorgte schließlich Brandweiner selbst dafür, daß sein Fall von Kollegen in aller Öffentlichkeit diskutiert werden mußte. Hatte Brandweiner schon in der Vergangenheit nicht allzu viel Glück beim Beschreiten des Klageweges, erzielte er mit der Einbringung einer Ehrenbeleidigungsklage nach eineinhalb Jahren einen lupenreinen Pyrrhussieg. Was *Die Presse* schon Jahre vorher in Sorge versetzt hatte - es könnte zu einem "richtigen Skandal" kommen, wenn rund um den Fall Brandweiner alle Namen "bekannter Persönlichkeiten" genannt würden, die sich für seine "Ernennung eingesetzt haben sollen" (PRE 26.4.52) - spielte sich vom Herbst 1958 an vor Grazer Gerichten, unter starker Beachtung durch die Öffentlichkeit ab. Der Dermatologe Professor Anton Musger hatte anläßlich einer Wahlmännerversammlung für die Rektorswahl angesichts des dort auftauchenden Leninpreisträgers ausgerufen "Was tut denn der Verräter hier bei der Rektorswahl?" und soll im Laufe seiner Mißfallenskundgebung auch den Ausdruck "Volksverräter" verwendet haben. Brandweiner klagte daraufhin wegen Ehrenbeleidigung, nachdem Versuche, den Streit außergerichtlich beizulegen, gescheitert waren. Musger wiederum erklärte nach längerem Schwanken, den Wahrheitsbeweis erbringen zu wollen: Der Lebenslauf des Klägers zeige, daß er sich "wiederholt um persönlicher Vorteile willen politischen oder weltanschaulichen Bewegungen angeschlossen habe, um diese, sobald es seinem persönlichen Vorteil entsprach, zu verlassen und zu bekämpfen." Diese Behauptung stützte der Anwalt Musgers auf eine Reihe bekannter Stationen in Brandweiners Biographie. Den Beitritt zur Vaterländischen Front, den zur illegalen NSDAP und seine Widerstandskämpfertätigkeit in Bad Ischl. Zu letzterem zitierte der Anwalt Musgers aus einer ihm zugespielten Darstellung Brandweiners: "In Zusammenarbeit mit einigen Angehörigen der örtlichen Widerstandsgruppen führte ich die Erklärung des militärischen Standrechtes herbei, um die Organe der NSDAP auszuschalten und verhaftete daraufhin mit der Pistole in der Hand den Kampfkommandanten Leutnant Braun, den Ortsgruppenführer Neumann und einige HJ-Führer." (TP 30.10.58) Auch die Nachkriegskarriere des Juristen betrachtete die beklagte Seite als eine Kette von Verratshandlungen: Um als Referent bei der Staatsanwaltschaft pragmatisiert zu werden, hätte Brandweiner erklärt, zwar 1938 der Nazi-Partei beigetreten zu sein, aus Reue über diesen Schritt aber später keine Mitgliedsbeiträge gezahlt zu haben. Im März 1947 sei er der ÖVP, der er diese Geschichte auch auftischte, beigetreten, hätte seine katholische und österreichische Einstellung betont und sich um eine Professur für Kirchenrecht bemüht. Zu diesem Zweck habe er "hohe kirchliche und politische Stellen" bedrängt und schließlich Erfolg gehabt: "Im Juni 1947 wurde ihm eine Wohnung zugeteilt, er bekam die amtliche Feststellung, daß er nicht registrierungspflichtig sei, im Dezember wurde er pragmatisiert und im September des folgenden Jahres wurde er zum a.o. Professor für Kirchenrecht an der Universität Graz ernannt." (NZ 30.10.58) Noch im selben Monat sei er aus der ÖVP ausgetreten und "begann eine lebhafte Tätigkeit für die kommunistisch gelenkte 'Friedensbewegung' und den Kommunismus. In gleichem Maße soll sich nach bisher unwidersprochener Behauptung ... der Lebensstandard Professor Brandweiners, der vorher in schwerer finanzieller Bedrängnis lebte, gehoben haben." (KLZ 30.10.58)

Über die weiteren Verratshandlungen hieß es im Bericht der *Kleinen Zeitung*: "Im Frühjahr 1950 leugnete Professor Brandweiner in einem Artikel die Rechsnachfolge des heutigen Österreich nach dem Staate von 1938 und die Wirksamkeit der vorher geschlossenen Verträge, insbesondere des Konkordats mit dem Heiligen Stuhl. Im Dezember 1950 sprach er gemeinsam mit dem kommunistischen Abgeordneten Ernst Fischer in der Thalia in Graz, im Oktober 1951 behauptete er in einem Referat, die österreichische Regierung habe durch Aufrüstung das Kontrollabkommen gebrochen." (KLZ 30.10.58) Korea-Reise, Übersiedlung nach Wien und Lenin-Preis waren weitere Stationen bei "Pestflohfinders Hemdenwechsel". (HEUTE 8.11.58)

Der Prozeß wurde vertagt und im Mai 1959 wurde Musger wegen Ehrenbeleidigung zu 500 Schilling, ersatzweise 3 Tage Arrest verurteilt. Beide Streitparteien legten Berufung ein, womit eine Fortsetzung des Streits darum, was Verrat sei, gewährleistet war. Der Richter des Erstgerichts erntete für sein ausführlich begründetes Urteil herbe Kritik aller nichtkommunistischen Zeitungen, hatte er doch den "Weg, den Professor Brandweiner bis zum Jahre 1945 gegangen ist", als "keineswegs sehr ungewöhnlich" bezeichnet und seine Nachkriegswandlungen zwar als "Gesinnungswechsel" bezeichnet, Verrat oder Volksverrat seien sie nicht gewesen, weil er der ÖVP keinen Treueeid geschworen hätte und persönlich niemandem geschadet habe.[204]

Der Kolumnist der *Kleinen Zeitung*, "Tarantel", beglückwünschte den verurteilten Musger dazu, "inmitten des allgemeinen Leisetretens unserer Tage den Mut gehabt (zu haben), in dieses Wespenest hineinzustechen ... Wir erklären uns ... solidarisch mit ihm ..., (weil) er in drei entscheidenden Punkten recht" gehabt habe: Brandweiner sei "ein Verräter an seinem Vaterland, ... an den freien Ländern der Erde (und) an seinem Glauben". (KLZ 15.5.59) Andere Zeitungen waren hinsichtlich der Zahl der Verratshandlungen weniger sparsam und rechneten Brandweiner auch die Abwendung von der NSDAP als Verrat an: Mit Ausnahme der kommunistischen Zeitungen machten sie keinen Unterschied zwischen der Distanzierung gegenüber der NSDAP und anderen Loyalitätswechseln. Die *Neue Zeit* empörte sich vor allem über die skandalöse "Urteilsbegründung", die sie an ein Aperçu Hoffmannsthals erinnerte: "Der Österreicher ist objektiv bis zur Charakterlosigkeit", und hielt dem Richter vor, keinen Unterschied gemacht zu haben, zwischen "jedem kleinen österreichischen Durchschnittsstaatsbürger", dessen Ducken und Krümmen angesichts der verschiedenen politischen Systeme der letzten Jahrzehnte noch angehen mochte, und einem Universitätsprofessor, "der im öffentlichen, politischen, wissenschaftlichen und internationalen Leben eine erhebliche Rolle zu spielen sich anmaßte". Ihm dürfe eine "solche politische Charakterlosigkeit nicht nachgesehen" werden. (NZ 15.5.59)

Im November 1959 fand die Berufungsverhandlung vor dem Landesgericht in Anwesenheit der beiden Professoren statt. Der beklagte Professor Musger beharrte auf der Qualifikation seines Kontrahenten als Verräter, weil einer "alten Tradition der österreichischen Hochschulen zufolge Inhaber einer Lehrkanzel nicht nur über Wissen verfügen müssen, sondern auch moralische Qualifikationen besitzen" müßten. (TP 17.11.59) Brandweiner begründete vor Gericht seine Trennung von der ÖVP damit, daß prominente Exponenten dieser Partei die Publikation seiner Arbeit über die Rechtsstellung Österreichs verhindert hätten und er daher zur Auffassung gelangt sei, die ÖVP wäre nicht "geeignet, die Freiheit der Wissenschaft ernstlich zu verteidigen";[205] seine Mitgliedschaften bei der Vaterländischen Front und den Nationalsozialisten rechtfertigte sein Anwalt als "typischen Lebensweg eines Beamten, wie zehntausende andere" auch. (NZ 17.11.59) Letzteres erboste einen Redakteur der *Kleinen Zeitung*, der mit "-kli-" zeichnete, derart, daß er einen offenen Brief an Brandweiner ins Blatt setzen ließ, in welchem er sich gegen diese Behauptung verwahrte; auch sein Vater sei Beamter gewesen und wäre, weil er seine Überzeugung nicht wie ein Hemd zu wechseln bereit gewesen sei, aus seiner Stellung geflogen. (KLZ 18.11.59) Dem Verfasser trug das enthusiastische Zustimmung ein, seine Glosse sei "wie eine frische Seebrise, die Miasmen einer Sumpfatmosphäre hinwegzublasen verspreche". (KLZ 28.11.59)

In der letzten Runde der gerichtlichen Auseinandersetzung im Februar 1960 wurde auch der neue Parteiobmann der ÖVP und alte Protektor Brandweiners, Alfons Gorbach, als Zeuge einvernommen. Seine von den meisten Berichterstattern kommentarlos referierte Zeugenaussage bestätigte sowohl die Bemühungen Brandweiners um Protektion durch die ÖVP als auch die widerstandslose Einwilligung maßgeblicher ÖVP-Politiker gegenüber derartigen Ansinnen; was Gorbach sagte, ist darüberhinaus geeignet, Einblick in das Funktionieren der politischen Maschinerie[206] zu gewähren und soll daher hier - in der Version, in der die Aussage ins Urteil Eingang fand - ausführlicher wiedergegeben werden: "Durch die Aussage des Zeugen Dr. Alfons Gorbach ... ist erwiesen worden, daß der Privatkläger (i.e. Brandweiner) dem Zeugen (i.e. Gorbach) erklärt hat, im Widerstand tätig gewesen und praktizierender Katholik zu sein. Der Zeuge hat sich für den Privatankläger um die Pragmatisierung bemüht und nachdem sie erreicht war, hat der Privatkläger den Zeugen um Unterstützung bei seinen Habilitationsbestrebungen ersucht. Zeuge Dr. Gorbach hat sich für den Privatankläger auch beim Unterrichtsminister verwendet und den Privatankläger empfohlen, weil er überzeugt war, daß die Mitteilungen des Privatanklägers, Widerstandskämpfer, überzeugter Österreicher und Tatkatholik zu sein, den Tatsachen entsprechen. Der Privatankläger hat die Professur erreicht, nicht ganz ohne den Widerstand des Unterrichtsministers (gemeint Dr. Hurdes), wie der Zeuge Dr. Gorbach bekundet hat. Unbeschadet diese Umstandes geht aus dem vom Verteidiger vorgelegten Originalbrief des Unterrichtsministers (Dr. Hurdes) an den Präsidenten Dr. Gorbach vom 22.1.1949 hervor, daß der Unterrichtsminister doch dem Interesse des Präsidenten Dr. Gorbach an der Besetzung der Lehrkanzel für Kirchenrecht mit dem Privatankläger entgegengekommen ist. Der Privatankläger hat nach Aussage des Zeugen Dr. Gorbach auch verstanden, den Landeshauptmann, den Fürstbischof und den Weihbischof Dr. Pietsch für sich einzunehmen und sie zu Interventionen für seine Bestellung zum Professor zu veranlassen. Dies ist dem Zeugen Dr. Gorbach nach seiner Intervention für den Privatankläger bekannt geworden. Im Laufe des Jahres 1949 hat der Privatankläger an den Zeugen Dr. Gorbach das Ansinnen gerichtet, ihn auf die Kandidatenliste des Nationalrates zu setzen. Der Privatankläger hat sich dabei auf den Wunsch des Weihbischofs berufen, daß der Privatankläger Abgeordneter zum Nationalrat wird. Es kam nicht zur Kandidatur des Privatanklägers für den Nationalrat, weil der Zeuge Dr. Gorbach das Ansinnen wegen der zu geringen Zahl der ÖVP-Kandidaten für die Steiermark als aussichtslos ansah und sich der Privatankläger mit dem Anerbieten eines Landtagsmandates nicht begnügte. Die Aussage des Zeugen Dr. Rudolf Pippan ... bestätigt die Aussage des Zeugen Dr. Gorbach in dem Belange, als Dr. Pippan bekundet hat, daß der Privatankläger bei einer Besprechung in der ÖVP-Landesleitung die Möglichkeit mitgeteilt hat, als Nationalrat oder als Hauptschriftleiter bzw. Chefredakteur des 'Steirerblattes' für die ÖVP tätig zu werden. Auch bei der Entregistrierung des Privatanklägers hat sich der Zeuge Dr. Gorbach für den Privatankläger verwendet. Der Privatankläger hat in dieser Zeit dem ÖAAB angehört. (Er) hat die Zugehörigkeit zu dieser Organisation zugegeben und auch den Austritt im Jahre 1949."[207]

Das Berufungsgericht sprach Musger vom Vorwurf der Ehrenbeleidigung durch die Verwendung des Ausdruck Verräter frei, verurteilte ihn aber wegen des Ausdrucks Volksverräter, der dem Tatbestand einer Schmähung genüge. "Verräter" bringe "eine berechtigte Kritik jener Kreise zum Ausdruck, von denen sich Brandweiner später total abgewandt hätte" und "Verrat" könne nicht nur, wie im Urteil des Erstgerichts, als Verletzung der Treuepflicht, sondern auch als Verrat an einer Gesinnung verstanden werden. Hingegen sei der Ausdruck Volksverräter mit Staats- und Hochverrat gleichzusetzen, was einen Verstoß gegen das Strafrecht voraussetze, der Brandweiner "zumindest nicht nachweisbar sei." (TP 23.2.60)

Erwartungsgemäß zeigten sich die Zeitungen über den Ausgang des Prozesses diesmal befriedigt. Die Verurteilung Musgers zu 250 Schilling ersatzweise 24 Stunden Arrest wegen des "Volksverräters" wurde kaum kommentiert, umso mehr der Freispruch - und die implizite Verurteilung: "Brandweiner ist doch ein Verräter". (KLZ 23.2.60) Die bereits obligate Frage wurde, mit minimalen Variationen, wieder gestellt: Ob er noch tragbar sei (TP 23.2.60), ob seine Belassung im Amt mit der Würde der Universität vereinbar sei (KLZ 23.2.60) oder ob es an einer mangelhaften Hochschulgesetzgebung liege, daß man "Typen wie Brandweiner" mit der Begründung im Amt lasse, die Freiheit der Lehre dürfe nicht angetastet werden, obwohl diese doch "längst fiktiv geworden" sei (HEUTE 5.3.60). - Die öffentliche Meinung war darin einig, daß gegen den "gerichtlich beglaubigten Verräter" (KLZ 19.6.60) vorgegangen werden müsse und "Wir werden mit Nachdruck darauf dringen, ... Antwort zu erhalten!" (KLZ 23.2.60) Die Forderung nach sofortiger Einleitung eines Disziplinarverfahrens mußte noch einige Monate auf Erledigung warten.

Vorerst zeichneten sich (vorbereitende) Auseinandersetzungen um Nebensächlichkeiten ab: Die *Presse* berichtete, daß im Grazer Vorlesungsverzeichnis bei Brandweiner sowohl sein Lenin-Preis und ein "Dr.h.c. (Pyöngyang)", nicht aber seine während des Ehrenbeleidigungsprozesses bekannt gewordenen anderen Lebensstationen aufschienen (PRE 2.3.60) und erhielt prompt vom Pressereferat des Unterrichtsministeriums ein Schreiben, in welchem mitgeteilt wurde, daß Brandweiner zwar ein nordkoreanisches Ehrendoktorat verliehen bekommen hätte, ihm aber die obligatorische Genehmigung versagt worden wäre, diesen Titel in Österreich zu führen. (PRE 4.3.60) Knapp ein Jahr später berichteten Zeitungen von einer Anzeige gegen Brandweiner wegen unbefugter Verwendung des "Geschäftspapiers des Rektorats"; (AZ 1.2.1961) hieß es einmal, die Disziplinarkammer der Universität hätte gegen ihn ein Verfahren eingeleitet (PRE 2.1.61), schrieben andere Zeitungen von Anzeigen bei der Staatsanwaltschaft. (TP 2.2.61)

Brandweiner hatte einen japanischen Kollegen eingeladen und dazu, wie sich später herausstellte, Dekanatspapier unter Hinzufügung des Namens seines Instituts verwendet. Beide Versuche, dem "kommunistischen Agitator" (NZ 23.2.60) Vergehen nachzuweisen, scheiterten.

Wiederum war es Brandweiner, der seinen Gegner eine Gelegenheit offerierte, gegen ihn etwas zu unternehmen. Im September 1961 erschien ein groß aufgemachter Artikel in der *Wochen-Presse*, in welchem Brandweiner als "völlig Isolierter" in einer neuen Rolle auftrat. Dem durchwegs unfreundlichen Artikel war zu entnehmen, daß er schon im Mai 1960 den Vorsitz im Österreichischen Friedensrat niedergelegt hatte und diese Organisation nunmehr für "provinziell" hielt und von "Wirrköpfen und Apparatschiks" beherrscht sah, die nicht einmal angesichts der sowjetischen Atombombenversuche zu einem "Wort des Protestes" fähig seien. Auch mit den Kommunisten und der DDR habe sich das seinerzeitige "bürgerlich-intellekturelle Paradepferd" überworfen, berichtete die Wochenzeitung. Er habe 1958 seine Gastprofessuren niedergelegt, weil eine seiner Veröffentlichungen unterdrückt worden sei. Die Gründe für diesen nochmaligen Gesinnungswechsel waren dem Artikel nicht zu entnehmen - sieht man von Brandweiners Berufung auf die vorsokratische Maxime panta rei einmal ab -, dafür enthielt eine in Klammern mitgeteilte Meinungsänderung einige Brisanz, denn über sein Koreagutachten äußerte sich der einstige Gutachter nunmehr so: "Heute bin ich nicht mehr so sehr von der Glaubwürdigkeit aller Zeugen überzeugt, mit denen ich mich nur per Dolmetscher verständigen konnte". (WOP 30.9.61)

Mit hämischer Genugtuung kommentierten andere Zeitungen diese (Selbst-)Enthüllung. "Wie aus einem Zeitungsinterview zu entnehmen ist, beachsichtigt der als kommunistischer Helfershelfer, koreanischer Pestflohgutachter, Friedensratvorsitzender und zuletzt sogar Leninpreisträger berühmt und berüchtigt gewordene Grazer Professor Dr. Heinrich Brandweiner wieder einmal seine politische Farbe zu wechseln" schrieb F.K. in der *Arbeiter Zeitung* (28.9.61), und in der *Neuen Zeit* wurde die Vermutung ausgesprochen, daß es wegen der "Teilung des hübschen Sümmchens Goldrubel mit der KP-Führung zu einem 'plutokratischen' Konflikt gekommen" sein könnte. (NZ 28.9.61) Die *Kleine Zeitung* kümmerte sich um die Zukunft: "Wir sind neugierig, welches Parteibuch er nun anzunehmen gedenkt." (KLZ 28.9.61)

Die *Wochen-Presse* räumte Brandweiner wegen des starken Echos im In- und Ausland, in der folgenden Ausgabe Platz für eine ergänzende Stellungnahme ein, "ohne sich mit deren Inhalt zu identifizieren". Brandweiner deklariert sich darin als Schüler Kelsens und einzigen Professor, der dessen Tradition auf einem österreichischen Lehrstuhl fortführe. "Diese meine unverrückbar festgehaltene rechtstheoretische

Position bringt mich naturgemäß immer wieder in Gegensatz zu den Mächten des Tages, welche zwar wechseln, aber dafür sämtlich von der Rechtswissenschaft Unterstützung fordern." 1950 hätte man ihn in Österreich kritisiert, weil er eine Auffassung vertreten habe, die im Gegensatz zur Regierungsmeinung stand. "Heute widerfährt mir das gleiche Schicksal ... durch die DDR", wo er während der "Tauwetterperiode von 1954 bis 1958 ... unangefochten positivistisch lehren konnte." Im Jänner 1959 habe er vor dem Plenum der Deutschen Akademie der Wissenschaften ("Diese Akademie ist noch ungeteilt und zählt West- und Ostdeutsche zu ihren Mitgliedern, auch sieben Österreicher") "den Sowjetischen Friedensvertragsvorschlag" kritisiert, weil die DDR bereits durch Bündnisverträge mit der Sowjetunion verbunden sei: "Zuerst kommt der Friede, dann das Bündnis." Überdies sei die mit diesem Vorschlag verbundene Ansicht, Westberlin liege auf dem Territorium der DDR "rechstheoretisch unhaltbar". Ein bereits gedrucktes Buch, "Über die Verträge des Kriegs- und Neutralitätsrechts", habe die DDR "einfach nicht erscheinen lassen." Während seine "These von der debellatio 1945 und der völkerrechtlichen Existenz zweier deutscher Staaten willkommen gewesen sei, ebenso etwa meine Auffassung von der Stellung Chinas in der UN oder über die Korea-Beschlüsse des Sicherheitsrates", wäre er nun beschuldigt worden, die Politik Adenauers zu unterstützen und in seinen Vorlesungen insgeheim amerikanische Positionen zu vertreten. Der Völkerrechtler könne aber nicht "zu allem ja und amen sagen, was die eine (oder die andere) Seite tut." Die Geradlinigkeit seiner Haltung habe dazu geführt, daß es zu einer "bitteren Wiederholung meiner Erfahrung von 1950, diesmal mit der DDR" kommen mußte. "Rein politisch" sei dagegen sein "Mißbehagen" wegen der Wiederaufnahme der sowjetischen Kernwaffenversuche und der Absperrungsmaßnahmen von 13. August in Berlin. Abschließend kam Brandweiner dann auf seinen "bekannten Bericht über die Verstöße gegen die Gesetze und Gebräuche des Krieges in Korea von 1952" zu sprechen. Er habe damals die darin getroffenen Feststellungen für erwiesen erachtet. Die ersten Widerrufe von Geständnissen entlassener amerikanische Kriegsgefangener hatten bei ihm "gewisse Zweifel" entstehen lassen - "aber befanden sich diese ... Soldaten nach ihrer Heimkehr ... nicht wiederum in Notstand, das zu sagen, was ihr Schicksal erleichtern konnte, ebenso wie vordem in der chinesischen Kriegsgefangenschaft?" Anläßlich eines Aufenthaltes in Nordkorea, zur Entgegennahme des Ehrendoktorats im Jahr 1959, seien ihm von Regierungsmitgliedern Tatsachen mitgeteilt worden, welche "allerdings Argwohn in mir hervorriefen im Hinblick auf die Verläßlichkeit der uns seinerzeit zur Verfügung gestellten Dolmetscher: Es handelt sich also um die Frage der Kontrolle alles dessen, was gesprochen wurde, und zwar mit Zeugen, mit Sachverständigen, mit anderen Auskunftspersonen; das berührt nicht die Glaubwürdigkeit der Zeugen, wie Sie (i.e. die Wochen-Presse) formulierten, sondern etwas anderes, und ich meine, mehr: Die Glaubwürdigkeit der Übertragung aller mündlich und schriftlich gesammelten Beweise. Seither bin ich in zunehmendem Maße skeptisch geworden." (WOP 7.10.61)

Ernsthafte Reaktionen auf diese Stellungnahme können nicht berichtet werden. Vorerst einmal Heiterkeit auszulösen vermochte dagegen ein Bericht des *Spiegel* über einen Prozeßerfolg Brandweiners.[208] In dem Artikel hieß es, daß der Grazer Kirchenrechtler eine Klage auf Schmerzensgeld gegen eine Münchner Firma gewonnen habe, weil sie mit seinem Namen ungefragt Werbung getrieben hätte - für ein Ginseng-Gelee, welches "aufbauend bei Drüsen- und Potenzschwäche" wirke, was "bedeutende Wissenschaftler wie ... Professor Brandweiner (Wien)" bestätigten. Die vor einem bundesdeutschen Gericht erstrittene Genugtuung ließ sich die Grazer Lokalpresse nicht entgehen und berichtet über "Grazer gegen Reklamen für Männerstärke" (NZ 11.1.62) und "Ginseng und Brandweiner". (TP 13.1.62) Es blieb der *Neuen Zeit* vorbehalten, hinter dem Potenzmittelchen politische Machinationen zu suchen: "Es wäre unter Umständen interessant zu untersuchen, wer hinter der Münchner Firma tatsächlich steckt ... Es ist vor allem aus den Schilderungen einer französischen Ärztin, die lange Jahre in Jemen (Arabien) tätig war, bekannt, daß die Sowjetunion solche sexuellen Stärkungsmittel ... wichtig erscheinenden Scheichs zukommen ließ." (NZ 11.1.62) Der um publizistische Unterstützung gekommene Isolierte ließ sich darauf nicht ein, sondern schrieb an den *Spiegel* einen Leserbrief, der die Heiterkeit auf seiten des Publikums und den Ingrimm seiner Feinde intensiviert haben dürfte, hieß es doch darin, daß entgegen der Behauptung des Nachrichtenmagazins die "angeblich kichernden steirischen Universitätskreise ... erst durch den Abdruck Ihres Artikels im hiesigen Provinzblättchen (davon) erfuhren. Bedenken Sie, daß die Steiermark ein Gebirgsland ist, in das Nachrichten, Postwurfsendungen, ausländische Zeitungen, Gedanken und Ideen nicht-bodenständiger Herkunft nur schwer Eingang finden. Zudem neigen die Steirer überhaupt nicht zum Lachen, schon gar nicht, wenn sie von mir hören; dazu ist mein Name hierzulande zu stark negativ affektbeladen: 'Pestfloh', 'roter Hund' und 'Kommunist' sind die gängigsten Epitheta ornantia, welche der sonst eher schmale Wortschaft der Grazer Presse für mich bereit hält. Erheitert war, so glaube ich, bei alledem von Anfang an nur ich."[209] Zu Heiterkeit war bald kein Anlaß mehr.

5. Die Erledigung

Anfang der sechziger Jahre saß der 51jährige Heinrich Brandweiner zwischen allen Stühlen, zwar nicht in dem Sinne, daß seine bürgerliche Existenz gefährdet gewesen wäre, als Universitätsprofessor gehörte er immer noch der sozialen Elite an, eher schon dahingehend, daß nun niemand mehr auf seine Expertisen Wert legte, er von keinen politischen oder diplomatischen Kreisen hofiert wurde, Festbankette zu seinen Ehren nicht mehr stattfanden und sein Name aus den Schlagzeilen verschwunden war. Brandweiner war auf den Status eines gewöhnlichen österreichischen Professors zurückgefallen, über den manches Gerücht im Umlauf war und dessen Schnitzer genüßlich kolportiert wurden. Sein Abtritt von der Bühne hatte allerdings unvorhersehbare Folgen, da seine Gegner - und deren hatten sich im davorliegenden Dezennium zahlreiche angesammelt - ihm die Ruhe des Blamierten und Verfemten nicht zu gönnen bereit waren. Für sie war er mehr denn je: der Untragbare. Die Scharmützel um die Nostrifikation seines nordkoreanischen Ehrendoktorates und wegen der Anmaßung, Dekanatspapier verwendet zu haben, waren resultatlos geblieben - daraus ließ sich kein Entlassungsbescheid zimmern. Den "unterrichteten Kreisen", die die *Neue Zeit* Anfang 1962 zitierte, welche wissen wollten, Brandweiner werde demnächst in den "Ruhestand" treten, ließ der Pensionsunwillige per Entgegnung mitteilen, er habe derartige Absichten nicht. (NZ 6. und 13.1.62) Daraufhin griffen seine Kontrahenten, die ganz offensichtlich bereits verschiedene Möglichkeiten sondiert hatten[210], zu anderen Mitteln.

Am 5. Februar 1962 suspendierte Unterrichtsminister Heinrich Drimmel Brandweiner "mit sofortiger Wirksamkeit vorläufig vom Dienst". Dem Suspendierten wurde per Bescheid mitgeteilt, daß gegen ihn bei der Staatsanwaltschaft Graz eine Anzeige wegen des Vorwurfs des Verbrechens des Mißbrauchs der Amtsgewalt anhängig sei.[211] Diese Anzeige hatte der Rektor der Universität Graz am 26. Jänner 1962 erstattet. Sie stützte sich auf eine schriftliche Anzeige, die ein deutscher Student beim Dekan der juridischen Fakultät deponiert hatte und worin er Zweifel an der Korrektheit der Prüfungsmodalitäten Brandweiners geäußert hatte: Der Professor bevorzuge Studenten, die bei einem bestimmten Repetitor Nachhilfeunterricht genommen hätten. Brandweiner, der von dieser Anzeige einige Tage später erfuhr, erstattete daraufhin seinerzeit Disziplinar- und Strafanzeige gegen den aus der BRD gebürtigen Studenten. Bereits am 7. Februar zog der Student seine Vorwürfe in Schreiben an den Dekan und an Brandweiner zurück, weil er "nicht in der Lage (sei), den in der Eingabe geschilderten Sachverhalt durch andere Personen unter Beweis zu stellen" und weil er sich zur Zeit der "über Aufforderung" erfolgten Abfassung krankheitsbedingt "in einem großen Aufregungszustand" befunden hätte.[212] Dieser Rückzieher wurde von den meisten Zeitungen, die die Meldung von der Suspendierung noch auf der Titelseite *(Kleine Zeitung, Express)* gebracht hatten, nicht mitgeteilt. Statt dessen erschienen wenig später Berichte, die der Angelegenheit die Aura des Kriminalfalls zu verleihen geeignet waren. Die *Kleine Zeitung* berichtete von einer Hausdurchsuchung bei Brandweiner, was auch ihr eine Entgegnung eintrug, da nicht bei Brandweiner, sondern beim Repetitor derartiges vorgefallen war. (KLZ 10. und 13.2.62) Nur zwei Tage nachdem diese Entgegung veröffentlicht worden war, berichteten einige Zeitungen von einem mysteriösen Einbruch im Dekanat, der sich mehrere Tage zuvor ereignet habe. Dabei sei eine Aufstellung der Schulden Brandweiners entwendet worden, der Professor komme als Täter aber nicht in Frage. (AZ und NZ 15.2.62) Staatsanwaltschaftliche Erhebungen in dieser Sache wurden bald eingestellt.

Obwohl sich die Brandweiner belastende Anzeige bei der Staatsanwaltschaft einzig und allein auf die Behauptung dieses Studenten gestützt hatte, bestätigte die Disziplinarkammer für Hochschullehrer an der Universität Wien - welche aufgrund von Befangenheitserklärungen Grazer Professoren zuständig geworden war - am 28. April die vorläufige Suspendierung. Überraschenderweise enthielt der Beschluß außerdem Vorwürfe, die im ministeriellen Suspendierungsbescheid nicht enthalten waren: "Zu dem ursprünglichen Vorwurf des Verbrechens des Mißbrauchs der Amtsgewalt besteht nunmehr auch der Verdacht des Verbrechens des Betruges, und solange diese Erhebungen nicht eingestellt wurden, mußte bei Fortsetzung seiner Amtstätigkeit eine Gefährdung des Standes befürchtet werden. In der gleichen Richtung liegt letztlich auch der Vorwurf maßlosen Schuldenmachens."[213] Die Suspendierung wurde also aufrechterhalten, weil gegen Brandweiner wegen Schuldenmachens (Verdacht des Betrugs und der fahrlässigen Krida) und wegen des Mißbrauchs der Amtsgewalt (Unkorrektheiten bei Prüfungen) Verdachtsmomente strafrechtlicher Natur bestanden. Die Dienstpragmatik 1914 (bzw. die im Jahr 1934 für Hochschullehrer in Kraft gesetzten Teile derselben) sah nun vor, daß im Fall eines strafgerichtlichen Verfahrens das Disziplinarverfahren zu ruhen habe.[214] Die Suspendierung mußte daher bis zum Abschluß des gerichtsanhängigen Verfahrens - und einem danach möglicherweise wiederaufzunehmenden Disziplinarverfahren - aufrecht bleiben. Damit war für die Universität der Fall Brandweiner durch dessen, wenn auch nur vorläufige Entfernung, zeitweilig erledigt. Einige Beteiligte scheinen indes dieses Moratorium nicht als solches aufgefaßt zu haben, sondern als Pause, in der die Suche nach Vergehen Brandweiners fortgesetzt werden konnte. Seine Schulden, die er durch den Wegfall von Einkünften aus sozialistischen Ländern bzw. der Sperrung dort befindlicher Konten im Anschluß an seinen von der *Wochen-Presse* veröffentlichten Meinungsschwenk erklärte, weckten das Interesse der Universitätskollegen[215]. Ein gänzlich unpolitisches Delikt hätte - so darf man vermuten - eine wohlgefällige Begründung für die feststehende Untragbarkeit abgegeben. Brandweiner ist der Meinung, daß schon im Dezember 1961 von Kollegen diskrete Erkundigungen bei seiner Grazer Bank gepflogen worden wären, um seine finanzielle Situation in Erfahrung zu bringen[216]. Im Juni 1961 wurde Brandweiner vom Untersuchungskommissär des Disziplinarverfahrens denn auch zu seinen Verbindlichkeiten "einvernommen", obwohl er dagegen Vorbehalte anmeldete, weil nach seiner Auffassung während des strafgerichtlichen Verfahrens das Disziplinarverfahren zu ruhen hätte und weil der Untersuchungskommissär ihn nicht als Beschuldigten vernehmen dürfe.[217] Während Polizei und Staatsanwaltschaft ihre Erhebungen fortsetzten, scheinen Ministerium und Kollegenschaft von einiger Unruhe über den Ausgang dieser Untersuchungen erfaßt worden zu sein. Die Grazer Fakultät trat durch ein angesehenes Mitglied an Brandweiner mit dem Vorschlag heran, sich doch wegen Dienstuntauglichkeit pensionieren zu lassen, und im Ministerium wurden - noch vor Einstellung des Strafverfahrens im Mai 1963 - Versuche unternommen, nicht nur zu verhindern, daß die Disziplinarkammer eine Aufhebung der Suspendierung beschließe, sondern "neue" Vorwürfe zu finden, die das Verfahren prolongiert hätten[218]. Minister Drimmel wies den weisungsgebundenen Disziplinaranwalt, Professor Heinrich Demelius, an, "für die Aufrechterhaltung der szt. verfügten vorläufigen Suspendierung des Obgenannten mit allem Nachdruck einzutreten. Sollte die Disziplinarkammer ... dennoch die Aufhebung der vorläufigen Suspendierung ... beschließen, wollen Sie gegen diesen Beschluß das Rechtsmittel der Berufung ergreifen."[219]

Derartige vorausschauende Vorsicht war am Platze, denn nach der Einstellung des Strafverfahrens beim Landesgericht Graz Anfang Mai 1963 war es an der Disziplinarkommission, aktiv zu werden. Deren dem Ministerium schon früher bekannt gewordene Neigung, die vorläufige Suspendierung aufzuheben, hatte den Minister zu der oben zitierten Weisung an den Disziplinaranwalt veranlaßt. Überraschenderweise geschah aber von seiten der Disziplinarkammer gar nichts, worauf Brandweiners Anwalt Mitte Mai und er selbst Ende Mai die Behörde aufforderten, die Suspendierung aufzuheben und das Verfahren einzustellen, da nach dem Ende der strafgerichtlichen Voruntersuchung die Umstände, die seinerzeit beides veranlaßt hatten, weggefallen seien.[220]

Mehr als ein Jahr nach dem Beginn der Suspendierung wies die Disziplinarkammer im Juli diesen Antrag Brandweiners ab, weil die Suspendierung nur dann aufzuheben sei, wenn nicht nur die ursprünglich genannten, sondern alle Gründe für eine Suspendierung weggefallen wären, was nicht der Fall sei; außerdem hätte, wurde Brandweiner mitgeteilt, der Disziplinaranwalt die Untersuchung auf nicht näher bezeichnete weitere Anschuldigungspunkte ausgeweitet.[221] Brandweiner erhob daraufhin bei der übergeordneten Instanz, der Disziplinaroberkommission, Beschwerde und Aufsichtsbeschwerde beim Unterrichtsministerium wegen der Nichtaufhebung der Suspendierung, der ihm nicht bekannt gemachten weiteren Anschuldigungen und wegen der generell als ungebührlich zu betrachtenden Verzögerung des Verfahrens.[222] Ein Antrag des Suspendierten auf Akteneinsicht, den er im August 1963 stellte, blieb praktisch unbeantwortet: Erst teilte man ihm mit, der Antrag sei an den Vorsitzenden der Disziplinarkammer weitergeleitet worden (der unzuständig war), dann hieß es, der Akt sei beim Unterrichtsministerium und über den Antrag könne erst nach "Rücklangen" von dort entschieden werden.[223] Im Dezember 1963, zweiundzwanzig Monate nach Verhängung der vorläufigen Suspendierung, entschied die Disziplinaroberkommission, daß Brandweiners Beschwerde abzuweisen sei[224]. Auch diese Behörde berief sich darauf, daß die Einstellung der strafgerichtlichen Voruntersuchung nicht gleichbedeutend sei mit der Beseitigung aller "Tatbestandsmerkmale von Dienstvergehen".[225]

Bei Betrachtung der verschlungenen Wege, die das Disziplinarverfahren gegen Brandweiner und damit die Aufrechterhaltung der Suspendierung genommen haben, fällt es - unabhängig von einer juristischen Würdigung des Inhalts des Verfahrens - schwer, nicht zur Auffassung zu gelangen, hier sei es den beteiligten Universitätsbehörden, der Ministerialbürokratie und dem Unterrichtsminister vor allem darum gegangen, die Suspendierung nach Kräften aufrechtzuerhalten und eine Rückkehr Brandweiners auf seine Lehrkanzel zu unterbinden. Darauf deutet auch hin, daß der von Brandweiner mehrfach in persönlichen Schreiben zum Einschreiten aufgeforderte Minister Heinrich Drimmel zu antworten pflegte, es werden "ehestmöglich", "in absehbarer Zeit" und unter "möglichster Beschleunigung der Abwicklung" vorgegangen werden.[226] Die weitere Entwicklung strafte Drimmel Lügen.

Nachdem Brandweiner am 18. Jänner 1964 beim Verfassungsgerichtshof Beschwerde erhoben hatte, weil durch die Aufrechterhaltung der Suspendierung sein verfassungsgesetzlich gewährleistetes Recht auf Freiheit der Wissenschaft verletzt werde, trat die Disziplinarkammer für Hochschullehrer am 14. Februar zusammen - und beschloß die Ausdehnung der Disziplinaruntersuchung.

Auffallenderweise datiert vom selben Tag die Gegenschrift der von Brandweiner beim Verfassungsgerichtshof belangten Disziplinaroberkommission, welche nur vier Tage vorher beschlossen worden war.[227] Darin war nichts von einer (geplanten) Ausweitung der gegen den Suspendierten erhobenen Vorwürfe zu lesen, die Oberkommission beharrte nur darauf, daß sie für die Aufrechterhaltung der Suspendierung nicht den gesamten Sachverhalt zu würdigen hätte (also den Ausgang der strafrechtlichen Untersuchung nicht beachten müsse), sondern nur festzustellen habe, ob "das dem Beschuldigten vorgeworfene Dienstvergehen mit Rücksicht auf die Art und Schwere des in Erscheinung tretenden äußeren Tatbestandes eine Fernhaltung vom Dienst erforderlich macht oder nicht".

Es ist nicht ganz einfach, in diesem Rechtsstreit noch die einander widerstreitenden Positionen zu erkennen. In einer nicht-juristischen Terminologie ausgedrückt, ließe sich die Angelegenheit folgendermaßen umschreiben: Brandweiner war der Meinung, daß seine Suspendierung aufzuheben sei, weil sie anfänglich unter Hinweis auf das strafgerichtliche Verfahren ausgesprochen worden war und nach dessen Einstellung kein Vorwurf mehr aufrechterhalten werden könnte. Andernfalls würde die Freiheit der Wissenschaft behindert. Die Gegenseite argumentierte etwas verworrener, beharrte sie doch darauf, daß das gerichtsanhängige Verfahren nur ein Grund für die Suspendierung gewesen sei, weigerte sich aber, die anderen Verdacht erregenden Momente zu nennen. Zudem lehnte sie die Berücksichtigung des Inhaltes des Strafverfahrens ab und wollte eigene, aber in dieselbe Richtung zielende Erhebung pflegen. Da nach den damals geltenden Gesetzen eine Frist, innerhalb derer eine Disziplinarbehörde zu entscheiden habe, nicht vorgesehen war, konnte Brandweiner bei einem formal korrekt abgewickelten Verfahren der Disziplinarkammer auf Jahre hinaus suspendiert bleiben, solange etwas zu untersuchen war.

Offenkundig waren sich die Disziplinarjuristen ihrer Sache nicht ganz sicher und weiteten, noch ehe der Verfassungsgerichtshof in der Causa entschied, die Vorwürfe gegen Brandweiner aus. In der Sitzung der erstinstanzlichen Disziplinarkammer vom 24. Februar 1964 wurde ein diesbezüglicher Beschluß gefaßt. Demnach wurde die Disziplinaruntersuchung auf folgende Anschuldigungspunkte ausgeweitet:

"1.) Standeswidriger Übergang vom katholischen Lager (1945 - 1949) in das kommunistische Lager (1950 - 1960).

2.) Leichtfertige Erstellung (1952) und leichtfertiger Widerruf (1960) eines völkerrechtlichen Gutachtens über die Kriegsführung in Korea.

3.) Standeswidrige Klage auf Zahlung einer Geldsumme von DM 10.000,-- wegen Ehrverletzung beim Landgericht Düsseldorf (1958)."[228]

Zum ersten Punkt berief sich die Disziplinarkammer auf den Prozeß gegen Musger, in welchem es diesem gelungen war, den Wahrheitsbeweis für den Ausdruck Verräter zu führen. "Dieses als verräterisch anerkannte Verhalten" lege den Verdacht nahe, daß es sich um eine Standeswidrigkeit handle.

Beim zweiten Punkt nahm die Disziplinarkammer an, daß Brandweiner 1952 als "Gutachter mangels kriminalistischer Ausbildung" unzuverlässig war und daß sein "Widerruf 1960" - womit der Artikel in der *Wochen-Presse* gemeint war - den Verdacht nahelege, daß er bei der Erstellung des Gutachtens "aus unstichhältigen persönlichen Motiven gehandelt (habe) und dadurch die Pflichten eines Hochschullehrers gröblichst verletzt" habe.

Zum dritten Punkt wurde Brandweiner angelastet, daß "niemandem, am wenigsten einem Universitätsprofessor, seine Ehre um Geld feil sein soll."

Der Disziplinaranwalt erläuterte in einem anderen Schriftstück diese und die früher erhobenen Vorwürfe detaillierter. Hieß es ursprünglich, Brandweiner habe seine Amtspflichten im Zusammenhang mit den Prüfungsmodalitäten verletzt, so sprach er jetzt von standeswidrigem "persönlichen Verkehr" mit dem Repetitor und vertrat die Meinung, daß das Du-Wort den Anschein eines Einverständnisses zwischen Prüfer und Pauker zu erwecken geeignet sei: "(Ich) bin", schrieb der Disziplinaranwalt, "der Meinung, daß schon die abstrakte Eignung des Verhaltens des Beschuldigten (i.e. Brandweiner), den Verdacht eines Einverständnisses mit Dr. Kasnacich (i.e. der Repetitor) zu erregen, als Gefährdungsdelikt im Disziplinarwege zu ahnden ist, ohne Rücksicht darauf, ob das Verhalten in der Tat Verdacht veranlaßt hat oder nicht."[229]

Auch zum standeswidrigen Übergang vom katholischen in das kommunistische Lager fiel dem Disziplinaranwalt Ergänzendes ein: "Kommunistische Ideale zu vertreten, ist weder öffentlich noch disziplinär strafbar. Doch ist diese Wendung nach Osten dem Beschuldigten zum Vorwurf gemacht worden, da er zur Erlangung der Professur an der Universität Graz die Unterstützung durch den Fürstbischof von Seckau und Angehörige einer antikommunistischen Partei (Österreichische Volkspartei) mit Erfolg in Anspruch genommen hat." Darüber hinaus hätte der fehlgeschlagene Versuch, "sein Verhalten durch die Privatklage ... zu rechtfertigen - durch die Zeitungen verbreitet - dem Ansehen des Beschuldigten eine unheilbare Wunde versetzt." Im Korea-Gutachten sah der Disziplinaranwalt "im Ganzen genommen ... eine standeswidrige Handlungsweise des Beschuldigten ... , die geeignet war, das Ansehen des Professorenstandes als Träger vorurteilsloser Wissenschaft herabzusetzen." Wie erinnerlich, war, was jetzt als mangelhaft erstelltes

Gutachten moniert wurde, beim ersten Disziplinarverfahren 1951/52 als "Publikation nicht-wissenschaftlicher Natur" zur Standeswidrigkeit erklärt worden.[230]

Schließlich berichtete der Disziplinaranwalt Neues über das Zustandekommen der Werbeaktion für das Ginsengprodukt: "Von einer ostasiatischen Reise hatte der Beschuldigte eine sogenannte Ginseng-Wurzel mitgebracht, der nervenstärkende Kraft zugeschrieben wird, er gab sie einem Pharmakologen weiter. Ein Münchner Unternehmer, der sich mit der Herstellung pharmazeutischer Produkte befaßt ... verwendete bei einer Werbung für ein ... Produkt irrig den Namen des Beschuldigten als eines medizinischen Sachverständigen." Das daraufhin von Brandweiner geäußerte Begehren auf Ersatz eines ideellen Schadens in Geldeswert war standeswidrig, weil das "einzig standesgemäße Mittel ist für ihn (den Universitätsprofessor) das Begehren des Widerrufes und dessen Veröffentlichung. Der Mißgriff des Beschuldigten ist umso peinlicher, als er geeignet ist, das Ansehen der österreichischen Professoren im Auslande ... zu schädigen."

Trotz der offensichtlichen Groteskheit der hier zitierten Vorwürfe und Begründungen, die ernst zu nehmen umso schwerer fällt, als die im Jahr 1964 entdeckten standeswidrigen Handlungen 14, 12, 6 und 2 Jahre bevor sie den Unmut des Disziplinaranwaltes erregten in aller Öffentlichkeit erörtert worden waren, ohne daß damals eine Standesehre für verletzt erklärt worden wäre, nahm Brandweiner zu den Beschuldigungen ausführlich Stellung.[231] Er bestritt, jemals ins "kommunistische Lager" übergetreten zu sein oder das katholische verlassen zu haben: "Darüber, zu urteilen, ob ich das katholische Lager verlassen habe oder nicht, ist die Disziplinarkammer als weltliches Standesgericht (noch dazu unter dem Vorsitz seines evangelischen Theologen) gewißlich nicht berufen; darüber steht das Urteil vielmehr ausschließlich dem Heiligen Stuhl und meinem Ordinarius loci, den Herren Kardinal-Erzbischof von Wien zu. Ich stelle anheim, darüber eine Anfrage an Se. Eminenz zu richten." Zum Koreabericht, der seiner Meinung nach kein Gutachten war, bestand Brandweiner darauf, daß darüber schon einmal ein Disziplinarverfahren geführt worden sei, das zu seinen Gunsten rechtskräftig eingestellt wurde und daher ein nochmaliges Verfahren unzulässig sei, da keine neuen Sachverhalte aufgetaucht seien, sondern nur eine andere rechtliche Wertung vorgenommen werde. Mit Bezug auf die Schadenersatzforderung im Zusammenhang mit der unbefugten Werbung vermittels seines Namens verwies Brandweiner darauf, daß ihm seine Ehre nicht feil war, da er sie nicht verkauft hätte, er vielmehr für eine Verletzung der Ehre entschädigt worden sei. Überdies hätte erst kürzlich ein angesehener Kollege wegen Rufschädigung einen vergleichbaren Betrag zugesprochen bekommen.

Von der Ehre eines Standes und der Länge eines Verfahrens

Aufgrund der bisherigen Schilderung des Falles könnte der Eindruck entstanden sein, daß die vorliegende Darstellung vergessen hat mitzuteilen, was eigentlich standesgemäßes und was standeswidriges Verhalten sei. Diesem Einwand ist Rechnung zu tragen, auch wenn es nicht einfach ist, darauf eine sinnvolle Antwort zu geben. Die kaiserliche Dienstpragmatik äußert sich dazu ziemlich vage. In einem eigenen Abschnitt, "Verhalten" überschrieben, heißt es, daß der Beamte während und außerhalb des Dienstes das Standesansehen zu wahren habe, daß er sich stets im Einklang mit der Anforderung der Disziplin zu verhalten habe und alles zu vermeiden sei, was die Achtung und das Vertrauen, die seine Stellung erfordert, schmälern könnte. Weitere Bestimmungen legen fest, daß Mitgliedschaft in Vereinen, die den Pflichten des Beamten widerstreiten, untersagt seien; ebenso ist das Eingehen von Verbindungen verboten, welche den Zweck verfolgen, Störungen und Hemmungen des Amts- und Dienstbetriebes herbeizuführen. Schließlich darf kein Beamter einer ausländischen, politische Zwecke verfolgenden Gesellschaft angehören. Unschwer ist zu erkennen, daß diese Vorschriften keine Auskunft darüber geben, was nun konkret ein standeswidriges Verhalten ausmache. Es scheint, daß als standeswidrig galt, was als solches angesehen wurde. Um zu diesem Urteil zu gelangen, waren kollegiale Disziplinarkommissionen vorgesehen, die von Fall zu Fall entschieden. Verhaltenssicherheit ist dadurch nicht erreichbar gewesen, weil der potentielle Delinquent zu keinem Zeitpunkt wissen konnte, ob er konform oder schon standeswidrig agierte. Andererseits kann nicht bestritten werden, daß derartige elliptisch formulierte Vorschriften in höherem Maße geeignet sind, künftiges Verhalten zu steuern, da jeder um Rechtschaffenheit bemühte Beamte alles unterlassen wird, was seine Standeskollegen als standeswidrig betrachten könnten. Es bedarf keiner Begründung, daß Vorschriften, die im Wege einer Generalklausel Konformität sicherstellen wollen, für die konstitutiv auf Versuch und Irrtum gegründete wissenschaftliche Arbeit unanwendbar sind. Das scheint zwar dem autoritären Regime Dollfuß geläufig gewesen zu sein, da es bei der Übertragung der Geltung der Dienstpragmatik auf Hochschullehrer gerade diese Abschnitte nicht angewandt wissen wollte,[232] hingegen scheinen die Mitglieder der Disziplinaroberkommission, die über Brandweiner zu Gericht saßen, nicht einmal gewußt zu haben, daß diese Teile der Dienstpragmatik nicht Anwendung finden durften. Der Beschluß dieser Behörde vom 9. Dezember 1963 nimmt nämlich ausdrücklich auf die weiter oben referierten (und für die

Hochschullehrer nicht zutreffenden) Teile der Dienstpragmatik Bezug und zitiert den Paragraphen 24 wörtlich, um die Ansicht zu untermauern, daß auch dann ein Standesvergehen vorliegen könne, wenn der entsprechende Tatbestand "mit keiner kriminalrechtlichen Sanktion bedroht" sei.[233]

Im Juni 1964 fand die Verhandlung vor dem Verfassungsgerichtshof statt. Das Erkenntnis erging wenig später schriftlich und gab Brandweiner darin recht, daß die Disziplinaroberkommission zu prüfen gehabt hätte, ob ihm nach Einstellung des strafgerichtlichen Verfahrens weiterhin ein Standesvergehen vorgeworfen werden konnte. Weil dies unterlassen worden sei, war das Verfahren mangelhaft und daher gesetzwidrig, der bekämpfte Bescheid war daher aufzuheben. Abgewiesen wurde Brandweiners Antrag, die Suspendierung aufzuheben, weil dem Verfassungsgerichtshof eine entsprechende Zuständigkeit nicht eingeräumt sei.[234]

Unmittelbaren Nutzen erwuchs dem Beschwerdeführer aus diesem Erkenntnis keiner. Obwohl die belangte Behörde verpflichtet gewesen wäre, "unverzüglich"[235] - so meinte Brandweiner - einen Rechtszustand herzustellen, der dem Spruch der Verfassungsrichter entsprach, tat die Disziplinaroberkommission nichts. Ein Versuch Brandweiners, im Herbst 1964 beim Verfassungsgerichtshof eine Exekution des Erkenntnisses zu erreichen - was bedeutet hätte, daß der Bundespräsident den nach seinem Ermessen hierzu beauftragten Organen eine Weisung erteilen hätte müssen - schlug fehl, da der Verfassungsgerichtshof nur den verfassungswidrigen Bescheid beseitigen konnte, nicht aber eine allfällige Beschwerde über Säumigkeit in seine Kompetenz falle.[236]

Erst ein Jahr danach wurde im September 1965 die Oberbehörde aktiv und hob den Bescheid, den das Verfassungsgericht für verfassungswidrig erklärt hatte, auf und verwies das Verfahren an die erste Instanz die Disziplinarkammer zurück.[237] In den verflossenen Monaten hatte der Disziplinaranwalt weitere Beschuldigungen gegen Brandweiner zusammengetragen: Sie betrafen wiederum Schuldenmacherei, einen angeblich geleisteten Meineid und Unregelmäßigkeiten bei der Ausstellung von Zeugnissen, deren sich ein Fakultätskollege Brandweiners und sein zum Assistenten aufgestiegener Schüler erinnerten, obwohl die Vorkommnisse fünf Jahre davor geschehen sein sollen.

Weder in dieser noch in anderer Hinsicht wurde über die Formulierung von Beschuldigungen hinaus etwas unternommen, insbesondere erging kein Beschluß darüber, daß diese neuen Verdachtsmomente Gegenstand des Disziplinarverfahrens seien und auch die notwendig gewordene Wiederholung des erstinstanzlichen Verfahrens fand nicht statt. Das Verfahren ruhte und konnte ruhen, weil eine Säumigkeit der Behörde per Gesetz unmöglich war.

Brandweiner hatte in der Zwischenzeit bei der Europäischen Menschenrechtskommission eine Beschwerde eingebracht, seinen Fall der Österreichischen Juristenkommission bekannt gemacht und erhob im Juni 1965 Amtshaftungsklage gegen die Republik Österreich, weil ihm durch die Suspendierung Einnahmen aus Kolleggeldern und Prüfungstaxen entgangen wären. Die Facetten des diesbezüglichen juristischen Streits brauchen hier nicht verfolgt zu werden.

Die Verlegenheit, in welcher sich die Disziplinarbehörde befand, wird allerdings aus folgender Schilderung ersichtlich, die Brandweiner im Jänner 1966 beim Landesgericht für Zivilrechtssachen Wien, welches die Amtshaftungsklage zu verhandeln hatte, als Beweisantrag eingebracht: "Am 7. Jänner 1966 wandte sich der neu bestellte Disziplinaranwalt der I. Instanz, Prof. Verosta, telephonisch an Prof. Hämmerle und forderte diesen auf, sich mit ihm über meinen Fall in Wien zu besprechen. Diese Unterredung fand am 13. Januar 1966 in Wien statt. Der Disziplinaranwalt schlug vor, Prof. Hämmerle möge mir nahelegen, ich solle die gegenständliche Amtshaftungsklage und meine Säumnisbeschwerde an die Menschenrechts-Kommission in Straßburg zurückziehen und ein Gesuch um Pensionierung einbringen, das zunächst bei einem Notar oder sonstwo zu treuen Handen hinterlegt werde und vom Bundesministerium für Unterricht erst dann behandelt werden solle, wenn sich meine Berufungsverhandlungen in der Bundesrepublik Deutschland zerschlügen. Unter diesen Voraussetzungen würde das Disziplinarverfahren gegen mich eingestellt werden. Bezeichnend für die schuldhafte Säumnis war die Bemerkung des Disziplinaranwaltes, man habe bisher - also vier Jahre lang! - immer noch darauf gewartet, daß ich einmal strafgerichtlich verurteilt werden würde."[238]

Von geradezu rührender Sorgfalt der Standeskollegen und der Unterrichtsverwaltung berichten einige andere Aktenstücke. Aus ihnen geht hervor, daß vom Disziplinaranwalt über den Ministerialrat, den Sektionschef bis zum Unterrichtsminister alle mit der Erledigung des Falles Brandweiner befaßten Instanzen bemüht waren, ihm eine Professorenstelle für Kirchenrecht zu verschaffen - in der BRD; genannt wurden die Universitäten Bochum, München, Konstanz und Regensburg. Bei Brandweiners eigenen Bemühungen, eine Berufung in die BRD zu realisieren, mußte er feststellen, daß er erfolglos bleiben würde, solange in Österreich gegen ihn ein Disziplinarverfahren anhängig war.

Im Dezember 1966, also fünf Jahre nach Beginn der Supendierung wurde schließlich ein Weg gefunden, den Fall Brandweiner erledigungsreif zu machen. In Verhandlungen zwischen Brandweiners Anwalt und Ministerialbeamten wurde eine "vergleichsweise Bereinigung der Causa" vereinbart. Über die Abwicklung dieses Tauschgeschäftes, das als "Austausch von Dekreten und Erklärungen" bezeichnet wurde, gibt ein Schriftstück des Ministeriums detailliert Auskunft: "I. Das BMU übergibt und RA Dr. Majer übernimmt:

1) den Beschluß der Disziplinarkammer für Hochschullehrer der Univ. Wien GZ. 237/3-1961/62 vom 16.12.1966;
2) das Dekret über die Versetzung in den zeitl. Ruhestand des Prof. Brandweiner vom 3.2.1967, Zl. 142.248-I/1/66;
3) das Dekrekt über die Anrechnung der Vordienstzeiten des Prof. Brandweiner über die Bemessg. d. Ruhegenusses v. 6.2.1967, Zl. 50.129-I/1/67.

Zu Punkt 1) wird festgestellt, daß der Beschluß der Disziplinarkammer rechtskräftig ist.

II. RA Dr. Majer übergibt und das BMU übernimmt:

1) das Schreiben des Univ.Prof.Dr. Brandweiner v. 19.10.1966 mit dem Verzicht auf die Anfechtung d. Versetzung in den zeitl. Ruhestand, auf das Recht, Vorlesungen an einer öst. Univ. abzuhalten, und auf die Dienstwohnung in Graz;
2) das Schreiben an den Generalsekretär des Europarates vom 10.6.1966 betr. Rückziehg. d. Beschwerde wegen Verletzung der MRK v. 15.10.1964;
3) Schreiben d. Prof. Brandweiner v. 14.12.1966 mit rechtsverbindlicher Erklärg., auf die Anfechtg. der hiemit getroffenen vergleichsweisen Regelg. aus welchem Grunde immer zu verzichten;
4) Rückziehg. d. Klage an das LG.f.ZRS. 38 Cg 13/65, gegen die Republik Österreich unter Anspruchverzicht, zweifach, eine Halbschrift, versehen mit S 100,-GMK.

Einvernehmlich wird festgestellt, daß die Kosten in dieser Sache gegenseitig aufgehoben werden."[239]

Durch Dekret des Unterrichtsministers Theodor Piffl-Percevic wurde Brandweiner, "in sinngemäßer Anwendung der Bestimmungen des § 73 der Dienstpragmatik", mit Ende Februar 1967 in den zeitlichen Ruhestand versetzt, womit der Fall Brandweiner erledigt war.

Zurück blieben mehrere Rechtsbrüche und Rechtsbeugungen. Besonders gravierend war, daß die Bestimmung über die Versetzung in den zeitlichen Ruhestand 1934, als Teile der Dienstpragmatik auch für Hochschullehrer in Kraft gesetzt wurden, ausdrücklich nicht einbezogen worden war, der zeitliche Ruhestand für Hochschullehrer also zu keinem Zeitpunkt vorgesehen war. Brandweiner wurde aufgrund einer für seine Position nicht geltenden Vorschrift pensioniert.

Wohl ebenso flagrant ist der Verstoß, der darin bestand, daß in einem Disziplinarverfahren ein Vergleich abgeschlossen wurde, obwohl Verfahren dieser Art zur Gruppe der von Amts wegen zu führenden Verfahren von Behörden zählen, die nur durch Verurteilung oder Einstellung enden können. Daß der Beschluß der Disziplinarkammer, mit welchem das Verfahren eingestellt wurde, formal mangelhaft war, weil er ohne Angabe von Gründen ausgefertigt wurde, vervollständigt das Bild.

Brandweiner versuchte in den siebziger Jahren seinen Fall wieder aufzurollen und bemühte dazu mehrere sozialistische Politiker, die Volksanwaltschaft und den Bundespräsidenten. Wissenschaftsminister Hertha Firnberg zog sich, auf Rat ihrer Ministerialbeamten, auf den formalen Standpunkt zurück, daß durch die unwiderrufliche Erklärung Brandweiners, auf eine Anfechtung zu verzichten, der Fall erledigt sei. Der um Intervention gebetene damalige Klubobmann der SPÖ, Heinz Fischer, verhalf dem Anwalt Brandweiners zur Akteneinsicht und meinte zur Sache, daß Brandweiner Opfer einer systematischen Kampagne geworden sei, man aber an den Tatsachen des Vergleichs und des großen Zeitabstandes nicht vorbei komme. Justizminister Christian Broda konnte nur mitteilen, er habe mit Firnberg über den Fall geredet, sie wolle aber von Brandweiner nichts mehr wissen. Der damalige Zentralsekretär der SPÖ, Karl Blecha, berichtete dem Anwalt ähnliches, während Bundeskanzler Bruno Kreisky sich einer Stellungnahme enthielt. Bundespräsident Rudolf Kirchschläger gewährte Brandweiner eine Vorsprache, sah aber aus verfassungsrechtlichen Gründen keine Möglichkeit, aktiv zu werden. Die Volksanwaltschaft beschied Brandweiner schließlich, daß es ihm damals frei gestanden wäre, das Disziplinarverfahren und seine Klagen gegen Republik und Disziplinarkammer weiterzuführen. Die Versuche der Wiederaufnahme blieben ein spätes und erfolgloses Nachspiel.[240]

Die Eliminierung Brandweiners aus Österreichs Universitäten hing ursächlich damit zusammen, daß er mit der Distanzierung von den sozialistischen Ländern auch die publizistische Unterstützung der österreichischen Kommunisten verlor, eine parlamentarische - wie beim ersten Disziplinarverfahren 1950/51 - hätte es nicht mehr geben können, da zum Zeitpunkt des zweiten Disziplinarverfahrens die KPÖ keine Nationalratsabgeordneten mehr stellte. Eine in diese Richtung gehende Ahnung muß Brandweiner schon bald nach Beginn der Suspendierung gekommen sein, denn gegenüber dem Autor der Studentenzeitung Bilanz äußerte er sich zu Beginn des Jahres 1964: "Da glaubte man in Österreich, jetzt hat ihn der große Bruder verlassen, jetzt bringen wir ihn um."[241] Daß der (geringe) Schutz der kommunistischen Presse weggefallen war, stand allerdings schon seit Februar 1962 fest. Damals veröffentlichte die *Wahrheit* eine Stellungnahme zur Suspendierung Brandweiners, in der dem einstigen Verbündeten übel zugesetzt wurde: In den letzten Monaten habe er "auffallend und nachdrücklich für die revanchistische und militaristische Politik der Adenauer-Regierung

Partei" ergriffen. Nicht genug damit, attackierte die Zeitung den gemeinsam mit Brandweiner in Verruf geratenen Pauker und bemühte die große Zahl Westdeutscher unter den Grazer Studenten der Rechts- und Staatswissenschaften ("Obwohl diese Studenten auch die Universitäten in Westdeutschland besuchen könnten") - "selbstredend finden solche Lehrmeinungen ... bei diesen Herrschaften lebhafte Zustimmung." (WHT 11.2.62) Zwar veröffentliche die Zeitung noch einen Leserbrief Brandweiners, in welchem er die Behauptungen zurückwies. Für die Freiheit der Wissenschaft eines Fürsprechers des Militarismus und Revanchismus einzutreten - wie erinnerlich argumentierte dieselbe Zeitung in den Jahren 1950 und 1951 lautstark in diese Richtung -, hatte die KP-Presse 1962 und in den folgenden Jahren keinen Anlaß. Auch andere Zeitungen, die, als sie den freien Westen und die abendländische Kultur durch Brandweiner bedroht sahen, nicht müde wurden, die Prinzipien von Freiheit und Demokratie zu preisen, schwiegen. Diejenigen, die Brandweiner immer schon hintenherum erledigen wollten, hatten damit leichtes, weil unkontrolliertes Spiel.

Einem der unermüdlichsten österreichischen Kolumnisten blieb es vorbehalten, Brandweiner 1972 noch einmal aus den Tiefen der politischen Vergessenheit hervorzuholen. Am 26. Juli widmete er seine Kolumne dem Thema "Vom Pestfloh zum Staudamm" und der damals noch tobende Vietnamkrieg lieferte ihm den Anlaß. "Kommunistische Propagandaköche" behaupteten, daß die USA nordvietnamesische Staudämme bombadiert hätten. "Solchen Unsinn" griff der damalige UNO-Generalsekretär auf und wiederholte ihn während einer Pressekonferenz. "Als Österreicher setzt Doktor Waldheim jetzt freilich eine peinliche Tradition fort, die schon seinerzeit während des Koreakrieges der österreichische Universitätsprofessor Brandweiner so stolz begonnen hat. Der Brandweiner wurde nämlich von den Kommunisten auf Regimentsunkosten nach Korea eingeladen; und er hat dann dafür das Märchen von den Pestflöhen in Umlauf gesetzt ... Der Pestfloh-Brandweiner ist seinerzeit zu Recht der allgemeinen Lächerlichkeit anheimgefallen. Der ehrenwerte UNO-Generalsekretär Dr. Waldheim, der seine bombardierten Staudämme keineswegs etwa selbst gesehen, sondern der von der Sache nur in einem Plauderstündchen mit dem Präsidenten des Weltkirchenrates erfahren haben will, sollte daher nicht so bedenkenlos nachreden, was in den Giftküchen des kommunistischen Propagandaapparats zusammengebraut und vorgekaut wird, meint Ihr Staberl."[242]

Danksagung

Die Umstände, die dazu führten, daß von der ersten Idee bis zur Niederschrift vier Jahre verstrichen, sind ebensowenig aufzählbar wie jene Ursachen, die dazu beigetragen haben, daß aus der vagen Absicht, über nonkonforme Wissenschaftler zu arbeiten, doch noch diese Fallstudie hervorgegangen ist. Die Personen, die auf verschiedene Weise mit der Entstehung des Buches zu tun hatten, erinnert man leichter. Vor allem möchte ich Herrn Professor Heinrich Brandweiner, Wien, für seine Bereitschaft danken, mir Auskunft zu erteilen und Einsicht in sein Privatarchiv zu gewähren. Dies umso mehr, als er wissen mußte, daß er auf das Ergebnis meiner Arbeit keinen Einfluß würde nehmen können. Gespräche, die mir die Zeit näher brachten, in der sich das hier Berichtete ereignete, konnte ich mit Heinz Altschul, Wien, Franz Göbhart, Graz, Martin Grünberg, Wien, Eduard März, Wien und Michael Voslensky, München führen. Hilfreiche Hinweise erhielt ich von Georg Breuer, Wien, Helmut Kramer, Wien und Ekkehart Krippendorff, Berlin. Der Parlamentsdirektion des Österreichischen Nationalrates danke ich für die Übermittlung der Parlamentarischen Anfragen und Anfragebeantwortungen und dem Bundesarchiv, Zentralnachweisstelle Aachen bin ich für die rasche Erledigung meiner Wünsche verpflichtet. Besonderer Dank gilt Herrn Dr. Coenraad Stuldreher vom Rijksinstituut voor Oorlogsdocumentatie, Amsterdam und Herrn Dipl. Ing. Simon Wiesenthal vom Dokumentationszentrum des Bundes jüdischer Verfolgter des Naziregimes, Wien, die mich mit selten anzutreffender Liebenswürdigkeit empfingen und meine Wünsche befriedigten. Den Grazer Professoren Hermann Baltl, Bernd Schilcher und Walter Wilburg schulde ich Dank für die Darstellung der Ereignisse aus ihrer Sicht. Zu vermerken ist, daß das Grazer Universitätsarchiv mir zwei Dutzend Fotokopien aus dem Personalakt von Josef Dobretsberger zur Verfügung stellte. Die akademischen Behörden der Universität Graz konnten sich nicht dazu entschließen, mir mehr Einblick zu gewähren.

Anmerkungen:

1) "Wir fordern das vorbehaltlose Verbot der Atomwaffe als einer Waffe der Einschüchterung und der Massenvernichtung der Menschen. Wir fordern die Errichtung einer strengen internationalen Kontrolle über die Durchführung dieses Beschlusses. Wir sind der Auffassung, daß die Regierung, die als erste von der Atomwaffe Gebrauch macht, ein Verbrechen gegen die Menschheit begeht und als Kriegsverbrecher zu betrachten sein wird. Wir appellieren an alle Menschen, die guten Willens sind, diesen Aufruf zu unterzeichnen." Zitiert nach: Der Friedenskongreß. Bericht über die Tagung des Ersten Österreichischen Friedenskongresses in Wien am 10. und 11. Juni 1950, Wien 1950, S. 63.
2) Vgl. Biographisches Handbuch der deutschsprachigen Emigration nach 1933, Bd. 1, München 1980, S. 133.
3) Diese Begründung für sein Ausscheiden findet sich in dem biographischen Artikel "Dobretsberger, Josef", in: Wilhelm Bernsdorf, Horst Knospe, Hrsg. Internationales Soziologenlexikon, Bd.2, Stuttgart 1984, S. 181, welches üblicherweise auf Angaben der Gewürdigten fußt. Charles Gulick vermutet, daß Dobretsberger auf Druck reaktionärer Industrieller aus dem Ministeramt verdrängt wurde und stützt sich auf von ihm gesammelte Beweise, ders., Österreich von Habsburg zu Hitler, Wien 1976, S. 609 (einbändige Ausgabe). Anton Pelinka, Stand oder Klasse? Die christliche Arbeiterbewegung Österreichs 1933-38, Wien 1972 gibt keine Gründe für das Ausscheiden Dobretsbergers aus der Regierung an. Die gründliche Studie von Everhard Holtmann, Zwischen Unterdrückung und Befreiung. Sozialistische Arbeiterbewegung und autoritäres Regime in Österreich 1933 - 1938, München 1978, die sich u.a. auf die Ministerratsprotokolle stützt, schildert die politischen Umstände vor der Demissionierung am ausführlichsten. Zum Umfeld s. Emmerich Talos, Wolfgang Neugebauer, Hrsg., "Austrofaschismus". Beiträge über Politik, Ökonomie und Kultur 1934 - 1938, Wien 1984.
4) Dokumentationsarchiv des österreichischen Widerstandes (DÖW) Nr. 2905. Im Interview mit Franz Göbhart am 7.9.1983 äußerte dieser dieselbe Vermutung. (Gedächtnisprotokoll im Besitz des Autors).
5) Vorlesungsverzeichnis der Universität Graz, Wintersemester 1949/50.
6) Fritz Klenner, Hundert Jahre österreichische Gewerkschaftsbewegung, Wien 1981, S. 175ff. äußert sich dort (selbst-)kritisch über die Haltung der Gewerkschaftsführung.
7) Hans Prader, Die Angst der Gewerkschaft vor'm Klassenkampf. Der ÖBG und die Weichenstellung 1945 - 1950, Wien 1975.
8) Die Mandatsverteilung im Betriebsrat der VOEST lautete: 14 VdU, 12 SPÖ und 2 KPÖ, s. Anton Pelinka, Auseinandersetzung mit dem Kommunismus, in: Erika Weinzierl, Kurt Skalnik, Hrsg., Österreich. Die Zweite Republik, Graz 1972, Bd. 1, S. 195f.
9) Z.B. Klenner, Hundert Jahre...,S. 175 ff. und Ernst Fischer, Das Ende einer Illusion. Erinnerungen 1945 - 1955, Wien 1973. Der Streit, ob es sich bei diesen Aktionen um einen Putsch gehandelt habe, beherrscht immer noch die Literatur: Rudolf Neck, Innenpolitische Entwicklung, in: Weinzierl,Skalnik, Österreich...a.a.O., S. 165 spricht von einem Putschversuch; diese Ansicht vertreten auch die meisten populären Darstellungen der Zweiten Republik, vgl. Helmut Andics, Fünfzig Jahre unseres Lebens, Wien 1968, S.566ff., Walter Pollak, Sozialismus in Österreich, Wien 1979, S. 258. Manfried Rauchensteiner, Der Sonderfall. Die Besatzungszeit in Österreich 1945 bis 1955, Graz 1985 vermeidet diese Kennzeichnung; ausdrücklich gegen die Putsch-These gerichtet ist Ronald Gruber, Manfred Hörzinger, ...bis der Preistreiberpakt fällt. Der Massenstreik der österreichischen Arbeiter im September/Oktober 1950, Wien 1975.

10) Diese Behauptung stellt beispielsweise der ÖVP-Abgeordnete Eduard Ludwig am 8.11.1950 im Nationalrat auf, s. Stenographisches Protokoll des Nationalrates, VI.GP, S. 1274. S. auch Die Presse vom 9.11.1950. Dagegen behauptete Andics, Fünfziger Jahre...., S. 563: "Dobretsberger sei bereits während der Figl-Fischerei 1947 als Bundeskanzler im Gespräch gewesen" und stützt sich dabei vermutlich auf Karl Gruber, Zwischen Befreiung und Freiheit, Wien 1953, wo es S. 165 heißt: "Als Hauptkandidat für den Bundeskanzlerposten wurde ein Herr Dobretsberger genannt, Professor der Nationalökonomie in Graz, bekannter 'fellow-traveller'". In dem späteren Buch desselben Autors, Ein politisches Leben. Österreichs Weg zwischen den Diktaturen, Wien o.J. (vmtl. 1976), findet sich zwar wieder eine Schilderung der Figl-Fischerei, Dobretsberger wird dort aber nicht mehr genannt. Von Gruber, Zwischen Befreiung..., scheint William B. Bader, Austria Between East und West 1945 - 1955, Stanfort 1966, die Episode übernommen zu haben: "a communist fellow traveller be chosen Chancellor", S. 192. Auch Rauchensteiner, Sonderfall..., S. 204 vertritt diese Meinung.

11) Statistisches Handbuch für die Republik Österreich, N.F., 1.Jg. Wien 1950. Vincent E. McHale, Ed., Political Parties of Europe, Westport 1983, Vol. 1, S. 41 gibt das Resultat der 1949er Wahl für die DU mit 12 167 Stimmer an. Vgl. Peter Autengruber, Kleinparteien in Österreich 1945 - 1966 unter besonderer Berücksichtigung der Demokratischen Partei Österreichs und der Ergokratischen Partei Österreichs, unpubl. Dipl. Arbeit, Universität Wien (Institut für Zeitgeschichte) 1985.

12) Abgedruckt in: Steirische Akademische Nachrichten, Jg.2, Nr.2, November 1950, S. 3. Auszugsweise auch in: Steirerblatt 7.11. und 8.11. und Neue Zeit 8.11.1950.

13) Vgl. Berichte in Wiener Kurier 8.11.1950 und Die Presse 9.11.1950.

14) Dolf Sternberger, Gerhard Sorz, W.E. Süskind, Aus dem Wörterbuch des Unmenschen, Hamburg 1968, S. 190ff. Bei Cornelia Berning, Vom "Abstammungsnachweis" zum "Zuchtwart". Vokabular des Nationalsozialismus, Berlin 1964 findet sich dieser Begriff nicht.

15) Kelsen befaßte sich in mehreren Artikeln mit dem völkerrechtlichen Status der NATO, insbesondere ob dieser mit der Charta der UNO vereinbar sei. Trotz mancher kritischer Bemerkung findet sich keine Äußerung Kelsens, die dem Sinn nach der zitierten Aussage Brandweiners entsprechen würde in: Hans Kelsen, The Atlantic Pact and the UN Charter, in: The New Leader Vol.32, Nr.23, 4. Juni 1949 und ders., The North Atlantic Defense Treaty and the Charter of the United Nations, in: Nordisk Tidsskrift for Internation Ret, Vol. 19, 1949, S. 41ff. Auch der Biograph Kelsens, Rudolf Metall, Hans Kelsen. Leben und Werk, Wien 1969 berichtet nicht über eine derart prononcierte Äußerung.

16) Die Literatur zum Kalten Krieg ist unüberschaubar. Einen informativen Überblick über die internationale Dimension bietet Wilfried Loth, Die Teilung der Welt 1941 - 1955, München 1980; weitere Hinweise zur Literatur findet man in folgenden Literaturberichten: Hans Lades, Joseph H. Pfister,Claus D. Kernig, Kalter Krieg, in: Sowjetsystem und Demokratische Gesellschaft: Politik, Bd. 2, Sp. 294 - 340; Werner Link, Die amerikanische Außenpolitik aus revisionistischer Sicht, in: Neue Politische Literatur, Jg. 16, 1971, S. 205-220; Hans-Jürgen Schröder, Zur Genesis des Kalten Krieges, in: Neue Politische Literatur, Jg. 21, 1976, S. 488-506 und schließlich die breite Darstellung bei: Ernst Nolte, Deutschland und der Kalte Krieg, Stuttgart 1985.

17) Die detaillierte, wenn auch sehr politikzentrierte Darstellung von Rauchensteiner, Der Sonderfall...a.a.O., ist zwar mehrfach kritisiert worden, aber bislang nicht durch eine umfassendere, insbesondere soziale und kulturelle Aspekte einbeziehende Darstellung und Analyse abgelöst worden. Überhaupt ist der Kalte Krieg in Österreich kaum bearbeitet, zwei Ausnahmen: Egon Matzner, Der kalte Krieg und Österreich, in: Wissenschaft

und Weltbild. Festschrift für Hertha Firnberg, hrsg. von Wolf Frühauf, Wien 1975, S.193-209 beschränkt sich auf ein Literaturreferat der amerikanischen Literatur und Willibald I. Holzer, Der Kalte Krieg und Österreich. Zu einigen Konfigurationsäquivalenten der Ost-/West-Bipolarität in Staat und Gesellschaft (1945 - 1955), in: Jahrbuch für Zeitgeschichte 1982/83, Wien 1983, S. 133 - 209 löst das im Untertitel gemachte Versprechen nicht ein.
18) Vgl. Gerald Stourzh, Geschichte des Staatsvertrages 1945 - 1955. Österreichs Weg zur Neutralität, Graz 1980. Zur Demokratischen Union siehe deren Wahlprogramm: "Was wir wollen". Das Rahmenprogramm der Demokratischen Union. Beschlossen durch die Delegierten-Konferenz vom 30. August 1949, erläutert vom Bundesobmann Josef Dobretsberger, o.O.,o.J.
19) "Was wir wollen"...,S. 22.
20) Margarete Schütte-Lihotzky, Erinnerungen aus dem Widerstand 1938 - 1945, Hamburg 1985, S. 54. Fritz Neumark, Zuflucht am Bosporus. Deutsche Gelehrte, Politiker und Künstler in der Emigration 1933 - 1953, Frankfurt 1980 geht darauf nicht ein, schildert aber ausführlich die Person.
21) Vgl. Hinweise bei Ernst Fischer, Ende..., Viktor Matejka, Widerstand ist alles, Wien 1984 und Wilhelm Pellert, Roter Vorhang. Rotes Tuch. Das Neue Theater in der Scala (1948 - 1956), Wien 1979. Eine seriöse Darstellung der österreichischen Linksintellektuellen fehlt. Vgl. für das Ausland: Ernst-August Roloff, Exkommunisten. Abtrünnige des Weltkommunismus, Mainz 1969. In fremdsprachigen Darstellungen tauchen die Österreicher begreiflicherweise nicht auf, s. Herbert R. Lottman, The Left Bank. Writers, Artists, and Politics from the Popular Front to the Cold War, Boston 1982 and David Caute, The Fellow Travellers. A Postscript to the Enlightenment, London 1973.
22) Stenographisches Protokoll...,S. 1274.
23) S. David Rees, Koreakrieg, in: Sowjetsystem und Demokratische Gesellschaft: Politik Bd. 3, Sp. 38 - 49, Louis J. Halle, Der Kalte Krieg. Ursachen, Verlauf, Abschluß. Frankfurt: 1969, Kap. 20 und 21 (urspr. 1967).
24) Alle Zitate aus einem Artikel der Wahrheit vom 22.11.1950, Titelseite mit der Überschrift "Prof. Brandweiner: Österreich darf kein zweites Korea werden". Brandweiners Hinweis auf die "rein wirtschaftlichen Kämpfe" bezieht sich auf den weiter oben erwähnten Oktoberstreik: Inwiefern damals eine "ausländische Intervention" stattfand und von welcher Seite erläutert der Autor nicht.
25) Steirerblatt 28.11.1950. Dem Verfasser schien es keine Probleme bereitet zu haben, daß die letzten tumultartigen Szenen, die die Universität Graz erlebt hatte, antisemitische Ausschreitungen nationaler Studenten waren.
26) Anspielung auf den damaligen Generaldirektor des Katholischen Preßvereins, der die Kleine Zeitung herausgibt, Karl Maria Stepan, der während der Ständediktatur steirischer Landeshauptmann war.
27) Steirerblatt 29.11.1950, daraus die folgenden Zitate. Dagegen sprach die Weltwoche nur von "rund 160 Demonstranten", 29.11.1950.
28) Wahrheit 29.11.1950. In einem Artikel heißt es am 2.12.1950 sogar: "Das führende steirische Kriegshetzerblatt, das Organ der Heimwehrfaschisten, die Kleine Zeitung (und deren) Hintermann Stepan (hatten) im Februar 1934 bewiesen" wie aus Pogromkrawallen Kriegsdemonstrationen geworden seien.
29) Es dürfte sich dabei um Günther Nenning handeln, der zu dieser Zeit Redaktionsmitglied der Neuen Zeit war.
30) Neue Zeit 29.11.1950. Dieser Kommentar trug seinem Verfasser am darauffolgenden Tag den Vorwurf des "marxistischen Milchbruders" ein. Urheber war der damalige ÖVP-Landtagsabgeordnete Franz Wegart, s. Steirerblatt 30.11.1950.

31) Steirerblatt 30.11.1950. Die ÖHS wies in einer Aussendung außerdem darauf hin, daß der "weitaus überwiegende Teil der gesamten Studentenschaft von Graz" hinter der Resolution der Hochschülerschaft stünde. In der Neuen Zeit vom 29.11.1950 findet sich dagegen eine Erklärung von Jus-Studenten - darunter der Name der späteren SPÖ-NAbg. Jolanda Offenbeck -, die sich dagegen verwahrten, daß die Hörer Brandweiners gegen ihn demonstriert hätten. Die Unterzeichner des Briefes "betonen, daß (sie) die Vorlesungen von Herrn Prof. Brandweiner ungestört hören wollen."
32) Kleine Zeitung 30.11.1950. Diese Metapher diente wenige Jahre davor einem "Aufklärungsfilm" als Titel, in welchem junge Mädchen vor bonbonverteilenden Herrn gewarnt wurden. S. Walter Fritz, Kino in Österreich 1945 - 1983. Film zwischen Kommerz und Avantgarde, Wien 1984,S. 23.
33) Neue Zeit 30.11.1950. Am 5.12.1950 berichtete die Kleine Zeitung von einer von der ÖHS an der Universität Innsbruck beschlossenen Resolution, in der die Aufforderung ihrer Grazer Kollegen unterstützt wurde. Über eine analoge Resolution der ÖHS der Technischen Universität in Graz berichtet das Steirerblatt am 7.12.1950.
34) Vgl. die in der Wahrheit abgedruckten Resolutionen, Telegramme etc. am 30.11.; 1.12.; 2.12.; 3.12; 5.12. 1950 u.ö.
35) Gordon Shepherd, Die österreichische Odyssee, Wien 1958, S. 294.
36) S. Klaus-Jörg Siegfried, Universalimus und Faschismus. Das Gesellschaftsbild Othmar Spanns, Zur politischen Funktion seiner Gesellschaftslehre und Ständestaatkonzeption, Wien 1974, Vgl. zu Spann: Christian Fleck, Vertrieben und Vergessen. Ein Überblick über die aus Österreich emigrierten Soziologen, in: Josef Langer, Hrsg., Zur Konstituierung der Soziologie in Österreich (im Erscheinen).
37) In der Nationalratssitzung vom 11.12.1950 geht Strachwitz en passant auf Brandweiner ein, s. Stenographische Protokolle..., S. 1547.
38) Tatsächlich wurde zu diesem Zeitpunkt kein Disziplinarverfahren gegen Brandweiner eingeleitet. Interview mit Heinrich Brandweiner am 9.8.1983 (Tonband und Transkript im Besitz des Autors). Brandweiner hat über seinen Fall ein umfangreiches Dossier, das viele Aktenstücke in Abschrift enthält Anfang der Achtziger Jahre verfaßt: Die Abrechnung. Der Fall Brandweiner oder die Memorabilien eines Dissidenten in Österreich zwischen Zensur, Berufsverbot und Rechtsverweigerung, das ich freundlicherweise einsehen durfte. Ich zitiere es im folgenden als: Abrechnung..., hier: S. 22ff.
39) S. Stenographisches Protokoll...,S. 1374 (Johann Koplenig), 1428 und 1511 (Ernst Fischer) und 1547 (Ernst Strachwitz) und Steonographischer Bericht über die Verhandlungen des Steiermärkischen Landtages, 15. Sitzung vom 21.12.1950, S. 266 u.ö.
40) Die Union, 7.12.1950.
41) S. die Berichte in Steirerblatt vom 12.,13.,14.,19.,21. und 23.12.1950.
42) S. die Berichte in Wahrheit vom 23.12.1950 und Österreichische Friedenszeitung Jänner 1951.
43) S. Kleine Zeitung 19.1.1951, Die Presse 4.2.1950, Steirerblatt 6.2.1951 und Stenographische Protokolle...,S. 1794 (Bruno Pittermann).
44) Kleine Zeitung 9.5.1951. Es handelt sich dabei um die dritte von der Österreichisch-Sowjetischen Gesellschaft organisierte Reise. Interview mit Martin Grünberg am 1.10.1984 (Gedächtnisprotokoll im Besitz des Autors).
45) Brandweiners Rede abgedruckt in: Wahrheit 8.7.1951; Pallers Brief in: Neue Zeit 15.7.1951. Schon am 12.12.1950 hatte diese Zeitung anläßlich eines in Paris stattfindenden Prozesses über die Frage der Existenz von Konzentrationslagern in der Sowjetunion Brandweiner und Dobretsberger mit den Worten Arthur Koestlers als "bürgerliche Trot-

tel" tituliert, die "aus politischer Naivität oder persönlichem Ehrgeiz Steigbügelhalter zu politischen Verbrechen wurden." Die Glosse blieb unwidersprochen.

46) Abgedruckt in: Neue Zeit 5.8.1951 und Wahrheit 9.8.1951.

47) Vgl. die beiden Überblicksarbeiten von Lottman, Left Bank... und Caute, Fellow Travellers... a.a.O.

48) So in einem auf Antrag Brandweiners beschlossenen "Danktelegramm an die sowjetischen Gastgeber", abgedruckt in: Wahrheit 3.10.1951.

49) Der schrittweise Integrationsprozeß ist auch daran ablesbar, daß immer wieder einzelne ihre Bereitschaft aufkündigten, den nächsten Schritt mitzumachen und diese partielle Verweigerung die Form des prinzipiellen Bruchs annahm. Vgl. dazu die regelmäßigen Berichte in der nichtkommunistischen Presse über Personen, die die Gefolgschaft "aufgekündigt" hatten, ebenso wie die Berichte der kommunistischen und Friedensratspresse, die fallweise über fälschlich behauptete Konversionen schrieben; einer der derart Umstrittenen war Thomas Mann.

50) 336/J vom 21.9.1951, 20. Beiblatt zur Parlamentskorrespondenz.

51) 349/J vom 24.10.1951, 18. Beiblatt zur Parlamentskorrespondenz. Das sogenannte Weißbuch erschien gedruckt als: Die Aufrüstung Österreichs. Dokumente und Tatsachen, hrsg. vom Österreichischen Friedensrat, Wien o.J. (1951). Späte Würdigung findet diese Publikation bei: Rudolf G. Ardelt, Hanns Haas, Die Westintegration Österreichs nach 1945, in: Österreichische Zeitschrift für Politikwissenschaft 4. Jg., 1975, S. 379-399, die sich um eine "revisionistische" Sicht des Kalten Krieges für Österreich bemühen.

52) 349/AB. zu 336/J vom 8.2.1952, 1. Beiblatt zur Parlamentskorrespondenz und 331/AB. zu 349/J vom 5.12.1951, 15. Beiblatt zur Parlamentskorrespondenz.

53) 331/AB. zu 349/J aaO.

54) Gruber, Ein politisches Leben...,S. 102.

55) Shepherd, Odyssee...,S. 294.

56) Ludwig Jedlicka, Heer und Demokratie, in: Jacques Hannak, Hrsg., Bestandsaufnahme Österreich 1945 - 1963, Wien 1963, S. 245f. Vgl. ders., Die österreichische Wehrpolitik,in: Österreich-Chronik 1945-1972, hrsg. v. Heinrich Siegler, Wien 1973, S. 190ff.

57) Johann Christoph Allmeyer-Beck, Landesverteidigung und Bundesheer, in: Weinzierl, Skalnik, Österreich..., Bd. 1, S. 156. Gerald Stourzh kommentiert die Polemik des Friedensrates folgendermaßen: "Die Gründung der NATO und der Aufbau der B-Gendamerie" führten zu "kommunistischen oder kommunistisch inspirierten Angriffen auf die Regierungspolitik", in: Der Weg zum Staatsvertrag und zur immerwährenden Neutralität, in: Weinzierl, Skalnik, Österreich...,Bd. 1.S. 228.

58) "Diese unerhört heikle Aufgabe - begreiflicherweise durch zahlreiche Anfragen der Kommunistischen Partei Österreichs immer als 'Aufrüstung' bezeichnet - war ... auf 9 motorisierte Infanteriebataillone, 3 mechanische Kompanien, 1 Pionierbataillon und eine getarnte Offiziers- und Unteroffiziersschule angewachsen", Jedlicka, Die österreichische Wehrpolitik..., 1973, S. 190.

59) Zum Zusammenhang zwischen Remilitarisierung und Staatsvertragsverhandlungen vgl. Ardelt/Haas, Westintegration... und Hanns Haas, Österreich 1949: Staatsvertragsverhandlungen und Wiederbewaffnungsfrage, in: Jahrbuch für Zeitgeschichte 1978, Wien 1979, S. 175-200.

60) Neue Wiener Tageszeitung 13.10.1951 und Das Kleine Volksblatt 13.10.1951. Bürgerlichen Anstand bemühte dagegen die Tagespost am 13.10.1951 als sie davon schrieb, daß "weite Kreise der Öffentlichkeit peinlich berührt" waren vom Auftritt Brandweiner in Salzburg.

61) Zitiert nach Neue Zeit 13.10.1951. Schon drei Tage vorher, am 10.10.1951 hatte diese Zeitung in einem Kommentar, den Akademischen Senat zum Handeln aufgefordert, "ehe wir in dieser Stadt einen lauten Skandal erleben."

62) BGBl. Nr. 223/1936 zum Schutze des Staates. Die Paragraphen 308 (Verbreitung falscher und beunruhigender Gerüchte oder Vorhersagen), 309 (Gesetzwidrige Verlautbarungen) und 310 (Sammlungen oder Subskriptionen zur Vereitelung der gesetzlichen Folgen von strafbaren Handlungen) wurden durch Kundmachung vom 3.11.1945 in das Österreichische Strafgesetz im Wege der Wiederverlautbarungen aufgenommen. Zur juristischen Interpretation dieser Paragraphen s. Theodor Rittler, Lehrbuch des Österreichischen Strafrechts, Wien 1954, Bd.1 und Wien 1962, Bd.2: "In der neuen Fassung (von 1936) soll das Tatbild auch die sog. 'Lügenpropaganda' ergreifen, die sich gegen die Regierung richtet. Es verfolgt also Ziele, die man anderwärts mit einem Strafgesetz gegen Staatsverleumdung zu erreichen sucht. Darauf weist insbesondere die Rücksicht auf die öffentliche Meinung des Auslandes hin. Im Zusammenhang damit wird nun nicht mehr bloß die öffentliche Verlautbarung bestraft wie ehedem. Gerade der 'Flüsterpropaganda' wollte man entgegentreten", Bd. 2, S. 392. Dort auch Erwägungen über das Tatbild des Gerüchts und das der Vorhersagung. Vgl. Holtmann, Zwischen Unterdrückung...a.a.O., S. 259ff. Zur Nachkriegspraxis vgl. die parlamentarischen Anfragen 15/J vom 1.12.1949, 8. Beiblatt zur Parlamentskorrespondenz (Anfrage der Abg. Koplenig und Genossen betreffend den Schutz der Presse vor ungerechtfertigter Konfiskation) und 17/AB. zu 15/J vom 7.1.1949 (richtig: 1950) und 23/J vom 8.12.1949, 1. Beiblatt zur Parlamentskorrespondenz (Anfrage der Abg. Ernst Fischer und Genossen betreffend die ungerechtfertigte Beschlagnahme der Tageszeitung "Der Abend" am 5.12.1949) und 16/AB. zu 23/J vom 7.1.1950, 1. Beiblatt zur Parlamentskorrespondenz und 148/J vom 13.7.1950 (Anfrage der Abg. Ernst Fischer und Genossen betreffend die Verletzung der Pressefreiheit durch die Justizbehörden) und 115/AB. zu 148/J vom 24.7.1950, 1. Beiblatt zur Parlamentskorrespondenz und 243/J vom 7.3.1951, 20. Beiblatt zur Parlamentskorrespondenz (Anfrage der Abg. Koplenig und Genossen betreffend die willkürliche Beschlagnahme der 'Österreichischen Volksstimme' am 7.3.1951) und 213/AB. zu 243/J vom 20.3.1951, 3. Beiblatt zur Parlamentskorrespondenz. Alle Anfragen beanstandeten die Anwendung der oben zitierten Paragraphen des Staatsschutzgesetzes 1936.

63) Vgl. ausführlicher: Österreichische Friedenszeitung, Sondernummer November 1951.

64) Es ließ sich nicht feststellen, ob deren Fernbleiben zufällig oder aus Protest geschah.

65) Dazu zählen, ohne daß von mir in jedem Fall überprüft werden konnte, was die Gründe sind: Arnolt Bronnen, Richard Zeltner, Univ.Prof. Dr. Hans Thirring, Olympiasiegerin Herma Bauma, Univ.Prof. Robert Strebinger.

66) Helmut Plessner, Die verspätete Nation, Frankfurt 1974 (urspr. 1935).

67) Theodor W. Adorno u.a., The Authoritarian Personality, New York 1950. Gunter Falk, Heinz Steinert, Über den Soziologen als Konstrukteur der Wirklichkeit, das Wesen der sozialen Realität, die Definition sozialer Situationen und die Strategien zu ihrer Bewältigung, in: Heinz Steinert, Hrsg., Symbolische Interaktion, Stuttgart 1973, S. 22f plädieren dafür, nicht von Eigenschaften auf dem begrifflichen Niveau von "Persönlichkeit" zu sprechen, sondern "autoritäre Reaktionen" ins Zentrum der Überlegung zu stellen.

68) Stenographisches Protokoll...,S. 2322.

69) Edb. S. 2324 und 2338.

70) Ebd. S. 2403.

71) Ebd. S. 2476.

72) Edb. S. 2479.

73) Edb. S. 2479ff.

74) The Fontana Dictionary of Modern Thought, ed. by Alan Bullock, Oliver Stallybrass, Glasgow 1977, S. 233f. Die Sicht des Kalten Krieges bei: Erich Wollenberg, Der Apparat. Stalins Fünfte Kolonne, Bonn 1952.

75) Stenographische Protokolle...,S. 2498.

76) Stenographisches Protokoll des Nationalrates der Republik Österreich, VI. G.P., S. 1510.

77) Alle Zitate aus den Ausgaben von 18.3.1952.

78) Eine Ausnahme war Die Presse, siehe ihren kurzen Bericht vom 18.3.1952.

79) 430/J vom 21. März 1952, 6. Beiblatt zur Parlamentskorrespondenz.

80) Neue Züricher Zeitung 4.4.52 und Arbeiter Zeitung 5.4.52.

81) Robert Harris, Jeremy Paxman, Eine höhere Form des Tötens. Die unbekannte Geschichte der B- und C-Waffen, München 1985.

82) 393/A.B. zu 430/J vom 2. April 1952, 23. Beiblatt zur Parlamentskorrespondenz.

83) BGBl Nr. 334 vom 26. Oktober 1934.

84) Von diesen Fotos behaupteten einige Zeitungen schon Tage vorher, daß sie nach einem Bericht der New York Times als nicht stichhältige Beweise betrachtet werden müßten. Die New York Times hatte die Fotos Fachleuten vorgelegt, die zur Auffassung gelangten, es handle sich um plumpe Fälschungen, die abgebildeten Insekten seien zur Übertragung von Krankheiten ungeeignet und die angebliche Bakterienbombe hätte der Verbreitung von Popagandaflugblättern gedient (zitiert nach AZ 5.4.52). Derartige Abbildungen wurden dennoch weiterhin in der kommunistischen Presse publiziert, z.B. in einem Bericht der Welt-Illustrierten über die Ratstagung der IVDJ (Ausgabe vom 20.4. und 4.5.52). Antikommunistische Blätter behaupteten später, von kommunistischer Seite werde nunmehr behauptet, die Flugblätter seien infiziert gewesen. (WK 18.4.52)

85) "Zur Vertretung der dienstlichen Interessen bei der Disziplinarkammer hat die oberste akademische Behörde ... einen rechtskundigen Hochschulprofessor als Disziplinaranwalt ... zu bestellen. (Er) ist in dieser seiner Eigenschaft dem zuständigen Bundesminister unmittelbar unterstellt." BGBl. Nr. 334 vom 26.10.1934, § 5.

86) Dem steht entgegen, daß zwischen Oktober 1945 und Jänner 1947 156 "papers" aus dem Umkreis des "Chemical Warfare Service" der USA publiziert wurden, s. Julian Perry Robinson, The Rise of CB Weapons, in: SIPRI, Ed., The Problem of Chemical and Biological Warfarce, Vol. 1, Stockholm 1971, S. 121.

87) Es gehört zu den Charateristika der Zeitungsmeldungen der Kalten Kriegs-Periode, daß sie ihre Leser erkennbar unvollständig informierten, ohne daß das zu Problemen geführt hätte. Im vorliegenden Fall sind Fischers Hinweise auf die Intelligenzprüfung nur verständlich, wenn man weiß, daß Dowling davon gesprochen hat, er müsse die geplante Veranstaltung verbieten, weil sie "die Intelligenz der Österreicher durch bösartige Erfindungen beleidigt hätte". (WK 21.4.52) Der im Text zitierte Veranstaltungsbericht stammt aus Wahrheit 23.4.52.

88) Howard Becker, Außenseiter. Zur Soziologie abweichenden Verhaltens, Frankfurt 1981, S.133ff. (urspr. 1963)

89) Dahingehend argumentiert Heinrich Lübbe, Der Nationalsozialismus im deutschen Nachkriegsbewußtsein, in: Historische Zeitschrift, Bd. 236, 1983,S. 579ff.

90) S. Christian Fleck, Eine Art symbolischer Versorgung der Gegenwart, in: Erich Meuchel, Hg., Die extreme Rechte in Österreich, Wien 1988 (im Erscheinen).

91) Es scheint mir ein über den hier erörterten Anlaß hinaus beachtenswertes Phänomen, daß eine "Renegaten"- bzw. "Konvertiten"literatur aus dem nationalsozialistischen Bereich fast vollständig fehlt. Was an originären Beiträgen existiert, entstand entweder unter der Bedingung, daß jemand in der Haft aufgefordert wurde, sein Leben zu schildern, wie

der KZ-Kommandant Höß oder als mehr oder weniger unverhüllte Rechtfertigungsschrift, von Rendulic bis Speer. Etwas, was an Detailliertheit und Aufrichtigkeit den Bekenntnissen ehemaliger Kommunisten auch nur ähneln würde, gibt es meines Wissens nicht.

92) Die folgende Darstellung fußt auf dem Personalakt Brandweiners, der im Bundesarchiv, Zentralnachweisstelle Aachen aufliegt und dessen Einsichtnahme mir Herr Professor Brandweiner gestattete, wofür ich ihm an dieser Stelle ausdrücklich danken möchte.

93) In anderen Dokumenten dieses Aktes werden auch noch Mitgliedschaften beim RLB und RDB angegeben.

94) Brandweiner, Abrechnung..., S. 46.

95) Interview mit Brandweiner am 9.8.1983 (Tonband und Transkript im Besitz des Autors).

96) Alfred M. de Zayas, Die Wehrmacht-Untersuchungsstelle. Deutsche Ermittlungen über alliierte Völkerrechtsverletzungen im Zweiten Weltkrieg, unter Mitarbeit von Walter Rabus, München 1979.

97) S. Manfred Messerschmidt, Die Wehrmacht im NS-Staat. Zeit der Indoktrination, Hamburg 1969 und Klaus-Jürgen Müller, Armee, Politik und Gesellschaft in Deutschland 1933 - 1945, Paderborn 1981. Aufschluß über die zeitgenössische Sicht des Verhältnisses von Partei und Wehrmacht gibt: Richard Donnevert, Hrsg., Wehrmacht und Partei, Leipzig 1938.

98) de Zayas, Wehrmacht-Untersuchungsstelle ..., S. 19.

99) Interview mit Heinrich Brandweiner am 9.8.1983 (Tonband und Transkript im Besitz des Autors).

100) Widerstand und Verfolgung in Oberösterreich 1934 - 1945. Eine Dokumentation, hrsg. vom Dokumentationsarchiv des österreichischen Widerstandes (DÖW), Wien 1982, Bd. 1,S. 275. Ebenso auch "Erinnerungen an die Freiheitsbewegung im Salzkammergut",in: Wahrheit 10.4.65.

101) Zitiert nach 432/A.B. zu 468/J, vom 24.Mai 1952, 4. Beiblatt zur Parlamentskorrespondenz.

102) Dienstpragmatik 1914, RGBl. Nr.15 vom 25. Jänner 1914.

103) BGBl. Nr. 334 vom 26.10.1934.

104) Bundesministerium für Unterricht Z. 51024/I-1/52 vom 21.4.1952, s. Brandweiner, Abrechnung ...,S. 64.

105) S. Robert K. Merton, Science and Democratic Social Structure, in: ders., Social Theory and Social Structure, Enlarged Edition, New York 1968, S. 604ff. (urspr. 1942).

106) Amt der Steiermärkischen Landesregierung, Landesamtsdirektion, GZ LAD-Reg. Ein 5 B 6/4-1950 vom 25.4.1952, s. Brandweiner, Abrechnung ...,S.71.

107) Teilweise enthalten in: Heinrich Brandweiner, Facts and Documents Concerning the War in Korea, Bruxelles o.J.

108) Abgedruckt in den Ausgaben vom 20.5., 24.5., 29.5., 5.6., 12.6., 17.6., 21.6., 25.6., 3.7. und 8.7. 1952.

109) Zu den Schwierigkeiten der Verifikation des Einsatzes derartiger Waffen s. SIPRI, Ed., Vol. 5, The Prevention of CBW, a.a.O.

110) Natürlich hätte man auch an der von der Kommission gewählten Sprache Kritik üben können, die wie gezeigt, mitnichten die einer um Neutralität bemühten Institution war, sondern schon in der Wortwahl erkennen ließ, welcher Partei der Auseinandersetzung ihre Sympathie gehörte. Hinter dieser Auffassung von Kritik steht die Annahme, daß Kritiken, die sich darauf beschränken zu behaupten, etwas nütze einer Seite, oder die das Zustandekommen der Kommission kritisieren, zu kurz greifen.

111) "Es war zu erkennen, daß Rußland sich den ganzen Korea-Krieg über relativ vorsichtig verhielt. Das heißt jedoch nicht, daß es für diese Vorsicht irgendwelche anderen Beweggründe gegeben hatte als krassen Eigennutz; denn zur gleichen Zeit propagierten kommunistische Organisationen auf Anordnung Moskaus die ganz und gar heuchlerische Kampagne des sogenannten Stockholmer Friedensappells, und 1952 lancierten sie den äußerst bösartigen Propagandafeldzug gegen die Vereinigten Staaten mit der Behauptung, Amerika habe im Rücken der kämpfenden Koreaner und Chinesen Millionen von Bakterien ausgestreut. Zum Glück hatten diese Kampagnen nur begrenzte Auswirkungen", John A. Lukacs, Geschichte des Kalten Krieges, Gütersloh 1962, S. 113 (urspr. 1961). Die rechtlich relevante Seite der Kontroverse ist bei Michael Bothe, Das völkerrechtliche Verbot des Einsatzes chemischer und bakteriologischer Waffen, Köln 1973 dokumentiert.

112) Neue Quellen bei: Bernd Bonwetsch, Peter M. Kuhfus, Die Sowjetunion, China und der Koreakrieg, in: Vierteljahreshefte für Zeitgeschichte, 35. Jg., 1985, S. 28 - 87.

113) Robinson, Rise.., S. 225.

114) James Burnham, Die Strategie des Kalten Krieges, Stuttgart 1950 liefert Belege für frühere in seinen Augen erfolgreiche östliche Propagandaerfolge.

115) Beispielsweise von Ernst Fischer im Nationalrat am 3.7.1952, Stenographisches Protokoll..., S. 3642f.

116) D.J.Dallin, Sowjetische Außenpolitik nach Stalins Tod, Köln 1961, S. 88ff. Vgl. Isaac Deutscher, Stalin. Eine politische Biographie, Stuttgart 1962, S 397.

117) Dr. Heinrich Kent, Wien: "Ich habe den Bakterienkrieg erlebt" in: Der Friedenskongreß. Bericht über die Tagung des Ersten Österreichischen Friedenskongresses in Wien am 10. und 11. Juni 1950, Wien 1950, S.40f.

118) D.J.Dallin, Sowjetische Außenpolitik..., aaO., S. 90.

119) Robinson, The Rise of CB Weapons...,s. S. 217ff.

120) Vgl. Jaap van Ginneken, Bacteriological Warfare, in: Journal of Contemporary Asia, Vol. 7, 1977, S 130-152 und Stephen L. Endicott, Germ Warfare and "Plausible Denial". The Korean War, 1952-1953, in: Modern China, Vol. 5, 1979, S. 79 - 104.

121) Befragungen durch den Autor: Michael Voslensky am 27.7.1984 und Martin Grünberg am 1.10.1984. Beide äußerten dezidiert, daß sie die Berichte über den Einsatz von bakteriologischen Waffen für "Augenauswischerei", "Provokation" und "Schwindel" hielten. Georg Breuer meinte (in einem Brief vom 7.3.1984 an den Autor), daß die Schilderungen "jedenfalls nicht unglaubwürdig" waren, aber das ganze "war recht dubios". Dagegen vertrat Heinz Altschul bei der Befragung am 2.10.1984 durch den Autor die Ansicht, daß manchmal "Fast-Absurdes" sich als doch nicht absurd herausstelle, möglicherweise habe es sich um einen "Versuchsballon" gehandelt.

122) Der koreanische Sozialwissenschaftler Prof. Li Ji Su erklärte dem Autor am 23.10.1984, daß in Korea die Beweise als zutreffend betrachtet würden.

123) In einem Brief vom 2.8.1976 an Endicott. Zitiert in ders., Germ. Warfare...,S. 86. Für die geänderte Stimmung unter nichtkommunistischen Intellektuellen spricht auch die mir gegenüber mehrfach geäußerte Meinung, daß angesichts des Vietnamkrieges die Möglichkeit, daß Brandweiner etwas Richtiges herausgefunden habe, nicht mehr ausgeschlossen werden könnte. Eine ähnliche Meinung vertrat auch Brandweiner in der Befragung durch den Autor am 16.9.1983.

124) Disziplinarkammer für Hochschullehrer an der Universität Graz, Zl.: 8/2326 aus 1951/52 vom 10.6.1952, s. Abrechnung...,S. 68f.

125) Dienstpragmatik § 115.

126) 165/AB. zu 189/J vom 19.12.1950, 3. Beiblatt zur Parlamentskorrespondenz.

127) Forum 2.Jg.,1955, Heft 1, S. 20.
128) Peter Autengruber, Kleinparteien in Österreich 1945 - 1966 ... a.a.O. S. 17ff.
129) Stenographische Protokolle... S. 1431f.
130) Ebd. S. 2504.
131) So hieß es in einer gegen Dobretsberger gerichteten Resolution der "Jungen Front", die am 8.11.1950 im Steirerblatt abgedruckt wurde: "Die ÖVP darf sich nicht talmudischem Rachegeschwätz beugen und hierfür die Gleichheit aller Staatsbürger opfern." Mit diesem Satz wandte sich die "Junge Front" gegen die Entnazifizierungsgesetzgebung.
132) Stenographische Protokolle...,S. 4072.
133) Stenographische Protokolle...,VII.G.P., S. 29ff.
134) "Prof. Dr. Dobretsberger spricht über die hochverräterische Rolle Starhembergs zur Stadlauer Arbeiterschaft, Dienstag 9.11." Die Betriebsräte der Gewerkschaftlichen Einheit hatten Dobretsberger eingeladen, "darüber zu sprechen, warum er seinerzeit als Sozialminister in die Regierung Schuschnigg eingetreten, weshalb er austrat und welche Stellung er zur Arbeiterklasse hatte und hat." Zitiert nach Volksstimme 7.11.1954.
135) S. Volksstimme vom 17.10.1946. Zur gesamten Problematik s. Christian Fleck, Vertrieben und Vergessen... und ders., Rückkehr unerwünscht. Der Weg der österreichischen Sozialforschung ins Exil, in: Friedrich Stadler, Hrsg., Vertriebene Vernunft, Bd. I, Emigration und Exil österreichischer Wissenschaft 1930-1940, Wien 1987, S. 182-213.
136) Bundesministerium für Unterricht Z. 4703/III-4a/46 vom 4.3.1946 Personalakt Josef Dobretsberger, Universitätsarchiv Graz.
137) Franz Göbhart am 7.9.1983 (Gedächtnisprotokoll im Besitz des Autors).
138) Vgl. Pelinka, Stand oder Klasse..., der auf die Unterwanderung der Sozialen Arbeitergemeinschaft eingeht, S. 125ff. Wie schwierig diese Frage zu beantworten ist, geht beispielsweise daraus hervor, daß Pelinka einen Sekretät der SAG, von dem er behauptet, er sei ein Schüler Dobretsbergers gewesen, ausführlich würdigt, ohne hinzuzufügen, daß dieser damals Mitglied einer kommunistischen Untergrundorganisation war.
139) S. Schütte-Lihotzky, Erinnerungen...aaO. und Fritz Neumark, Zuflucht am Bosporus ... a.a.O., S. 78, 85ff., 185, 192 u.ö.
140) Interview mit Josef Dobretsberger am 2.5.1969, in: Österreichischer Standpunkt, Juni 1969.
141) Fritz Weber, Der Kalte Krieg in der SPÖ. Koalitionswächter, Pragmatiker und Revolutionäre Sozialisten 1945 - 1950, Wien 1986.
142) Z.B. Wahrheit 1.11.1946, 7.11.1946 und öfter.
143) So wörtlich bei: Manfried Rauchensteiner, Der Sonderfall... a.a.O., S 263.
144) Die Furche 24.4.1968.
145) S. Weber, Der Kalte Krieg..., passim.
146) Diesen Begriff gebrauchte Helmut Konrad in einem Vortrag in Graz am 21.2.1985, s. ders., Zum österreichischen Geschichtsbewußtsein nach 1945, in: Rudolf Altmüller u.a., Festschrift/Melanges Felix Kreissler, Wien 1985, S.125ff.
147) Bericht des Prorektors Prof. Dr. Karl Rauch, in: Die feierliche Inauguration des Rektors der Grazer Universität für das Studienjahr 1946/47, Graz 1947, S. 14.
148) Bericht des Prorektors Prof. Dr. Ernst Lorenz, in: Inauguration des Rectors magnificus der Karl-Franzens-Universität in Graz für das Studienjahr 1956/57, Graz 1957,S. 29.
149) Vgl. Grenzfeste Deutscher Wissenschaft. Über Faschismus und Vergangenheitsbewältigung an der Universität Graz, Wien 1985 und die Aufsätze von Willi Weinert, Die Entnazifizierung an den österreichischen Hochschulen und Reinhold Knoll, Die Entnazifizierung an der Universität Wien, beide in: Sebastian Meissl, Klaus-Dieter Mulley, Oliver

Rathkolb, Hrsg., Verdrängte Schuld, Verfehlte Sühne. Entnazifizierung in Österreich 1945 - 1955, Wien 1986.

150) Personalakt Hans Spanner, Dokumentationszentrum des Bundes jüdischer Verfolgter des Naziregimes, Wien.

151) Ebd.

152) In den Vorlesungsverzeichnissen dieser Jahre heißt es bei Spanner, er sei "im Verwaltungsdienst", S. Vorlesungsverzeichnisse der Reichsuniversität Graz, div. Semester.

153) Personalakt Hans Spanner, Präsidialabteilung des Reichskommissars für die besetzten niederländischen Gebiete, Rijksinstituut vor Oorlogsdocumentatie, Amsterdam (künftig zitiert als RIOD).

154) Als solcher bezeichnet ihn Wimmer in einer Vernehmung im Internierungslager Dachau am 28.8.1947, RIOD.

155) S. Konrad Kwiet, Reichskommissariat Niederlande, Stuttgart 1968, Gerhard Hirschfeld, Fremdherrschaft und Kollaboration, Stuttgart 1984 und knapp zusammenfassend: Horst Lademacher, Geschichte der Niederlande, Darmstadt 1983. Die folgende Darstellung folgt vor allem diesen drei Werken.

156) So Lademacher, Geschichte...,S. 408.

157) Zitiert nach Lademacher, Geschichte...,S. 412.

158) Joseph Goebbels, Tagebücher, Eintragung vom 8.9.1943, zitiert nach: Raul Hilberg, Die Vernichtung der europäischen Juden, Berlin 1982, S. 397.

159) Es scheint mir durchaus bezeichnend, daß es keine Arbeit eines Österreichers über die Tätigkeit von gebürtigen Österreichern in den von den Nationalsozialisten besetzten Niederlanden gibt. Eine rühmliche Ausnahme ist Simon Wiesenthal, Doch die Mörder leben, München 1967.

160) S. Kwiet, Reichskommissariat... und Hirschfeld, Fremdherrschaft... Informationen über die Generalkommissare enthält auch: H.J. Neuman, Arthur Seyß-Inquart, Graz 1970.

161) Verordnungsblatt für die besetzten niederländischen Gebiete, Den Haag 1940ff.

162) Raul Hilberg, Die Vernichtung ...,S. 400.

163) Aus den Akten der Abteilung Rechtssetzung wird jeweils unter Angabe der Verordnungsnummer zitiert. Die Akten sind in dieser Reihenfolge im Rijksinstituut voor Oorlogsdocumentatie, Amsterdam, geordnet. Zum endgültigen Text der Verordnungen siehe Verordnungsblatt..., Hier: Vo. 68/1941, RIOD.

164) Vo. 93/1942, RIOD.

165) Vo. 108/1942, RIOD.

166) Vo. 123/1942, RIOD.

167) Vo. 129/1942, RIOD.

168) Vo. 130/1942, RIOD.

169) Ebd. Zu Rayakowitsch (auch:Rajakowitsch oder später: Raja) s. Wiesenthal, Mörder....,S. 245ff.

170) z.B. Vo. 1/1943, RIOD.

171) z.B. Vo. 50/1943, RIOD.

172) Vo. 58/1943, vgl. Vo 54/1943, RIOD.

173) Präsidialabteilung ... aaO., RIOD.

174) Personalakt Hans Spanner, Dokumentationszentrum des Bundes jüdischer Verfolgter des Naziregimes, Wien.

175) Kürschners Deutscher Gelehrten-Kalender 1950 enthält die nationalsozialistischen Titel Spanners nicht mehr, die in der Ausgabe von 1940/41 ausführlichst angeführt worden waren.

176) In der Kleinen Zeitung erschien am 7.5.1952 eine lyrische Glosse unter dem Titel "Pestbazillen"; am 30.9.1953 schrieb diesselbe Zeitung, daß "Bayern keinen Brandwein(er) wollte". Über einen vor Gericht stehenden kommunistischen Demonstranten berichtete der Wiener Kurier, er habe sich "brandweinerlich" verantwortet, 3.6.1952. Die Faschingsausgabe "Univ. Prof. Dr. Weinbrandner", der die Qualität eines Jungbrunnens prüfte, erschien in der Kleinen Zeitung 6.3.1960.

177) Heinrich Brandweiner, Die Rechtsstellung Österreichs, Wien 1951. Diese Arbeit erschien in englischer Sprache in der Festschrift zum 70. Geburtstag Hans Kelsens, Law and Politics in the World Community, ed. by George L. Lipsky, Berkeley 1953.

178) S. Birger Kohnert, Bewegungen gegen die atomare Bewaffnung der Bundeswehr in den Jahren 1957/58, in: Kalter Krieg und Capri-Sonne: Die fünfziger Jahre; Politik - Alltag - Opposition, zsgest. von Eckhard Siepmann, Berlin 1981, S. 102ff.

179) Rudolf Heberle, Hauptprobleme der Politischen Soziologie, Stuttgart 1967, bes. S. 78ff. (urspr. 1951).

180) Interview mit Brandweiner..., Abrechnung... S.53.

181) Heinrich Brandweiner, Die Abschlußgefahr, Wien o.J. (1954), S.3.

182) Z.B. über Guatemala, in: Österreichische Friedenszeitung Juli, August 1954.

183) Von 52 neu Gewählten, darunter George Lefebvre, Leopold Infeld und Georg Lukács, kamen 20 aus westlichen Ländern. S. Neues Deutschland 12.2.1955.

184) Heinrich Brandweiner, Der Österreichische Staatsvertrag, Jena 1955.

185) So in der DDR-Zeitung Neue Zeit vom 22.6.1955.

186) Im Oktober 1951 war ihm ein Einreisevisum nach Westdeutschland von der Alliierten Hochkommission für Deutschland ohne Angabe von Gründen verweigert worden. Ähnlich erging es ihm im September 1953 als er auf Einladung der Grotius-Stiftung in München einen Vortrag halten hätte sollen, aber in Salzburg aus dem Zug geholt wurde; auch diesmal wurde ihm die Einreise ohne Angabe von Gründen verweigert (Österreichische Zeitung 29.9.1953).

187) Die Union 24.3.1956, S. 1. Ähnlich ebd. 14.4.1956.

188) Rheinischer Merkur 21.9.1956.

189) Frankfurter Allgemeine Zeitung 7.12.1956.

190) Vgl. Caute, Fellow Travellers...aaO.

191) Dieser Begriff wird hier nicht in Sinn Karl Mannheims verwendet, sondern solle jene Gruppe bezeichnen, die von den jeweiligen intellektuellen Moden mitgerissen werden.

192) Zitiert nach Bulletin des Weltfriedensrates, 1.3.1957.

193) Ebd.

194) Zur Zeit der Preisverleihung geisterten einige Zahlenangaben in der Presse herum; beim späteren Prozeß gegen Musger teilte Brandweiner mit, daß das Preisgeld 25 000 Dollar, etwa 600 000 Schilling betragen hätte.

195) Bulletin des Weltfriedensrates 15.3.1958 und Sowjetunion heute vom Juli 1958.

196) Rektor Prof. Dr.Dr. Karl Eder, Die Universität in der Krise der Gegenwart, Rede beim Festakt anläßlich des 125jährigen Bestandes der Karl-Franzens-Universität Graz seit ihrer Wiedererrichtung im Jahre 1827, Graz 1953, S. 10.

197) Zur Kontroverse zwischen Okkupations- und Annexionstheorie s. Stourzh, Geschichte des Staatsvertrages... und Stephan Verosta, Außenpolitik, in: Weinzierl,Skalnik, Österreich..., Bd.1, S. 295 ff. Verosta rechtfertigt darin seine Okkupationstheorie ohne auf die alte Kontroverse einzugehen. Über sie urteilt Fellner im selben Buch: "Die Völkerrechtler (hätten sich) nach 1945 manche Umdeutung der historischen Fakten ersparen können, wenn die österreichische Vertretungsbehörden im Auslande sich im Jahre 1938 nicht als Vollzugsorgane des Anschlusses bekannt hätten," Die außenpolitische und völ-

kerrechtliche Situation Österreichs 1938. Österreichs Wiederherstellung als Kriegsziel der Alliierten, in: Ebd., S. 53ff., hier 59.
198) Gustav Kafka, Furche 4.8.1951.
199) Österreichische Monatshefte September 1951.
200) S. Fleck, Rückkehr unerwünscht...
201) Abrechnung...,S.7f.
202) Tagebuch 28.2.1953.
203) Erklärung, die von 11 der 13 Fakultätsmitglieder "nur für den Minister und keinesfalls für die Öffentlichkeit" abgegeben wurde, s. Abrechnung...,S.136f.
204) Urteil des Bezirksgerichtes für Strafsachen Graz, vom 13.5.1959 GZl. 1 U 918/58, s. Abrechnung...S. 94ff.
205) Abrechnung...,S. 98.
206) Robert K. Merton, Some Functions of the Political Machine, in: Jack D. Douglas, John M. Johnson, Eds., Official Deviance: Readings in Malfeasance, Misfeasance, and other Forms of Corruption, New York 1977 (urspr. 1957). Vgl. die Einleitung der Hrsg. in: Christian Fleck, Helmut Kuzmics, Hrsg., Korruption. Zur Soziologie nicht immer abweichenden Verhaltens, Königstein 1985,S. 7ff.
207) Urteil des Landesgerichtes für Strafsachen Graz, GZl. 1 Bl 580/59 vom 22.2.1960, s. Abrechnung..., S. 107 ff., hier: 113f.
208) Der Spiegel, Nr. 1/2,1962.
209) Der Spiegel, Nr. 5,1962.
210) Die Zeitschrift des Zentralausschusses der Österreichischen Hochschülerschaft "Bilanz" berichtet in ihrer Ausgabe vom März 1962 über Versuche Grazer Professoren Brandweiner durch eine Resolution aller Fakultätsmitglieder, einer Professur unwürdig zu erklären und darüber, daß vorsorglich schon um Ersatz Umschau gehalten werde. Brandweiner selbst berichtet von anderen gegen ihn gerichteten Recherchen in Abrechnung..., S. 148f.
211) Bundesministerium für Unterricht Zl. 36.235-1/62 vom 5.2.1962, s. Abrechnung..., S. 142f.
212) Die genannte Studentenzeitung Bilanz behauptete, es handle sich bei dem Studenten um einen ehemaligen SS-Angehörigen, s. Bilanz, März 1962. Mit Urteil vom 9.12.1966 wurde der Student verurteilt, die gegen Brandweiner und den Repetitor erhobenen Beschuldigung zu unterlassen, Landgericht Stuttgart GNr. 8 0 70/1963, abgedruckt in Abrechnung..., S. 405 ff. Dort auch der Text der Anzeige gegen Brandweiner vom 23.1.1962. Der Text des Widerrufs ebd. S. 145 f.
213) Disziplinarkammer für Hochschullehrer der Universität Wien, GZ 237.Res.-1961/62 vom 28.4.1962, s. Abrechnung ..., S. 143f. In diesem Beschluß wurde zugleich mitgeteilt, daß das Disziplinarverfahren wegen der mißbräuchlichen Verwendung des Dekanatsbriefpapiers eingestellt wurde.
214) S. Dienstpragmatik, RGBL. Nr. 15/1914, § 115.
215) S. Abrechnung...,S. 148.
216) Ebd.
217) S. Dienstpragmatik § 119,Abs.1 und § 115.
218) Bundesministerium für Unterricht, GZL.: AE 38.030-1/63 vom 8.1.1963, s. Abrechnung...,S. 153f.
219) Bundesministerium für Unterricht an Prof. Heinrich Demelius am 8.2.1963, s. Abrechnung...,S.154f.
220) Schreiben Brandweiners an den Vorsitzenden der Disziplinarkammer für Hochschullehrer an der Universität Wien vom 22.6.1963, s.Abrechnung, S. 155ff.

221) Zitiert nach der Beschwerde Brandweiners vom 20.7.1963, s.Abrechnung..., S. 158ff.
222) Ebd.
223) Disziplinarkammer... an Brandweiner am 2.10.1063, s. Abrechnung... S.168. Brandweiner bekam schließlich durch den Verfassungsgerichtshof Akteneinsicht.
224) Disziplinaroberkommission beim Bundesministerium für Unterricht und Zl. 41-DOK III/63 vom 9.12.1963, s. Abrechnung...S. 174ff.
225) Ebd.
226) Bundesminister Heinrich Drimmel an Brandweiner am 11.11.1963 und am 29.2.1964, s. Abrechnung..., S. 172 und 194f.
227) Disziplinaroberkommission... Zl. 4-DOK III/64 vom 24.2.1964, s. Abrechnung..., S. 195 ff. Daraus auch das folgende Zitat.
228) Disziplinarkammer...,GZ,: 237 Disz. - 1960/61 vom 24.2.1964, S. Abrechnung...,S. 195 ff. Daraus auch die folgenden Zitate.
229) Prof. Heinrich Demelius als Disziplinaranwalt, GZ 237 aus 1961/62 ohne Datum an den Vorsitzenden der Disziplinarkammer, s. Abrechnung...S, 203ff, Daraus auch die folgenden Zitate, sofern nicht anders gekennzeichnet.
230) Disziplinarkammer für Hochschullehrer an der Universität Graz, Zl. 8/2326 aus 1951/52 vom 10.6.1952, s. Abrechnung...,S. 68ff.
231) Brandweiner an Prof. Roland Graßberger als Untersuchungskommissär am 19.3.1964, s. Abrechnung..., S. 210ff. Daraus auch das folgende Zitat.
232) BGBL. Nr. 334 vom 26.10.1934, § 9.
233) Disziplinaroberkommission... ,Zl.41-DOK III/63 vom 9.12.1963, s.Abrechnung..., S. 174ff.
234) Erkenntnis des Verfassungsgerichtshofs vom 30. Juni 1964, Zl. B 17/64-23.
235) Antrag Brandweiners an den Verfassungsgerichtshof vom 10.9.1964, s. Abrechnung...,S. 248f. Der VGH folgte nicht Brandweiners Ansicht.
236) Erkenntnis des Verfassungsgerichtshofs vom 28.9.1964,Zl. E 17/64, s. Abrechnung...,S. 249f. Säumnisbeschwerde und Devolvierungsanträge waren nach damaliger Rechtslage in Disziplinarverfahren ausdrücklich ausgeschlossen.
237) Disziplinaroberkommission...,Zl. 47-DOK III/65 vom 30.9.1965, s.Abrechnung..., S. 314ff.
238) Beweisantrag Heinrich Brandweiners an das LG für ZRS Wien, Zl. 38 Cg 13/65 vom 18.1.1966,s.Abrechnung..., S.381ff.
239) Amtsvermerk vom 16.2.1967, Einlegeblatt zu Zahl 142.248-I/1/66, s. Abrechnung ..., S. 400f.
240) Über den Schriftwechsel berichtet Brandweiner in Abrechnung..., S. 438ff.
241) Bilanz, März 1964.
242) Neue Kronen Zeitung 26.7.1972.

Siglen der im Text zitierten Zeitungen

AZ	Arbeiter Zeitung
BNZ	Basler Neue Zeitung
BT	Bild Telegraph
GM	Grazer Montag
HEUTE	Heute
KLVB	Kleines Volksblatt
KLZ	Kleine Zeitung
NK	Neuer Kurier
NZ	Neues Österreich
NWT	Neue Wiener Tageszeitung
NZ	Neue Zeit
ÖFZ	Österreichische Friedenszeitung
ÖZ	Österreichische Zeitung
ÖM	Österreichische Monatshefte
PRE	Die Presse
STBL	Steirerblatt
TP	Tagespost
VS	Volksstimme
WHT	Wahrheit
WK	Wiener Kurier
WOP	Wochen-Presse
WP	Weltpresse
WW	Wiener Weltwoche

Personenindex

Verzeichnis aller lieferbaren Titel

01 Peter Feldbauer, Kinderelend in Wien. Von der Armenpflege zur Jugendfürsorge. 17.-19 Jhdt.
02 Arno Pilgram, Kriminalität in Österreich. Studien zur Soziologie der Kriminalitätsentwicklung.
03 Leopold Redl/Hans Wösendorfer, Die Donauinsel. Ein Beispiel politischer Planung in Wien.
04 Julius Mende/Franz Ofner, Automation und Ausbildung. Folgen der Mikroelektronik in Arbeitswelt und Schule.
05 Emmerich Talos, Staatliche Sozialpolitik in Österreich. Rekonstruktion und Analyse.
06 Gottfried Pirhofer/Michael Tripes, Am Schöpfwerk neu bewohnt. Ungewohntes vom Wiener Gemeindebau.
07 Hansjörg Gutweniger/Eva Köckeis/Evi Laimer u.a., Wege und Umwege. Studienbiographien aus Österreich.
09 Dietmar Dotter/Willibald Holzer/Jakob Huber u.a., Kein einig Volk von Brüdern. Zur Mehrheiten-/Minderheitenproblematik am Beispiel Kärntens.
12 Helmut Konrad (Hg.), Der alte Mensch in der Geschichte.
13 Josef Lins, Mitbestimmung im Wohnbau. Von Technokratenherrschaft zu konkreter Demokratie.
14 Roland Deiser/Norbert Winkler, Das politische Handeln der Österreicher.
15 Kulturjahrbuch 1 - mit Beiträgen zu Museen und Großaustellungen, zur Alltagskultur etc.
17 Michael John, Hausherrenmacht und Mieterelend. Wohnverhältnisse und Wohnerfahrungen in Wien 1890-1923.
18 Susanne Dermutz, Der österreichische Weg. Schulreform und Bildungspolitik in der Zweiten Republik.
20 Josef Baum, Tagwache. Erfahrungen eines Präsenzdieners beim österreichischen Bundesheer.
24 Willy Verkauf-Verlon, Situationen. Eine autobiographische Wortcollage.
25 Dieter Braunstein/Kunibert Raffer (Hg.), Technologie, Bildung und Abhängigkeit. Die kulturelle Dependenz der Entwicklungsländer.
26 Emmerich Talos/Georg Vobruba (Hg.), Perspektiven der Arbeitszeitpolitik.
29 Kulturjahrbuch 2 - mit Beiträgen zur Jugend- und Alternativkultur, Museums- und Ausstellungspolitik und zur Kulturwissenschaft, Aufklärung und Emanzipation.
30 Emmerich Talos/Wolfgang Neugebauer, "Austrofaschismus". Beiträge über Politik, Ökonomie und Kultur 1934-1938.
31 Walter Sauer/Theresia Zeschin (Hg.), Die Apartheid-Connection. Österreichs Bedeutung für Südafrika.
32 Franz Pichler, Polizeihofrat P. Ein treuer Diener seines ungetreuen Staates. Wiener Polizeidienst 1901-1938.
33 Albert Lichtblau, Wiener Wohnungspolitik 1892-1919.
34 Karl Czasny/Richard Kende, Lehrjahre bei Bau-Holz. Erfahrungen in einer Gewerkschaftszentrale.
35 Mali Fritz/Hermine Jursa, Es lebe das Leben! Tage nach Ravensbrück.
36 Karin Berger, Zwischen Eintopf und Fließband. Frauenarbeit und Frauenbild im Faschismus. Österreich 1938-1945.
37 Arbeitsgemeinschaft Volksgruppenfrage (Hg.), Zwischen Selbstfindung und Identitätsverlust. Ethnische Minderheiten in Europa.
38 Hubert Chr. Ehalt/Ursula Knittler-Lux/Helmut Konrad (Hg.), Geschichtswerkstatt, Stadtteilarbeit, Aktionsforschung. Perspektiven emanzipatorischer Bildungs- und Kulturarbeit.
39 Kulturjahrbuch 3: Ästhetik und Geschmack.
41 Erna Appelt, Von Ladenmädchen, Schreibfräulein und Gouvernanten. Die weiblichen Angestellten Wiens zwischen 1900 und 1934.

42 Wolfgang Stangl, Die Neue Gerechtigkeit. Die Strafrechtsreform in Österreich 1954-1975.
43 "Jetzt haben wir Ihnen, Meisel!" Kampf, Widerstand und Verfolgung des österreichischen Antifaschisten Josef Meisel 1911-1945.
44 Hainburg - ein Basisbuch. 246.485 anschläge gegen den stau.
45 Grenzfeste Deutscher Wissenschaft. Über Faschismus und Vergangenheitsbewältigung an der Universität Graz.
47 Karl Ucakar, Demokratie und Wahlrecht in Österreich. Zur Entwicklung von politischer Partizipation und staatlicher Legitimationspolitik.
48 Georg Scheuer, Genosse Mussolini. Wurzeln und Wege des Ur-Fascismus.
50 Heinz Hattinger/Peter Steyrer, Die Illusion vom Überleben. Zivilschutz in Österreich.
52 Josef Meisel, Die Mauer im Kopf. Erinnerungen eines ausgeschlossenen Kommunisten 1945-1970.
53 Kulturjahrbuch 4: Über das Schreiben.
54 Susanne Dermutz/Peter Gstettner/Peter Seidl (Hg.), Schulreform - die Kritik geht weiter.
55 Josef Christian Aigner, Rolf Gindorf (Hg.), Von der Last der Lust. Sexualität zwischen Liberalisierung und Entfremdung.
57 Fritz Weber, Der Kalte Krieg in der SPÖ. Koalitionswächter, Pragmatiker und Revolutionäre Sozialisten 1945-1950.
59 Marina Fischer-Kowalski/Peter Seidl u.a., Von den Tugenden der Weiblichkeit. Mädchen und Frauen im österreichischen Bildungssystem.
60 Gertraud Steiner, Die Heimat-Macher. Kino in Österreich 1946-1966.
61 Linke Spuren. Marxismus seit den sechziger Jahren.
62 Margit Scherb/Inge Morawetz (Hg.), Stahl und Eisen bricht... Industrie und staatliche Politik in Österreich.
63 Kulturjahrbuch 5: Kaiserforum, Museumsinsel, Kulturpalast. Ein neues Museum als Jahrhundertchance?
64 Mali Fritz, Essig gegen den Durst. 565 Tage in Auschwitz-Birkenau.
65 Franziska Tausig, Shanghai-Passage. Flucht und Exil einer Wienerin.
66 Thomas Krobath/Max J. Suda/Dieter Olaf Schmalstieg (Hg.), Befreiung in Zwängen. Für Kurt Lüthi.
67 Stefan Riesenfellner, Der Sozialreporter. Max Winter im alten Österreich.
69 Beate Frakele/Elisabeth List/Gertrude Pauritsch (Hg.), Über Frauenleben, Männerwelt und Wissenschaft. Österreichische Texte zur Frauenforschung.
70 Aurelia Weikert/Johanna Riegler/Lisbeth N. Trallori (Hg.), Schöne neue Männerwelt. Beiträge zu Gen- und Fortpflanzungstechnologien.
71 Emmerich Talos/Margit Wiederschwinger (Hg.), Arbeitslosigkeit. Österreichs Vollbeschäftigungspolitik am Ende?
72 Kulturjahrbuch 6: Gramsci, Pasolini. Ein imaginärer Dialog.
73 Helmut Koch/Hans Lindenbaum (Hg.), Höchste Eisenbahn. Wohin fahren die ÖBB?
74 Erna Appelt/Andrea Lösch/Edith Prost (Hrsg.), Stille Reserve? Erwerbslose Frauen in Österreich.
75 Bernard Cohen/Luc Rosenzweig, Der WALDHEIM-KOMPLEX.
76 Heimo Gruber, Bücher aus dem Schutt. Die Wiener Städtischen Büchereien 1945-1950.
77 Günther Pallaver, Das Ende der schamlosen Zeit. Die Verdrängung der Sexualität in der frühen Neuzeit am Beispiel Tirols.
78 Robert Hoffmann, "Nimm Hack' und Spaten..." Siedlung und Siedlerbewegung in Österreich 1918-1938.
80 Eduard Gugenberger/Roman Schweidlenka, Mutter Erde, Magie und Politik. Zwischen Faschismus und neuer Gesellschaft.
81 Christian Fleck, Der Fall Brandweiner. Universität im Kalten Krieg.

VERLAG FÜR GESELLSCHAFTSKRITIK
A-1070 Wien, Kaiserstraße 91

Fritz Weber

Der Kalte Krieg in der SPÖ

Koalitionswächter, Pragmatiker und Revolutionäre Sozialisten 1945–1950

Österreichische Texte zur Gesellschaftskritik, Band 25

Wien 1986, ISBN 3-900351-57-0, 230 Seiten, öS 228,–/DM 32,–

Das Buch ist eine Mischung von politischem Kriminalroman und historisch-politologischer Analyse der Sozialistischen Partei Österreichs im ersten Jahrfünft nach 1945. Im Mittelpunkt der Darstellung steht der „Fall Scharf": die „Aufdeckung" des angeblichen „kommunistischen Agenten" Erwin Scharf, der 1945 als Repräsentant der Revolutionären Sozialisten zum Zentralsekretär der SPÖ bestellt worden war und 1948 aus der Partei ausgeschlossen wurde. Seine Maßregelung war Teil der mit aller Härte geführten Auseinandersetzung um die Generallinie der SPÖ, in deren Verlauf die Linke an den Rand der Organisation gedrängt wurde.

Josef Meisel

Die Mauer im Kopf

Erinnerungen eines ausgeschlossenen Kommunisten 1945–1970

Biografische Texte zur Kultur- und Zeitgeschichte, Band 3

Wien 1986, ISBN 3-900351-52-X, 218 Seiten, öS 186–/DM 27,–

„Ich habe mir immer wieder die Frage gestellt, ob ich all das noch zu verteidigen in der Lage bin. Ich habe aber darüber nicht offen diskutiert, das Bauchweh, das ich gehabt habe, habe ich irgendwie gewaltsam unterdrückt."

VERLAG FÜR GESELLSCHAFTSKRITIK
Kaiserstraße 91, A-1070 Wien, Tel. 0222/96 35 82